ARCHIVOS DEL PRESIDENTE JOSÉ AZCONA

Notas de Prensa. Diciembre de 1987-Enero de 1988

MERENDÓN

COLECCIÓN

ARCHIVOS DEL PRESIDENTE JOSÉ AZCONA
(Notas de prensa, diciembre de 1987-enero de 1988)

©Colección MERENDÓN
Supervisión Editorial: Óscar Flores López
Diseño de portada: Andrea Rodríguez
Administración: Tesla Rodas y Jéssica Cordero
Director Ejecutivo: José Azcona Bocock

Instagram: coleccionerandique
Facebook: Colección Erandique

Primera Edición
Tegucigalpa, Honduras—Agosto de 2024

CINCO PRESIDENTES CENTROAMERICANOS SENTADOS ALREDEDOR DE LA MESA DE LA PAZ

Estos volúmenes del archivo José Azcona Hoyo de la Colección Merendón nacen de los documentos que dejó mi papá al fallecer. Hubiese sido su voluntad que la información fuese compartida con todas las personas que deseen acceder a la misma.

La colección incluye un registro de publicaciones periódicas contemporáneas con los hechos, informes de gobierno y otros documentos anexos. Esta edición abarca los archivos de prensa de los diarios La Tribuna, El Heraldo, La Prensa y Tiempo de diciembre de 1987 y enero de 1988.

El cuidado y divulgación de documentos históricos tiene dos componentes importantes. El primero, y condición necesaria para el segundo, es la conservación de la información para su posterior uso. La función primaria se ha logrado durante las décadas que este archivo ha estado bajo custodia de mi madre, Miriam Bocock de Azcona, y se espera lograr darle un hogar definitivo permanente.

La segunda función se cumple con la publicación de este archivo. El mismo se ha organizado, capturado digitalmente, convertido a texto, editado y publicado de una manera sistemática.

La intención es que el mismo sea accesible, a un costo económico, para quienes deseen conocer mejor este importante periodo de la historia de Honduras.

Adicionalmente, que sirva de fuente para investigadores que se interesen en los temas cubiertos por el mismo. Un complemento importante es que se pretende tener estas obras en una edición disponible de forma permanente, para garantizar el acceso al mismo a futuro.

Hemos cuidado de hacer edición para garantizar: que no haya errores y la facilidad de búsqueda. La intención no es distorsionar el archivo para favorecer o perjudicar imágenes, sino conservarlo y compartirlo en forma íntegra.

La edición que hoy publicamos contiene, entre otros temas, las duras negociaciones entre los cinco presidentes centroamericanos para ejecutar los Acuerdos de Paz para la región.

En ese entonces, Centroamérica era un hervidero político, con fuertes injerencias de potencias externas. Eran los tiempos de la llamada guerra fría.

En San José, Costa Rica, se viven momentos tensos durante la reunión entre los cinco mandatarios. El tema más complicado era el de Nicaragua, pues había presión sobre el régimen sandinista, y este, a su vez, exigía que se terminara de una vez por todo con la ayuda (económica, logística y territorial), a la llamada contrarrevolución.

En medio de ese proceso, en San Pedro Sula ocurrieron dos asesinatos que conmocionarían al país: el de Miguel Ángeles Pávón y el de Moisés Landaverde.

Como se ve, fueron dos meses con bastante agitación dentro y fuera del país.

JOSÉ S. AZCONA B.
DIRECTOR COLECCIÓN ERANDIQUE

EJECUTIVO RECONOCE QUE TODAVÍA FALTAN SUBSIDIOS POR ENTREGAR

La presidencia de la República aseguró ayer que la entrega de subsidios a las corporaciones municipales del país se han venido realizando conforme a las disposiciones del Congreso Nacional, aunque reconoció que todavía faltan por entregar más de 2 millones de lempiras.

El incumplimiento del compromiso del gobierno central había sido denunciado a EL HERALDO por el vicepresidente del Congreso Nacional, Jacobo Hernández Cruz, quien sostuvo que muchos alcaldes municipales se encuentran descontentos por tal razón con el presidente Azcona.

El Congreso Nacional aprobó ocho millones de lempiras para que fueran distribuidos mediante subsidios a través de las Comisiones Departamentales de Diputados.

La primera asignación, por cuatro millones 345 mil 413 lempiras con ocho centavos, fue distribuida en junio a las municipalidades y la diferencia quedó pendiente para ser entregado en noviembre.

Y los pueden dar según comunicado de prensa emitido por la presidencia de la república, el diputado Hernández solicitó al presidente o sea es con audio que firmara un compromiso con el Banco Municipal Autónomo (BANMA), para que la segunda asignación respondiera por los préstamos que es institución otorgar a las municipalidades.

"En cumplimiento de ese compromiso, el presidente Azcona ha entregado al BANMA, hasta la fecha, la cantidad de 1 millón 645 mil 225 lempiras con 41 centavos, que corresponden a préstamos otorgados a 54 municipios", asegura la información oficial.

Añade que el presidente Azcona Espera que él BANMA comunique el cumplimiento de los compromisos contraídos por la municipalidades para entregar el resto de los subsidios a las Comisiones Departamentales de Diputados.

La cantidad pendiente de entregarse eleva 2 millones nueve mil 361 lempiras con 51 centavos.

"El presidente Azcona tiene que cumplir el compromiso que contrajo con el banco municipal autónomo por iniciativa muy atinada del diputado Hernández Cruz", agrega el comunicado oficial.

Afirma finalmente que las municipalidades-puertos no recibirán ese tipo de subsidios porque ya están recibiendo el 4% sobre los ingresos portuarios.

"EL HERALDO" 18 DE DICIEMBRE DE 1987

AZCONA DARÁ DIPUTADO LOS SUBSIDIOS PARA LAS ALCALDÍAS

TEGUCIGALPA.- El presidente José Azcona Hoyo no está obstaculizando la entrega de los subsidios y los está haciendo conforme a la decisión del Congreso Nacional, se informó ayer en Casa Presidencial.

El vicepresidente del Congreso Nacional, Jacobo Hernández Cruz, declaró que hay preocupación en algunas municipalidades del país ya que El Ejecutivo no les ha entregado los subsidios y los alcaldes están siendo presionados por el Banco Municipal Autónomo (BANMA) por incumplimiento de algunos compromisos contraídos cuyo pago lo harían con estos fondos.

Según un comunicado de prensa de la Presidencia de la República, "en el mes de junio la administración general entregó a las comisiones departamentales de diputados la primera asignación de 4 millones 345 mil 413 lempiras con 8 centavos, para que fueran entregados a las municipalidades respectivas".

1

Para adelantar la ejecución de obras comunales el presidente de la república firmó con las autoridades del Banco Municipal Autónomo, un convenio mediante el cual se compromete responder con cuatro millones de lempiras los préstamos otorgados a las alcaldías.

"En cumplimiento de este compromiso, señala el comunicado, hasta la fecha, el presidente Azcona ha entregado al BANMA la cantidad de 1 millón 645 mil lempiras con 41 centavos, que corresponden por préstamo otorgados por dicha institución bancaria a 54 municipios".

"LA PRENSA". 18 DE DICIEMBRE DE 1987

LPS. 250 MIL DA AZCONA PARA PRESTACIONES DE BANASUPRO

TEGUCIGALPA.- El presidente de la República, José Azcona Hoyo, otorgó ayer a BANASUPRO la cantidad de 250 mil lempiras para el pago de las prestaciones laborales de los empleados que sean despedidos como parte de la reestructuración de que será objeto de esta institución.

Así lo indicó Luis Galeas, presidente del sindicato de la entidad, quien considera que los despidos se vuelven necesarios y se toma en cuenta la crítica situación de la misma.

El dirigente dijo que la reestructuración se iniciará la próxima semana, con la cancelación de más de 100 plazas y la reducción de los sueldos de los altos funcionarios, lo que permitirá que BANASUPRO siga funcionando.

El mandatario se comprometió, además —explicó Galeas— a entregar otros 250,000 lempiras en enero debido a que el total de prestaciones a pagar asciende a 700 mil lempiras, los que serán cancelados en su totalidad.

"Los trabajadores que quedemos en BANASUPRO tendremos que enfrentar la situación para seguir trabajando en favor de la clase marginada", expresó el dirigente sindical.

Finalmente, Galeas descartó que los despidos sean una escalada antisindical, Ya que en todo momento se ha respetado a los miembros de la organización.

"LA PRENSA". 18 DE DICIEMBRE DE 1987

AZCONA PENDIENTE DE ENTREGAR DOS MILLONES DE SUBSIDIOS

La casa presidencial ha estado entregando los subsidios que, conforme a una decisión del Congreso Nacional y por la suma de 8 millones de lempiras, se asignó el presupuesto de la presidencia de la república, para ser distribuido entre las municipalidades, de acuerdo al número de habitantes de cada una de ellas.

En el mes de junio la administración general de la casa de gobierno entregó a las comisiones departamentales de Diputados, la primera asignación de 4,345,3413.8 lempiras, para qué fueran entregados a la municipalidades respectivas.

A solicitud del diputado Jacobo Hernández, el presidente Azcona firmó un compromiso con el Banco Municipal Autónomo (BANMA) para responder con la segunda asignación de los 8 millones originales, por los préstamos que dicho banco otorgara a las municipalidades.

En cumplimiento de este compromiso hasta la fecha el presidente Azcona ha entregado al BANMA la cantidad de 1,645,225.41 lempiras, que corresponden a préstamo otorgado por dicha institución bancaria al 54 municipios, cuyos documentos están en nuestro poder debidamente firmado por el presidente del BANMA.

2

Es importante resaltar que la presidencia de la república está a la espera de que él BANMA comunique el cumplimiento de los compromisos contraídos por las municipalidades, para entregar a las comisiones departamentales de diputados del resto de los subsidios.

En consecuencia Solo queda pendiente de entrega la cantidad de 2.009,361.51 lempiras.

El presidente Azcona tiene que cumplir el compromiso que contrajo con el Banco Municipal Autónomo, por iniciativa muy atinada presentada por el diputado Jacobo Hernández Cruz.

Finalmente, es conveniente aclarar que quedan exentas de estos subsidios en las municipalidades, puertos, las cuales Fueron beneficiadas por el 4 por ciento sobre los ingresos portuarios.

Tegucigalpa, D.C. 17 de diciembre de 1987.

SECRETARÍA DE PRENSA DE LA PRESIDENCIA DE LA REPÚBLICA

"LA TRIBUNA" 18 DE DICIEMBRE DE 1987

PRESIDENTES AZCONA INVITADO ESPECIAL

TEGUCIGALPA.- El presidente José Azcona Hoyo asistirá como invitado principal a la gran convención del Partido Liberal que tendrá como escenario el Centro Social Metro de la capital preparado para recibir a 1600 personas.

Los liberales celebrarán esta convención dos años después de la realización de una crisis política interna que produjo la realización de dos reuniones de convencionales paralelas en Comayagua y Tegucigalpa.

El acto principal de la convención, que se instalará mañana, será la toma de posesión de las nuevas autoridades del Consejo Central Ejecutivo del Partido Liberal (CCEPL)que encabeza Carlos Flores Facussé.

Estas autoridades son producto de un nuevo panorama político planteado en el país con las reformas a la ley electoral y de las organizaciones políticas que obliga a todos los partidos y las elecciones para designar a sus conductores.

El partido liberal fue el primero en ir a elecciones en este marco, el 6 de septiembre pasado, obteniendo una victoria el movimiento florista abiertamente apoyado por la estructura suazo-cordovista, que aparentemente se encuentra intacta.

Que formularán sus tradicionales discursos no tendrán el poder de decisión de las convenciones anteriores, donde se hizo famosa la compraventa de delegados.

Hoy, gracias al denominado poder electoral las nuevas autoridades del CCEPL se integrarán como presidente Carlos Flores Facusé, secretario general, Roberto Micheletti, secretaría de asuntos femeninos, Vera Rubí de Pineda, secretario de finanzas, Jorge Maradiaga, secretario de asuntos obreros, campesinos y juveniles Carlos Montoya, secretario de capacitación política, Orlando Gómez Cisneros y secretario de organización y propaganda, Ramón Villeda Bermúdez.

Los delegados tendrán alguna participación en la discusión de los proyectos de resoluciones, los cuales previo a la convención están siendo analizados por una comisión integrada por representante de las 7 corrientes internas.

Esta comisión, que incluso discute la integración del directorio provisional y en propiedad que dirigirán los debates de la convención cada uno en su momento, "está en un estira y encoge", dijo un político ligado a las deliberaciones.

3

La comisión que se reunió en los últimos dos días continuará sus cabildeos incluso el día de hoy horas antes de que se instale la gran convención.

Orlando Gómez Cisneros, Óscar Melara, Marcial Solís, Marco Antonio Chávez y León Rojas integran entre otros esta comisión que le "da los toques finales" a los planteamientos que se introducirán a la convención.

Públicamente se sabe que las corrientes que han puesto de acuerdo para emitir una resolución de respaldo al gobierno de José Azcona, obligar a todos los aspirantes a cargo de elección popular y cargos públicos a cotizar periódicamente al partido, que la bancada liberal en el Congreso siga las directrices del CCEPL, la creación de una comisión política integrada por los líderes de las corrientes que no obtuvieron miembros en el Central Ejecutivo.

No obstante, estos acuerdos "los cabildeos" continúan entre las corrientes sobre la integración del directorio provisional y en propiedad, y aunque las partes interesadas mencionan cada uno nombres de personajes "seguros" habrá que esperar el momento de la elección.

El coordinador general de la convención Iván Matute dijo a TIEMPO que en la agenda se tiene previsto el discurso del presidente del CCEPL, Rumualdo Bueso Peñalba, la lectura de la memoria, el informe de finanzas.

Así mismo la intervención del Consejo Nacional Electoral (CNE) que manejó los comicios del 6 de septiembre pasado para dar por finalizar sus actividades en el proceso.

Matute explicó que se elegirá un directorio provisional que dirigirá el debate para la designación de uno en propiedad que dará posesión a las nuevas autoridades del partido de gobierno.

Dijo que después se continuará con la discusión de proyectos de resolución los cuales se esperaba y no se llevan mucho tiempo pues ya han sido cabildeados en la comisión nombrada.

De acuerdo a los resultados de las elecciones de septiembre en esta convención Flores Facussé tendrá 242 delegados, Montoya 100, Maradiaga 39, William Hall Rivera 19, Villeda Bermúdez 10, Enrique Ortez Colindres 2 y Jorge Arturo Reyna 1.

Los delegados que serán alojados en diferentes hoteles de Tegucigalpa y Comayagüela, aunque ya se les entregó su credencial a través de su movimiento empezarán hoy a inscribirse en los listados que estarán hoy en el CCEPL y mañana en el Centro Social Metro. (GP)

"TIEMPO" 18 DE DICIEMBRE DE 1987

Según presidente de cafetaleros:

AZCONA ESTUDIA DESTITUCIÓN DEL GERENTE DEL INSTITUTO DEL CAFÉ

El presidente José Azcona Hoyo estudia una resolución del pasado congreso cafetalero en la que se pide la destitución del gerente del instituto hondureño del café (IHCAFE), Ramiro Rodríguez Lanza.

La información fue confirmada ayer por el presidente de la junta directiva de IHCAFE, Catarino Montoya, quién aseguró que Rodríguez no está preparado para dirigir dicha institución.

"Rodríguez podrá ser muy preparado en otros aspectos, pero no en lo que se refiere al café", dijo Montoya.

Añadió que a su falta de conocimientos, Rodríguez une un trato pésimo hacia los caficultores que tienen la suerte de ser recibidos en su despacho, por lo que también anda corto en lo que se refiere a relaciones humanas.

4

El dirigente cafetalero aseguró que los productores a nivel nacional están descontentos por la forma en que está siendo conducido el IHCAFE ya que, cuando visitan esas oficinas, no encuentran a la persona indicada para formularle su planteamientos.

Montoya añadió que están a la espera de una audiencia que les ha prometido el presidente Azcona, A quién consideran "un nombre comprensivo que estará al tanto de las peticiones que le hagamos".

"Creemos que después del planteamiento que le formulemos el presidente tomará sus decisiones", dijo Montoya.

Expresó que el gerente del IHCAFE cambió un poco su trato hacia los productores al conocer la resolución del Congreso Cafetalero, estos dos meses pero estimó que esa actitud "ha llegado demasiado tarde".

Finalmente, señaló que si el presidente Azcona se decide a cambiar a Rodríguez, los productores presentarán una terna de candidatos, conformada por gente entendida en la materia, a fin de que el nuevo director de IHCAFE sea una persona que goce de la confianza del gremio.

Catarino Montoya

"EL HERALDO" 19 DE DICIEMBRE DE 1987.

AZCONA APORTA AL TELETÓN DOCIENTOS MIL LEMPIRAS

TEGUCIGALPA.- Los activistas de la recaudación de fondos para la reconstrucción de centros de rehabilitación de limitado físico y mentales, más conocida como TELETÓN, recibirán el lunes del presidente José Azcona la aportación de 200,000 lempiras.

Con el aporte del mandatario, la cifras de recaudación se aproxima a los 4 millones de lempiras, lo cual significa que ese cuadruplicó la meta inicial de los activistas.

El presidente Azcona había prometido entregar a los promotores de la actividad filantrópica el equivalente al 5 por ciento del total de la recaudación, que finalmente se aproxima a los cuatro millones.

Además, en la ceremonia de entrega del dinero, prevista para tener lugar en la casa de gobierno, el mandatario de la entrega a los dirigentes de la TELETÓN de la personalidad jurídica de la fundación, documento necesario para legalizar el trabajo.

5

Con lo obtenido, se iniciará la ejecución de los proyectos de construcción de tres centros regionales de rehabilitación para limitado físico y mentales en Tegucigalpa, San Pedro Sula y Santa Rosa de Copán. (NL)

"TIEMPO". 19 DE DICIEMBRE DE 1987

Para los IV Juegos Deportivos C.A.
UN MILLÓN 550 MIL LEMPIRAS ENTREGÓ CERVECERÍA HONDUREÑA AL ING. AZCONA

El primer mandatario de la república, en su calidad de presidente del comité organizador de los Cuartos Juegos Centroamericanos, José Azcona Hoyo, recibió un aporte por 300,000 lempiras como parte del convenio firmado con Cervecería Hondureña, consistente en un millón 550,000 lempiras.

La ceremonia se llevó a cabo en casa de gobierno el jueves anterior, donde oficialmente Azcona Hoyo, firmó el convenio con el gerente Regional de Cervecería Hondureña, Joaquín Carías, que insistió en el interés de Coca-Cola en promocionar las actividades de las diferentes disciplinas.

Azcona Hoyo, firma el convenio. (Foto de Aquiles Andino)

*El presidente Azcona, recibe el cheque correspondiente
a la aportación de Joaquín Carías. (Foto Aquiles Andino)*

6

El presupuesto de publicidad de esa embotelladora sufrirá una rebaja en los próximos dos años, ya que dichos fondos serán destinados para la llegada de instructores extranjeros.

Asistieron entre otros, Roberto Fernández, ejecutivo de Coca-Cola, Etna de Panting y Rodolfo Jiménez, en representación de la firma publicitaria Mcann Erickson y Óscar R. Tablas, jefe de Relaciones y Deporte de Cervecería Hondureña.

Además, Carlos Coello, Hernán Saldívar y Jorge Abudoj, en representación del comité organizador. Julio C. Villalta, Roberto Ochoa Vázquez, José Gerardo Richmagui y Daniel Matamoros, por el Comité Olímpico Hondureño.

Al finalizar el presidente Azcona reiteró el apoyo que debe ofrecer el pueblo Hondureño a esos juegos, como una forma de incentivar la juventud para el futuro del país y mantener con la mentalidad de las nuevas generaciones el actual orden institucional.

Óscar Tablas, explicó los planes de Cervecería Hondureña de cara a los Juegos Centroamericanos. (foto Aquiles Andino).

"La Tribuna". 19 de diciembre de 1987.

AZCONA Y CONSEJO SUPERIOR EVALÚAN TRABAJO DE FFAA

TEGUCIGALPA.- El presidente José Azcona participó ayer en la sesión de clausura de labores de 1987 del Consejo superior de las Fuerzas Armadas (COSUFFAA).

La junta donde participó la cúpula militar y los comandantes de las diversas unidades fue celebrada en la sede del Estado Mayor, frente al paseo El Obelisco, en horas de la mañana.

Durante la sesión, se realizó una evaluación de todo el trabajo de las Fuerzas Armadas durante el año que está por concluir y un análisis de las proyecciones durante 1987, según informaron a TIEMPO fuentes castrenses.

Aunque no fue confirmado, se supo en Fuentes oficiales que en la reunión se habrían analizado también cambios que, calificados como "rutinarios" por los altos jerarcas, se producen tradicionalmente a finales o a principios de cada año.

Recientemente, el comandante en jefe, general Humberto Regalado Hernández, admitió que se están analizando algunos cambios dentro del estamento militar, pero dijo que "son rutinarios".

Precisó que se trata de cambios de comandantes de unidades que han permanecido durante más de tres años en el cargo.

7

Además, en la reunión de ayer se habría tratado lo relativo al viaje de una comisión encabezada por el coronel Rony H. Martínez a Colombia, con el fin de investigar al agregado militar, Coronel Tomás Said Speer.

Said Speer fue mencionado en el caso de tráfico de drogas en vista que la policía capturó al supuesto implicado en el negocio de estupefaciente José Luis Ochoa, conduciendo un vehículo Porsche propiedad del coronel hondureño; pero de acuerdo a los informes el auto habría sido sustraído de un taller sin consentimiento al propietario.

No obstante, la información extraoficial en ese sentido no pudo ser confirmada por el hermetismo que caracteriza a los militares.

Sin embargo, se confirmó que en la sesión se trató también sobre la coordinación de los actos de ascenso militares que se celebrarán el lunes en la sede del 1er. Batallón, donde participará Azcona. (NL).

"TIEMPO" 19 DE DICIEMBRE DE 1987.

TEMEN QUE ACÁ LO ROBERTO REINA NO LO DEJEN HABLAR EN LA CONVENCIÓN

TEGUCIGALPA.- El doctor Carlos Roberto Reina asistirá en Canadá de notables a la Gran Convención del Partido Liberal, a instalarse hoy aquí en el Centro Social Metro, temiéndose que no se le permita el uso de la palabra.

Algunas liberales expresaron su preocupación por el amor en los corridos políticos de que reina no se le permitirá dejar de ir su verbo encendido influye en las decisiones de los convencionales.

El doctor Reina llega hoy aquí procedente de La Haya, Holanda, donde se encuentra defendiendo los intereses de Honduras en su diferendo limítrofe con El Salvador.

"TIEMPO". 19 DE DICIEMBRE DE 1987

8

¡GRACIAS A LA CERVEZA HONDUREÑA LOS CUARTOS JUEGOS CENTROAMERICANOS VAN!

TEGUCIGALPA.- Gracias a un aporte primario de 300 mil que después llegarán al millón y medio de lempiras entregado el jueves pasado por el señor Joaquín Carías gerente de la Cervecería Hondureña en esta capital, al presidente de la república y del comité organizador de los IV juegos de 1989 José Azcona, La realización de dicha competencia se puede considerar desde ya, que será un verdadero éxito.

El primer aporte de millón y medio ofrecido por la cervecería hondureña para el desarrollo y promoción de los juegos en mención (cuestionado por un gran sector de la prensa), servirá como plataforma de despegue para empezar a trabajar con la conformación de los diferentes selecciones hondureñas que tendrán acción en la cuarta edición de los juegos centroamericanos.

En el acto que es considerado como uno de los de mayor relevancia en el deporte hondureño cuando estamos a las puertas de cerrada 1987, tuvo también la presencia del presidente del comité olímpico hondureño Don Julio C. Villalta y del gran impulsador de los juegos, ingeniero Jorge Cocoy Abudoj, quién en enero de 1985 fue el autor intelectual de lograr para Honduras la sede de la competencia zonal que se disputará en enero de 1990.

José Azcona, mandatario hondureño y presidente ejecutivo de los IV Juegos agradeció a nombre del pueblo Hondureño significativo fuerte de la cervecería hondureña al tiempo que invitó a los sectores que no se suman a la causa que son los IV juegos para que lo hagan cuanto antes ya que es tarea de todo un pueblo y no solamente de él, la promoción y desarrollo de la competencia.

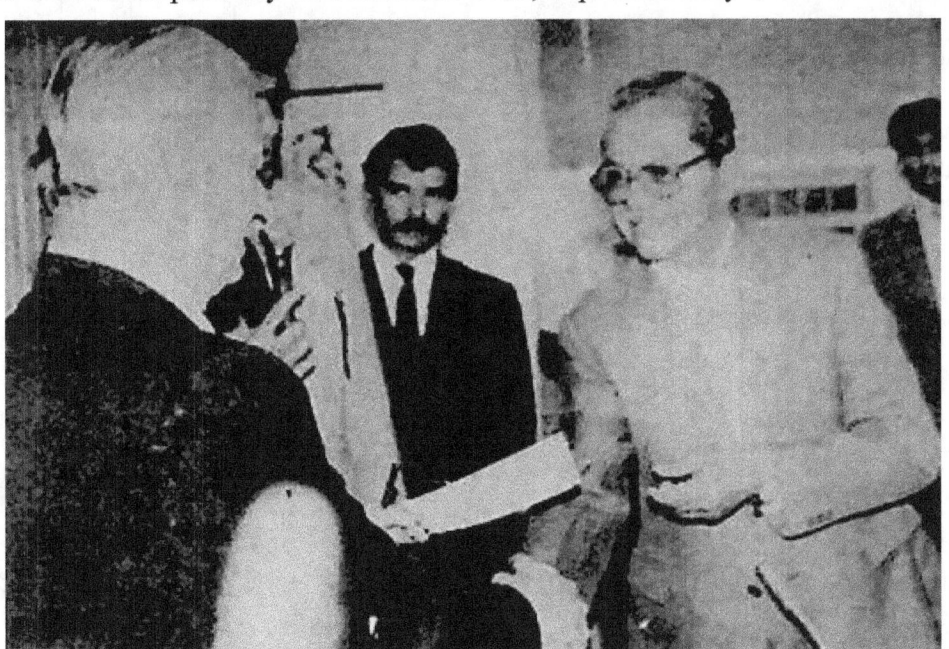

El momento histórico se va a producir, Don Joaquín Carías a la derecha en representación de la cervecería hondureña le va a entregar al presidente hondureño, el primer cheque por 300,000 lempiras de un total de millón y medio de dicha empresa donará para los IV juegos.

El presidente en una improvisada conferencia de prensa, demostró su gran satisfacción por la donación recibida al tiempo que lamentó la no presencia de uno de sus grandes colaboradores en dicho compromiso como es el ingeniero José Dalmiro Caballero, quien actualmente se recupera después de una intervención quirúrgica en Houston Texas, Estados Unidos.

9

Ejecutivo de la empresa donante adelantaron el día de la primera entrega que a inicios de 1988 empezarán con varias promociones publicitarias para hacer conciencia en el pueblo Hondureño de los juegos es tarea de todos.

CAFICULTORES PIDEN A AZCONA DE NUEVO DESTITUYE AL GERENTE DEL "IHCAFE"

TEGUCIGALPA.- El presidente de la Asociación Hondureña de Productores de Café (AHPROCAFE), Catarino Montoya, informó ayer que han reiterado al presidente José Azcona Hoyo, la petición de que destituye al actual gerente del Instituto Hondureño del Café (IHCAFE), Ramiro Rodríguez Lanza.

"El gerente del café será un hombre muy preparado en otros aspectos pero en materia de caficultura no es un verdadero técnico", adujo Catarino Montoya.

Además, dijo que varios productores se han quejado que cuando tienen necesidad de exponer algunas inquietudes sobre problemas que enfrentan, nunca encuentra al gerente del IHCAFE para externarlas.

Esa situación ha cambiado un poco desde la celebración del Congreso cafetalero el mes pasado, indicó, "pero ya es demasiado tarde".

Inclusive los directivos de la asociación de productores no tenía acceso al gerente Ramiro Rodríguez Lanza, "y creemos que el ingeniero Azcona como persona comprensiva está al tanto de la petición", afirmó.

"Hay un descontento a nivel nacional del sector cafetalero, con el gerente del IHCAFE", sostuvo. Añadió que la AHPROCAFE habrá de entregar una terna al mandatario para que escojan nuevo gerente.

Subrayó que como gerente del IHCAFE "es un verdadero técnico el que tiene que estar al frente, y el gerente Será muy preparado en otros aspectos, pero en materia de caficultura no es un verdadero técnico".(NL)

"TIEMPO" 19 DE DICIEMBRE DE 1987

[También llamó a la unidad]
AZCONA OVACIONADO POR LA CONVENCIÓN

TEGUCIGALPA.- El presidente José Azcona fue ovacionado por los asistentes a la convención, cuando aproximadamente a las 10 de la noche del sábado ingresó al salón donde se realizaba el evento.

Los convencionales, observadores y demás liberales, desde temprana horas de la noche esperaban la llegada del presidente Azcona, la que se concretó cuando el profesor Rafael Pineda Ponce nombró una comisión especial para que se hiciera presente donde el mandatario y le anunciará que "su presencia era solicitada por la magna convención".

Cuando llegó Azcona al seno de la convención fue ovacionado y aclamado por sus correligionarios.

El presidente en su intervención hizo un llamado a la unidad a todos los líderes y aves que le pusieran esa actitud de ofensa y que puntualizarán esa campaña antagónica interna que agudiza la situación del partido liberal.

10

Azcona dijo haber escuchado a través de la radio la participación de todos los oradores y líderes de corrientes "quiero decirles, compañeros liberales, que me siento profundamente alegre y emocionado porque de esta convención el cuarto triunfo del gran Partido Liberal.

"La Prensa" 21 de diciembre 1987

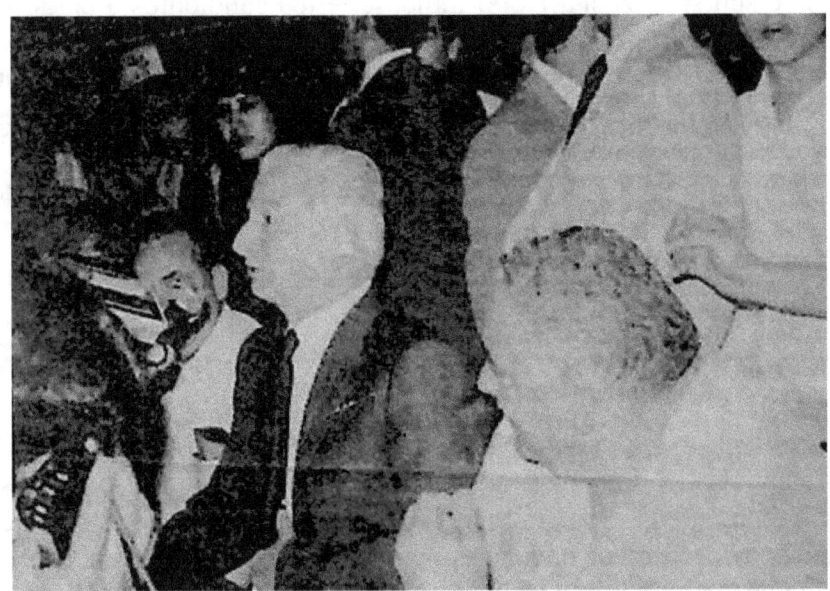

*El presidente Azcona llamó a la unidad de los liberales y los
Excitó a que dejen sus posiciones antagonícas.*

"LA PRENSA" 21 DE DICIEMBRE DE 1987.

AZCONA DEFIENDE A SUAZO CÓRDOVA

Tras defender la imagen del expresidente Roberto Suazo Córdova, el mandatario hondureño, José Azcona Hoyo, formuló un llamado de unidad al liberalismo y posteriormente pidió un "compromiso" a los siete precandidatos de apoyar a cualquiera que resulte electo en las elecciones internas del próximo año.

Azcona Hoyo pronunció un emotivo discurso el pasado sábado en la vigésimo séptima convención del partido que lo llevó al poder, en la cual tomaron posesión la gran autoridades del Central Ejecutivo, presidido ahora por Carlos Flores Facussé.

El gobernante hondureño ingresó a la sede del cónclave político a las 10:10 de la noche, acompañado por un considerable número de guardaespaldas que fueron muy criticados por las bases liberales, pues no se les permitieron acercarse al mandatario.

NO PODEMOS PERMITIR QUE SE LE SIGA TRABAJANDO, DICE

Al referirse las actuaciones de cierto diputado liberales en el Congreso Nacional, Azcona Hoyo dijo que "no podemos permitir que su ultraje Incluso el pasado presidente de Honduras", Roberto Suazo Córdova, quien no llegó a la convención como estaba previsto.

11

"Me gustó mucho hoy oír al doctor (Carlos Roberto) Reina defender al expresidente Suazo Córdova", precisó el gobernante y posteriormente agregó que "si bien es cierto nosotros tuvimos profundas diferencias, también es cierto que como liberales tenemos que defender su administración y no permitir de ninguna manera que sea ultrajado".

COMPROMISO DE APOYO

En un aparte de su discurso, Azcona Hoyo indicó que los candidatos a cargo de elección del del partido liberal serán escogidos por las bases de ese instituto político en elecciones internas.

Pero el gobernante hizo énfasis en que lo importante es que todos los aspirante presidencial deben comprometerse a brindar su apoyo a cualquiera de los precandidatos que resulte electo en los comicios programados para el año próximo.

"Debe hacer un compromiso serio, de que cualquiera que sea el candidato será apoyado por todos", propuso Azcona Hoyo y posteriormente dijo que debe respetarse la voluntad de la base liberales que añoran la unidad de esa organización política.

Precisó que lo fundamental no es solamente apoyar la gestión administrativa del régimen que rectora, sino que también buscar la unificación del liberalismo para asegurar la victoria en los comicios generales de noviembre de 1989.

CAMPAÑA LIMPIA

Por otra parte, el mandatario puntualizó que los insultos que caracterizan los pasados comicios internos del partido gobernante no deben repetirse en la próxima contienda electoral para la escogencia de los candidatos a cargo de elección popular.

Las campañas "para destrozar honores, para destrozar personalidades, no deberían tener cabida en la próxima campaña interna", porque a los liberales no les gusta que un liberal insulte a sus propios correligionarios, enfatizó Azcona Hoyo.

El ingeniero Azcona hoyo hace una ferviente defensa del expresidente Roberto Suazo Córdova (foto Alejandro Serrano).

El titular del ejecutivo recordó que "fueron traumatizantes" los ataques que sufrió en la campaña que realizó para llegar al poder cuándo "día y noche" era denigrado a través de la radio, lo cual dijo, debe servir de lección para los precandidatos liberales, porque a pesar de la campaña de desprestigio que fue sometido siempre logró concretar sus aspiraciones.

"Nos sometamos a los candidatos a dogmáticas campañas electorales, para que estos no pasen por lo que nosotros tuvimos que pasar", indicó y después agregó que las elecciones primarias deben celebrarse en una fecha que le permita al candidato ganador tener tiempo suficiente para sanar cualquier herida que produzca su candidatura durante el desarrollo de la campaña.

Posteriormente, Azcona Hoyo elogió la moción presentada por el diputado Efraín Domínguez, a través de la cual pidió a la convención a probar un "voto de confianza" a favor de la actual administración liberal.

El mandatario hondureño se retiró del evento político al concluir su discurso, ante el deseo de muchos de sus correligionarios desecharle la mano, aunque su guardaespaldas no lo permitieron.

"EL HERALDO" 21 DE DICIEMBRE DE 1987.

Propone Azcona
DEBE EXISTIR COMPROMISO PARA APOYAR AL CANDIDATO VENCEDOR

**Como "un milagro" califica el presidente Azcona a la unidad interna del partido liberal logrado en base a los resultados de la gran convención ordinaria de ese Instituto Político.
**Un milagro en la unidad lograda en la convención

El presidente José Azcona señaló que asistió a la gran convención del Partido Liberal como militante y no como presidente de la República, y afirmó que "se debe respetar a las bases liberales, cuyo clamor es la unidad del partido".

El mandatario expreso que "todas las bases tienen el derecho irrenunciable de luchar por sus precandidatos, pero también debe existir el compromiso serio de que el candidato que salga electo, lime cualquier aspereza que haya surgido".

Recordó Azcona que después de su triunfo fue visitado por tres destacados liberales, Carlos Roberto Reina, Enrique Ortez Colindres y Roberto Martínez Ordóñez, dos de los cuales "tienen responsabilidades enormes en este gobierno", mientras que Ortez no ha querido ser empleado público o no ha querido todavía aceptar la proposición de formar parte del gobierno.

Hubiera deseado, afirmó, que todos los liberales hubiesen aceptado y haber podido constituir un gobierno con representación de todos los sectores y también recordó que para colocar a Rubén Villeda Bermúdez en el Ministerio de Salud habló con Carlos Roberto Reina, quién le dijo que estaba de acuerdo con esa proposición.

"Los liberales deben ser nobles con sus líderes, manifestó, y desde ahora tiene que haber un compromiso serio de que cualquiera que sea el candidato va a ser apoyado por todos, además que debe haber el compromiso serio de que la campaña para destrozar honores a personalidades no debe tener cabida en la próxima campaña interna del Partido Liberal".

"Nos atrevemos a decirles que a los liberales no les gusta que insulten a otro liberal, yo puedo dar prueba de eso...", señaló Azcona, quien agregó que los insultos y los tonos altisonantes, la injurias y las diatribas no deben tener cabida la próxima campaña interna liberal.

La paz de que goza Honduras en la actualidad, apuntó, se deben gran parte a los beneficios de los gobiernos liberales, que han sido visionarios y apegado a las conquistas sociales del pueblo,

13

dándole los instrumentos legales necesarios y en tal sentido recordó la labor de los grandes hombres de ese partido, Ángel Zúñiga Huete, Ramón Villeda Morales y Modesto Rodas Alvarado.

Señaló, además, que los liberales tienen que unirse no solo para apoyar al gobierno sino también para asegurar el cuarto triunfo del partido.

El presidente llamó la cordura la bancada en el Congreso Nacional y recordó del respeto que se merecen todos los liberales ya que "no podemos incluso permitir que se ultraje el pasado presidente de Honduras... Por eso me gustó mucho hoy oír que defendían al expresidente (Roberto) Suazo Córdova".

Recordó, además, que si bien es cierto que tuvo serias diferencias con Suazo Córdova, "también es cierto que como liberales debemos defender su administración y no permitir de ninguna manera que sea ultrajada ahora que es expresidente de Honduras".

José Azcona Hoyo

"LA TRIBUNA" 21 DE DICIEMBRE DE 1987

DEJAR "TRAUMÁTICAS" CAMPAÑAS AZCONA A PRECANDIDATOS

TEGUCIGALPA.- El presidente José Azcona Hoyo abogó en forma vehemente la unidad de ese instituto político para asegurar el cuarto triunfo del partido gobernante en las elecciones presidenciales de 1989.

A la vez agradeció el respaldo que prometieron brindarle a su gobierno todo aspirante presidenciales.

Azcona Hoyo llegó al evento a las 10:10 de la noche del sábado anterior fuertemente custodiado, actitud que causó malestar en varios delegados convencionales, tiene argumentaron que el presidente no tenía necesidad de ingresar con guardaespaldas a la convención porque de una de estas surgió él como candidato a la más alta magistratura del país.

El mandatario en su alocución, que duró aproximadamente 10 minutos y luego abandonó el local donde se efectuó la fiesta liberal, dijo que todo el día (sábado) estuvo pegado a la radio

14

escuchando el desarrollo de la 17ava. Convención, la cual cree que es el punto de partida del cuarto triunfo del Partido Liberal.

"Tenemos que unirnos, no solamente para apoyar el gobierno, sino para asegurar el cuarto triunfo del Partido Liberal", repitió.

Recomendó que las elecciones primarias de su partido sean realizadas con suficiente tiempo, para que el candidato que resulte ganador tenga tiempo de restañar cualquier herida que haya quedado en esa campaña.

No se debe someter a los candidatos a traumáticas campañas electorales -sugirió- a fin de evitar que se repitan las injurias y diatribas que él soportó cuando fue aspirante presidencial.

"Fui muy agredido, fue muy traumatizante escuchar programas de radio día y noche atacándome, pero el pueblo liberal no hizo caso a esos programas y me apoyó, y ahora debemos respetar la voluntad del pueblo para que sea él, el que escoja los legítimos candidatos a elección popular", consideró.

El milagro está sucediendo -apuntó- en alusión a la promesa verbal de Unión hecha pública por los precandidatos de su partido; sin embargo no hay que echarlo a un lado con campañas traumatizantes.

"No podemos permitir que si un traje incluso, al expresidente de la República, Roberto Suazo Córdova, porque si bien es cierto que tuvimos profundas diferencias con él, también es cierto que como liberales tenemos que defender su administración y no permitir que sea ultrajado ahora que es expresidente de Honduras", solicitó.

Por último resaltó la memoria de los líderes liberales Ángel Zúñiga Huete, Ramón Villeda Morales y Modesto Rodas Alvarado, de quienes dijo sentirse orgulloso por sus aportes que conllevan al engrandecimiento del Partido Liberal. (FG)

"TIEMPO" 21 DE DICIEMBRE DE 1987

José Azcona del Hoyo:

MINISTROS SE HAN EXTRALIMITADO HACIENDO LO MEJOR PARA EL PAÍS

TEGUCIGALPA.- El ingeniero José Azcona ratificó ayer que no separará de su cargo a los ministros que le han acompañado en su administración, por considerar que la labor que han realizado es buena.

Manifestó que incluso en algunos casos se han extralimitado en sus funciones a fin de lograr lo mejor para el país, pero que en ningún momento los ministros y funcionarios de alto cargo afirmó que en verdad manda y que sus órdenes son cumplidas por sus colaboradores descuidado sus labores.

Afirmó que en verdad manda y que sus órdenes son cumplidas por sus colaboradores, que han demostrado en todo momento su interés por hacer las cosas no mejor posible, lo que ocurre es que nadie es perfecto y por eso se observan algunos errores.

Cómo se sabe, han circulado la especie que Azcona no es atendido por sus colaboradores, cuando ordena algunas acciones a ejecutar en beneficio de sus correligionarios y actividades de trabajo.

Afirmó que no hay funcionario alguno que no cumpla con sus funciones, y los mandatos del Poder Ejecutivo a través de su máximo representante son cumplidos, lo que demuestra que si hay respeto para el presidente de la República.

15

El mandatario está consciente que sus ministros le han cumplido y por ello ratificó a diario LA PRENSA que no efectuará los cambios que se vienen especulando desde hace algunos días.

Dijo que el gobierno liberal ha trabajado intensamente en beneficio de la colectividad, al grado que existen obras importantes como la penetración de medios de transporte mediante la construcción de carreteras.

También señaló el mejoramiento de los acueductos a través de la ayuda del Banco Interamericano de Desarrollo, y el esfuerzo que todos sus funcionarios han puesto por hacerlo realidad.

El presidente Azcona Hoyo
coloca la respectiva
insignias a los oficiales ascendidos este año.

"LA PRENSA" 22 DE DICIEMBRE DE 1987

EL PRESIDENTE AZCONA

***"El género humano adolece de debilidades; el hombre superior las domina".*

Por JUAN ÁNGEL BUESO ARIAS

El hondureño -por tradición- ha sido "cerrado" en materia política, desde que hemos sido registrados a los tradicionales "partidos", nos referimos al liberal y al Nacional. Este sectarismo ha dado motivo, y ello es opinión personal, en consecuencias sin mayor importancia al divisionismo de la familia paisana. Y es que han proliferado los políticos -en un pueblo que pasan las suyas- cuando lo que necesitamos son hombres de Estado: estadistas.

Con ellos se dice mucho de la realidad y hibuerense, somos "candil de la calle"...

Porque no hay que confundir el patriota con el "patriotero", al oportunista que se aferra aquello de "muerto el Rey, viva el Rey", o para hablar en léxico mexicano, en lambiscón que se torna así con un solo granítico propósito: me da de la ubre presupuestaria. Lo demás son "tortas y pan pintado", como lo expresa Don Miguel de Cervantes y Saavedra en su Quijote, el enjuto y genial caballero de "la triste figura".

16

Aclarando lo anterior -por si las moscas- es decir que no somos lambiscones, nos ha llamado poderosamente la atención la forma como el señor presidente Azcona actuó en su último viaje a Estados Unidos de América, en dicho país, y luego en la conferencia de prensas escenificada en la casa de piedracita en la capital y culta Tegucigalpa. En Estados Unidos puso dos puntos sobre las íes, el lenguaje claro referente a la posición de Honduras en lo que se ha llamado el conflicto centroamericano: el republicanismo, el ciudadano frente al estado, la libertad individual, es decir, les dio en el clavo tanto los demócratas como los republicanos puesto que su sistema es justamente constitucional, democrático, representativo.

Por acá no un pocos de los "preguntones" trataron a las claras de denigrarle y fueron por lana y salieron trasquilados. Interrogantes de doble filo, no pocas sarcásticas, hasta ofensivas. Ello no es nada raro en esta variedad de "periodistas". Como decía un ex gobernante paisano "masa quiere mi lorito". El presidente Azcona, con aplomo y serenidad, en algunas ocasiones fustigante, replicó con base moral y energía, defendiendo con meridiana claridad, la posición de Honduras en relación principalmente al "problema nica".

Felicitamos al señor presidente por su actuación extra e intra fronteras haciéndolo nos atenemos a la respuesta de Jesús a los fariseos "dando al César lo que es del César...", aún cuando, no pocos, estarán opinando lo contrario, pero por algo, justamente, ese el sistema que debemos defender y no otro, en donde el estado es todo y "todos somos iguales" (?)...

"LA PRENSA" 22 DE DICIEMBRE DE 1987

AZCONA COLOCA INSIGNIA DE ASCENSO A ALEXANDER HERNÁNDEZ

TEGUCIGALPA.- El presidente José Azcona Hoyo se encargó de colocar las insignias del nuevo teniente coronel Alexander Hernández, el polémico brazo derecho del ex jefe de las fuerzas armadas general (r) Gustavo Álvarez Martínez.

"Este ascenso fue hecho por el Congreso Nacional sin ninguna objeción, si el Congreso Nacional, que es la alta representación del pueblo, le dio ese ascenso, ellos tienen que saber por qué lo han dado", afirmó el presidente Azcona.

Mientras tanto, Alexander Hernández se negó a dar declaraciones a la prensa. "Hoy no vamos a hablar, otro día", dijo a TIEMPO.

El jefe de las Fuerzas Armadas, general Humberto Regalado Hernández, también defendió al oficial, mencionado por activistas de derechos humanos como responsable directo en la desaparición de más de cien personas.

"Él ha llenado todos los requisitos de ley, los ascensos son conferidos a través de reglamentos y leyes, y han sido presentados al Congreso Nacional, donde no ha habido oposición para que a este oficial le sea cancelado el ascenso", afirmó el general Regalado.

Supuestamente, la Corte Interamericana de Derechos Humanos habrá de llamar a declarar el nuevo teniente coronel, a raíz del juicio incoado contra el estado de Honduras por la Comisión Interamericana de Derechos Humanos de la OEA. (NL)

"Tiempo" 22 de diciembre de 1987

ASCENSOS LLENAN DE JÚBILO A AZCONA H.

TEGUCIGALPA.- "Estamos terminando un año de menores contradicciones internas que 1986", expresó ayer el presidente José Azcona en la ceremonia de ascenso de las Fuerzas Armadas, en la cual el gobernante alabó a los militares y "a su abnegadas esposas".

Como pocas veces, el mandatario dejó de lado el discurso escrito que llevaba, e improvisando, dijo que el ascenso de los militares era un "acto de alto significado" que lo "llena de júbilo".

"Es el significado de que en Honduras sí sabemos hacer justicia a quien justicia merece", afirmó el gobernante. "Los Altos jefes de las Fuerzas Armadas que están recibiendo sus ascensos lo están haciendo a través de la representación del pueblo Hondureño en el Congreso Nacional".

Enseguida agregó el mandatario: "También queremos decir que nos sentimos contentos que estamos terminando un año de menores confrontaciones que 1986".

Agregó que "las confrontaciones externas también bajaron su perfil, pero gracias a que los presidentes Centroamericanos tuvimos el ánimo de dialogar y llegar al acuerdo de Esquipulas II mejoraron las cosas".

Según el presidente, "las confrontaciones internas en Honduras las hemos sabido paliar con el consenso, con el diálogo que hemos entablado durante todo el año con los diferentes sectores de la nacionalidad".

Indicó que las Fuerzas Armadas han tenido un papel importante en este diálogo, y mencionó el caso de la crisis de abril, cuando miles de campesinos ejecutaron operativos en masa de tomas de tierra.

En posición de firme, el jefe de las fuerzas armadas, Humberto regalado Hernández, recibe de manos del presidente José Azcona hoyouna condecoración castrense.

Luego, el ingeniero Azcona alabó a los militares. "Quiero -dijo- patentizar mi felicitación sincera a los altos jefes de las Fuerzas Armadas que hoy han ascendido, y también extender mis

18

felicitaciones y reconocimientos a las esposas abnegadas, porque sin el concurso de ellas no sería posible tener éxito en una carrera tan difícil como la de las armas".

Se refirió luego a las afirmaciones, en el discurso, del General Humberto Regalado Hernández, jefe de las Fuerzas Armadas. "Es cierto que si no hay entendimiento entre todos los sectores es incapaz de que gocemos de tranquilidad; esto va a ser difícil de mantener", señaló Azcona.

"Por parte del presidente de la república y comandante general de las Fuerzas Armadas, daremos toda nuestra contribución para que esta bendita paz que gozamos en Honduras, y que no puedan gozar los países vecinos, la sigamos disfrutando para el bien de Honduras, de nuestras familias y el continente americano", señaló.

"Porque de la noche a la mañana nos hemos convertido en un factor muy determinante para la estabilidad continental", añadió.

Al desear "una feliz navidad", el presidente también abogó para que en 1988 "sigamos disfrutando de esta convivencia armónica entre los hondureños, que tarde o temprano nos llevará a estadios superiores de bienestar". (NL).

"TIEMPO" 22 DE DICIEMBRE DE 1987

ENTREGAN PERSONERÍA JURÍDICA A TELETÓN

***También los 200,000 lempiras que prometió Azcona

TEGUCIGALPA.- El presidente José Azcona Hoyo entregó ayer un cheque por 200,000 lempiras a los directivos de la fundación TELETON HONDURAS, que constituye el aporte del gobierno de la actividad filantrópica en favor de los limitados físicos.

Durante el acto de entrega del cheque, donde también se hizo efectiva la entrega de la personalidad jurídica a la TELETÓN, se informó que la fundación, además, podrá prestar colaboración en caso de emergencia nacional.

El cheque fue recibido por el presidente de la fundación, Licenciado José Rafael Ferrari, quien agradeció el gesto del presidente, en cumplimiento a su promesa que daría un equivalente al 5 por ciento del total de la recaudación.

Aunque ayer, el licenciado Ferrari dijo que todavía no han terminado de recaudar todas las aportaciones, que a esta altura se aproxima a los 4 millones de lempiras. La meta inicial era apenas un millón de lempiras.

El próximo domingo, en Cadena Nacional de radio y televisión, se darán a conocer los últimos datos sobre la recaudación, aunque aún en enero se continuarán recibiendo, anunció.

A la vez, dijo que en diálogos con el presidente Azcona el mes próximo los directivos de TELETÓN-HONDURAS solicitarán que la contraloría general de la república tenga un representante en el órgano fiscalizador de los fondos.

Pese a que originalmente se informó por parte de los organizadores que cerca de 350,000 lempiras recaudados por la venta de publicidad serían incluidos entre los aportes, el licenciado Ferrari dijo ayer que estos fondos se dejarán para gastos de organización.

El presidente Azcona, luego de entregar el cheque y la personalidad jurídica, dijo que el primer beneficiado con la fundación es el mismo gobierno, porque recibirá una colaboración dentro de los programas de atención a los limitados físicos.

En la ceremonia hicieron uso de la palabra los directivos de la fundación de San Pedro Sula, Camilo Rivera Girón, y en Santa Rosa de Copán, Jorge Bueso Arias, así como otros activistas.

Rivera Girón dijo que la TELETÓN será una institución permanente dedicada no solo a la atención de los limitados sino ayudar en situaciones de calamidad que enfrenta el país.

Por su lado, Bueso Arias indicó que durante la actividad del pueblo Hondureño demostró ser apático a los mensajes de odio pero receptivo a los mensajes de amor y solidaridad.

El contenido de la personalidad jurídica define la fundación como una institución encargada de "fomentar el interés nacional hacia la solución de los problemas nacionales". (NL).

Reunión en la que estuvieron presentes, además de Azcona, los directivos de la fundación en San Pedro Sula y Santa Rosa de Copán al entregarle la personería jurídica a ese recién constituido organización Pro-minusválidos.

El mandatario hondureño en el instante de entregar el cheque por 200,000 lempiras a directivos de TELETÓN HONDURAS.

"TIEMPO" 23 DE DICIEMBRE DE 1987

20

DOS AÑOS MÁS FALTAN PARA SENTENCIA DE LA HAYA EN LITIGIO CON EL SALVADOR

TEGUCIGALPA.- El grupo de juristas nacionales que defienden los intereses de Honduras ante los reclamos territoriales del Salvador, en la Corte Internacional de Justicia, rindió ayer un informe sobre el juicio al presidente José Azcona Hoyo.

Al término del encuentro de tres horas y media, el líder de la representación hondureña en La Haya, doctor Carlos Roberto Reina, dijo que de acuerdo a sus estimaciones el fallo del juicio Estará listo a más tardar en enero de 1990.

Con la presentación de la demanda el 1ero. de enero "entramos a plena batalla", puesto que ambos estados presentaron los argumentos de sus reclamos sobre los territorios, apuntó.

Con todo y que los juicios internacionales "no son muy rápidos", por los procedimientos escritos, estimo que la sentencia se dará a principios de enero de 1990", precisó el agente de Honduras en La Haya.

Dijo que la distancia de la Corte Internacional "es un proceso Irreversible" donde El Salvador está obligado a cumplir. "En la etapa anterior, de negociaciones directas, llegaba un momento en que la otra parte no cumplía, pero ahora ya no hay retroceso, es un proceso Irreversible", indicó.

Según Carlos Roberto Reina, el diferendo entre Honduras y El Salvador se fundamenta en reclamos territoriales por un monto de 418.6 kilómetros cuadrados, a lo largo de una frontera con 343 kilómetros de longitud, y "es el más complejo que ha tratado la Corte Internacional, desde su fundación después de la Segunda Guerra Mundial".

No obstante, indicó que el proceso se abrevia en gran medida porque en lugar de que lo conozcan los 15 jueces de la Corte, por acuerdo mucho con El Salvador se decidió que solo se ocuparán cinco miembros.

Indicó que el verdadero interés del juicio lo debe constituir la meta que Honduras defina su fronteras "porque en ese sentido el país ganará y ganará Centroamérica"

Comisión de juristas Nacionales, encabezados por Carlos Roberto Reina, se reunieron ayer con el presidente de la república José Azcona, para informarle de cómo marchan los juicios internacionales que enfrenta Honduras.

21

TIEMPO preguntó al doctor Carlos Roberto Reina si la posposición de la presentación de la memoria para junio, ya que inicialmente estaba prevista para el presente mes. "No retrasa el proceso", y el funcionario respondió: "Siempre es conveniente para ambas partes ir con pie seguro", y añadió que fue el gobierno salvadoreño el que tomó la iniciativa, y las autoridades hondureñas, que originalmente se opusieron, terminaron aceptando nuevo plazo.

En la reunión de la comisión de soberanía y frontera con el presidente, participaron también el canciller Carlos López Contreras y los representantes del gobierno en La Haya. (NL).

"TIEMPO" 23 DE DICIEMBRE DE 1987

AZCONA ORDENA PROYECTO DE AGUA POTABLE PARA DUYURE

TEGUCIGALPA.- El presidente José Azcona Hoyo autorizó ayer la ejecución de un proyecto de agua potable que beneficiará a los habitantes del municipio de Duyure, departamento de Choluteca, el subgerente del Servicio Autónomo Nacional de Acueducto y Alcantarillados, SANAA, Miguel Ángel Lagos, informó que el plan consiste en la perforación de un pozo que tendrá un costo de 12,000 lempiras donados por el Ministerio de la Presidencia.

El funcionario y dirigente de la comunidad entregaron Al titular del ministerio, Céleo Arias Moncada el estudio del proyecto quedará inicio en enero y finalizará a principios del siguiente mes.

El subgerente del SANAA también dijo que para el próximo año se tiene contemplado la instalación de 46 acueductos en diferentes comunidades comprendidas en los departamentos de Choluteca y Valley cuyo financiamiento será otorgado por el gobierno alemán.

Ing. Miguel Ángel Lagos, Sub Gerente del SANAA

22

Anuncia Carlos Roberto Reina
BATALLA JURÍDICA ENTRE HONDURAS Y EL SALVADOR

El agente de Honduras ante la Corte Interamericana de Justicia de La Haya, Carlos Roberto Reina, anunció ayer después de haber sostenido una reunión de más de 3 horas con el presidente José Azcona, que Honduras y El Salvador entrarán en pleno campo de batalla por hacer prevalecer sus derechos soberanos y territoriales, a partir del 1 de junio de 1988.

Manifestó que el juicio avanza normalmente y Honduras está preparando la demanda. El primer escrito, que es el libro que va a definir su línea argumental, tendrá anexos como ser los títulos más importantes que tiene el país.

Anunció que el primero de junio "vamos a estar en capacidad de conocer la demanda de El Salvador y ahí estaremos ya en plena batalla".

Es el momento Cumbre del juicio se plantearán los argumentos de Honduras y se conocerán los de El Salvador.

Las sentencias saldrá a principios de 1990, estimó.

Se le preguntó si habrá buena voluntad de parte del Salvador para cumplir y Reina contestó que "ellos están obligados a cumplir. Antes había negociaciones directas. Pero ahora no hay retroceso. El proceso es irreversible".

Toda la aspiración es que este asunto se defina de una vez por todas y con todos los aspectos que se le plantea que son muchos, señaló, porque es el caso más complejo y más difícil que ha tenido la corte.

Se le hizo la observación de que si ganaría Honduras el juicio y manifestó que "el ganar para mí es que Honduras defina su territorio, que el caso", señaló.

Reina estimó conveniente para ambas partes la posposición que había solicitado El Salvador e indicó que "después de siglo y medio hay que ir con pie seguros".

El agente de Honduras ante la Corte Internacional de la justicia de La Haya, Carlos Roberto Reina, brindó ayer un informe pormenorizado de los avances del juicio con El Salvador al presidente José Azcona. También participaron miembros de la comisión de soberanía y límite de la cancillería.

"LA TRIBUNA" 23 DE DICIEMBRE DE 1987

23

HAY ESPERANZA DE QUE NICARAGUA RETIRE DEMANDA CONTRA HONDURAS

TEGUCIGALPA.- El gente de Honduras en la Corte Internacional de Justicia de La Haya, Holanda, Doctor Carlos Roberto Reina, dijo ayer que abriga esperanzas en que Nicaragua retire definitivamente la demanda contra el gobierno de Honduras, interpuesta en junio de 1987 por el supuesto uso del territorio nacional de parte de los contras.

Cuando se suscribió el acuerdo de Esquipulas II en el pasado 7 de agosto en Guatemala, los presidentes de Honduras, José Azcona Hoyo; y de Nicaragua, Daniel Ortega Saavedra, suscribieron un proyecto de solicitud de suspensión del juicio, el cual fue remitido por el gobierno sandinista. Ayer, después de una reunión con el presidente José Azcona para informar sobre el avance en el proceso que sigue con relación al diferendo limítrofe con El Salvador, Reina dijo que "mi esperanza es que (Nicaragua) retire definitivamente" la demanda incoada.

De acuerdo con la petición del presidente Ortega la Corte Internacional, la suspensión es temporal, dado que Nicaragua guarda por los resultados del "procedimiento para establecer la paz firme y duradera en Centroamérica". Carlos Roberto Reina dijo que ese juicio "es político, en el sentido que Centroamérica es campo de lucha de las grandes potencias", y en ese sentido enfatizó que más importante "es el otro juicio de la definición de nuestro territorio".

Señaló que su optimismo de que Nicaragua retirada definitivamente la demanda se fundamenta en qué "Esquipulas II está caminando" y elogió el compromiso de los "ocho" países latinoamericanos reunidos en Acapulco, México, en el sentido de buscar "soluciones autónomas para el problema centroamericano".

Cuando se firmó que se había suspendido el proceso del juicio con El Salvador, el canciller Carlos López Contreras dijo que la acción se había dispuesto porque la misma misión que se encarga de llevar el asunto del conflicto con El Salvador, se ocuparía de la defensa en relación a la demanda de Nicaragua. (NL)

Carlos Roberto Reina, derecha, cuando ayer se reunió con el presidente José Azcona Hoyo.

"TIEMPO" 23 DE DICIEMBRE DE 1987

AZCONA RECIBE INFORMES SOBRE JUICIO FRONTERIZO DE HONDURAS Y EL SALVADOR

TEGUCIGALPA.- (Faustino Ordóñez Baca).- El presidente José Azcona hoyo fue ampliamente informado ayer por el Doctor Carlos Roberto reina quién defiende los intereses patrios en la Corte Internacional de Justicia de La Haya.

La reunión, que duró 4 horas, también contó con la presencia de los miembros de la "Comisión de Soberanía y Fronteras" y el canciller Carlos López Contreras.

Reina informó que el mandatario quedó "totalmente informado" sobre el avance del juicio que se sigue en el principal órgano jurídico de las Naciones Unidas mediante el cual se resolverán totalmente las controversias insulares y marítimas que desde tiempos de la colonia mantienen los gobiernos de Honduras y El Salvador cuyo fallo se espera en los primeros meses de 1990.

"La actitud del presidente ha sido de total apoyo porque le da a estos asuntos una gran importancia y una prioridad notoria", dijo el gente hondureño en La Haya, revelando que en la reunión "profundizamos sobre los aspectos estratégicos del juicio".

Reina anunció que el primero de junio del año entrante el gobierno hondureño conocerá la memoria salvadoreña, documento en el cual el vecino país expondrá sus argumentos orientados a obtener un juicio favorable.

Honduras también prepara a través de su cuerpo de Defensores, nacionales e internacionales, Este primer documento que también será entregado al Salvador a través de la Corte Internacional de Justicia.

"El juicio marcha normalmente. Los juicios internacionales no avanzan muy rápido, porque los procedimientos escritos llevan mucho tiempo", declaro Reina, que ingresó al país, procedente de Holanda, el sábado anterior coincidiendo con la instalación de la convención del Partido Liberal a la que asistió.

La comisión de límites territoriales se reunió al mediodía de ayer con el presidente José Simón Azcona Hoyo. (fotos Luis Sosa Amador)

25

Según Reina, El Salvador "está obligado a cumplir" con sus compromisos en La Haya tratando de que ahora el juicio no permite negociaciones directas por lo que no se corre el riesgo de que se repitan los atrasos del pasado.

"Este es un proceso irreversible, por eso hemos informado al señor presidente en el sentido de que en este asunto se definan todos los aspectos que existen porque es el caso más complejo y difícil que hay", declaró el entrevistado.

Cuando se le preguntó sobre la posibilidad de "ganar el juicio", o sea la emisión de una sentencia favorable a nuestro país, Reina opinó que la palabra ganar significará "que Honduras defina su territorio, que pruebe lo que le pertenece, que nuestro país tenga un libre acceso dentro de la Bahía de Fonseca, y que Honduras no tendrá jamás problema fronterizos".

En el juicio en La Haya no "jugarán las políticas mundiales", porque quien estudia este importante caso es un grupo de jueces que conforman una sala y que fueron seleccionados por los gobiernos de Honduras y El Salvador.

"No es lo mismo el caso Honduras y Nicaragua, contra los Estados Unidos, donde se juega una política mundial, de bloque y de fuerzas", aclaró al funcionario.

Los dos países tenían que presentar la primera memoria a finales del mes anterior pero "por conveniencia mutua" optaron por poner la fecha dentro de tres meses, explicó el doctor Reina., "Pero aquí no habrá ningún problema", subrayó.

AZCONA ENTREGA EL APORTE DEL GOBIERNO A TELETON

***La suma asciende a 200,000 lempiras.*
***Impresionados Ferrari por designación de "Hombre del año"*

El presidente José Azcona hoyo entregó ayer a la fundación TELETÓN su personería jurídica y un cheque por la cantidad de 200,000 lempiras, que corresponden al 5% de total recaudado en el evento de beneficencia celebrados los días 11 y 12 de este mes.

Ambos documentos fueron recibidos por el presidente de la fundación, José Rafael Ferrari, en presencia de los miembros restantes de la junta directiva de esa organización sin fines de lucro.

Azcona dijo, al momento de la entrega, que su administración estaba obligada a poner su grano de arena en la obra benéfica que emprenderá TELETÓN y resaltó que el gobierno será el primer favorecido con las actividades de la naciente organización.

Los fundadores de TELETÓN se proponen construir tres centros asistenciales para atender a personas minusválidas o limitadas físicas sin recursos.

Para ello cuentan con un capital inicial que supera los 4 millones de lempiras.

Ferrari, de 53 años, agradeció al presidente Azcona por la aportación del gobierno y destacó que la empresa TELETÓN trabajará con responsabilidad y entrega total con el respaldo de los medios de comunicación, la empresa privada y el pueblo.

Agregó que las cuentas bancarias de la fundación se mantendrán permanentemente abiertas para nuevas donaciones y que en los próximos días se informará nuevamente al pueblo sobre el monto total de la recaudaciones registradas.

En la breve ceremonia de ayer, también intervinieron el empresario Camilo Rivera Girón, quién dirigió él TELETÓN en la zona norte del país, y el banquero Jorge Bueso Arias, que tuvo bajo su responsabilidad del desarrollo del mismo en la zona Occidental.

Rivera Girón dijo que el dinero se da bien empleado y que rendirá beneficios. Además explicó que la fundación no solamente atenderá a los niños, sino también a las víctimas de cualquier otra calamidad.

Por su parte, Bueso Arias sostuvo que las masivas aportaciones demostraron que el pueblo Hondureño no es apático, abúlico ni haragán, cómo se pretende hacer creer, sino que "es activo y enérgico cuando se trata de mensajes positivos".

Una intervención emotiva fue la del dirigente empresarial Jorge Gómez Andino, quién padece de limitación física y, por ello, conoce la filosofía de esas personas las que, a su juicio, han transformado su esperanza en realidades al materializarse la obra bienhechora de él TELETÓN.

Al referirse a la designación que ha sido objeto por diario EL HERALDO como "Hombre del Año", por su contribución a un sector desvalido de la población, Ferrari dijo que le impresionaba la distinción, pero que considera "una obligación" involucrarse en este tipo de actividades.

"A los 53 años me considero realizado económica y empresarialmente y por ello espero dedicar a mi país la energía que Dios me depare en los años que tenga a bien concederme", concluyó.

El presidente de la fundación TELETÓN, José Rafael Ferrari, recibe de manos del presidente José Azcona Hoyo la personería jurídica de esa institución y la aportación gubernamental que fuera prometida para llevar a cabo obras En beneficio de los minusválidos (foto Alejandro Serrano).

"EL HERALDO" 23 DE DICIEMBRE DE 1987

27

EDITORIAL
1989: LA GRAN ENCRUCIJADA

Mermada las encendidas pasiones de la última convención del Partido Liberal, consideramos aconsejable referirnos a temas fundamentales para todos aquellos hombres y mujeres que militan bajo el gonfalon rojo blanco y rojo.

Es innegable que el liberalismo es una poderosísima fuerza, siempre y cuando se mantenga Unido, sin aristas y sin "caudillos" empecinados en continuar gobernando al país bajo ese emblema por sí o por interpósita persona.

La modalidad de la Opción B en los comicios de 1985 fue introducida para fabricar a un candidato presidencial liberal que fuera apto para ser manejado por quien había fallado en el intento legislativo del 24 de octubre de ese año, para prorrogar el periodo constitucional de cuatro años, en lo que constituye uno de los más arteros zarpazos dados contra la democracia en Honduras y un deshonor para el Partido Liberal, puesto que desde el poder, un gobernante liberal pretendió continuar en la presidencia de la República, en menoscabo el interés nacional, de la doctrina liberal y de los principios elementales configurados en la alternabilidad de la primera magistratura de la nación.

Quien ahora asume la presidencia del Consejo Central Ejecutivo del Partido Liberal tiene la satisfacción de haber contado con el apoyo de la mayoría aplastante del liberalismo que aprovechó la reformas introducidas a la ley electoral y de las Organizaciones Políticas, para dejar constancia histórica de su firme protesta contra un régimen surgido en las entrañas del Partido Liberal.

El malestar en las filas del liberalismo fue notorio a lo largo de estos dos años de la administración del ingeniero José Simón Azcona Hoyo por las razones ya grabadas en tinta, propiedad de este Diario de los hondureños.

El 6 de septiembre, fecha igualmente histórica, los afiliados al Partido Liberal dejaron en las uñas su franca protesta por la forma en que estaban trabajando los ministros del gabinete del señor Azcona Hoyo y el que pagó los platos rotos fue precisamente Carlos Orbin Montoya, a la sazón presidente del Congreso Nacional.

Este ciudadano acumuló toda la pesadumbre del electorado liberal y él, personalmente, se preocupó de manera increíble, en forma perfecta, minuto a minuto de aquella vidriosa campaña electoral, para trabajar tesoneramente, incansablemente contra él mismo. Es decir que Carlos Orbin Montoya luchó desafortunadamente contra su propia candidatura, ya que no le bastó superar el malestar generalizado entre sus propios correligionarios con la administración pública inaugurada en enero de 1986.

Lo que ocurrió el 19 de diciembre, en el discurso de la convención liberal, no fue más que el triunfo popular escenificado el día 6 de septiembre pasado, es decir que lo ocurrido el fin de semana es una consecuencia directa de aquello.

Por otra parte, todos los líderes surgidos en la campaña de Azcona Hoyo, entre los cuales hay muchísimos recién llegados y que luego se convirtieron, por arte de magia, en "presidenciables", contribuyeron a la fragmentación del Partido Liberal, a su tremendo debilitamiento.

La anarquía existente en el partido de gobierno. Se reflejó claramente en el regreso sufrido por el oficialismo y, algo no menos sorprendente es lo que ha dejado esa devastadora lucha interna, en la cual todos quieren ser el candidato oficial a la presidencia de la república, como lo es el retorno de muchos de los que saquearon las arcas del partido liberal en las postrimerías de 1985, muchos de los comprometidos en el intento de violar la Constitución de la República el 24 de octubre de este año, en el seno del Poder Legislativo, en una rara promiscuidad de diputados oficialistas por esa época con unos cuantos diputados cachurecos que han desaparecido del mapa, borrados por La indiferencia de sus correligionarios.

Es posible que el presidente del Consejo Central Ejecutivo del Partido Liberal no haya olvidado que él fue víctima al metérsele en la lucha presidencial interna del liberalismo... Y luego marginado violentamente y sin explicación alguna por el hombre que se las daba de titiritero desde la Casa de Gobierno.

Al parecer, ese vínculo político solo tiene el estigma de que en su fila se encuentran esas personas que tienen en lo dado el traje liberal y cuya responsabilidad no se extingue. Día habrá que se les llame a rendir cuentas para que el partido de Ángel Zúñiga Huete pueda hablar sin sonrojo sobre la honestidad, el respeto a las leyes, la conducta perpendicular ante la Majestad de la Constitución de la República, el honor individual de ser honrados y decentes.

Por lo pronto diremos que en la Convención Ordinaria del Partido Liberal, todos los dirigentes de los movimientos internos convivieron como agentes civilizada y con la identidad partidaria. Hablaron de unidad y de vencer en 1989. Se abrazaron y las cámaras de televisión grabaron en el celuloide aquellos momentos de confraternidad y solidaridad liberal,pero luego vendrá la lucha de ese descarnada,el pleito y la cizaña en cada arenga pública.

Pudiera ser que el nuevo presidente del Consejo Central Ejecutivo del Partido Liberal, en una decisión trascendental, decidiera constituirlos en un grupo consultivo que obligatoriamente tuviera que reunirse con la frecuencia del caso para armonizar más que de resolver problemas políticos encontrados en la larga marcha hacia la selección popular del candidato a la Presidencia de la República y de los Designados a la Presidencia, de los Diputados al Congreso Nacional y de los alcaldes.

Cada quien anda buscando desde ahora un pedazo de pastel, la forma de asegurarse un puesto clave dentro del engranaje de la Administración Pública para, desde esos cargos de privilegio, continuar la tarea de dividir al Partido Liberal.

Ojalá que el presidente del Consejo Central Ejecutivo encuentre una forma de comprometer a todos estos aspirantes que, como él, quieren la Candidatura Oficial del Partido Liberal para los comicios de 1989.

Por ahora todo es fiesta y resignación en el Partido Liberal, unos porque ganaron la mejor partida, y nosotros porque creen que los votos que sacaron en los comicios del 6 de septiembre, les permitirá llegar a la primera magistratura del país.

Ojalá que estos siete aspirantes a la presidencia de Honduras, no olviden los errores cometidos. Si hay amnesia, todos perdemos.

"El Heraldo" 23 de diciembre de 1987

[Jorge "Cocoy" Abudoj]:
"TODO MARCHA POR BUEN CAMINO PARA EL MONTAJE DE LOS CUARTOS JUEGOS C.A."

TEGUCIGALPA. El conocido dirigente deportivo Jorge Abudoj Frixione, miembro del comité organizador de los IV Juegos Deportivos Centroamericanos, manifestó a LA PRENSA que "los Juegos serán una realidad gracias al esfuerzo del presidente de la República y su equipo de trabajo".

Abudoj agradeció la iniciativa del presidente José Azcona por asegurar el montaje de los Cuartos Juegos en condiciones difíciles, por la falta de instalaciones deportivas que debilitaban la organización del importante evento regional.

"En la actualidad se trabaja apresuradamente en la instalación y adecuación de escenarios que vendrán a fortalecer el espíritu deportivo de los hondureños", dijo Abudoj al momento de invitar

29

a la prensa deportiva a observar las obras que se edifican en las canchas de la Federación de la aldea Suyapa.

Además de tres gimnasios para baloncesto, voleibol, artes marciales, tenis de mesa y otros deportes, se contará con un modesto pero bien estructurado estadio de fútbol y otras instalaciones que servirán para la práctica general del deporte de la juventud hondureña.

"Los pasos que se han dado son firmes, por lo que agradecemos a empresas como Cervecería Hondureña por el valioso aporte que han brindado para contribuir con la empresa que hemos emprendido", señaló Abudoj Frixione.

Asimismo, invitó a las diferentes federaciones deportivas para que preparen a sus deportistas con miras a los juegos que se desarrollarán en enero de 1990. "

"Además del trabajo en las instalaciones deportivas del concurso de varios entrenadores de diferentes nacionalidades traerá beneficio a nuestro deporte", puntualizó el dirigente deportivo.

Actualmente se encuentran en Honduras entrenadores de baloncesto, boxeo, lucha olímpica y otras disciplinas deportivas colaborando con los entrenadores nacionales para que Honduras tenga una actuación decorosa en el próximo certamen deportivo centroamericano.

Jorge Abudoj estrechamente con el presidente de la República Ing. José Azcona, en el montaje de los cuartos juegos deportivos centroamericanos.

"LA PRENSA" 23 DE DICIEMBRE DE 1987

López contradice a viceministro

AZCONA RESPALDO DE LA LICITACIÓN DEL AEROPUERTO "EL PEDREGAL"

***Ningún miembro del gabinete ha presentado su renuncia, ni el presidente las ha pedido*
***Del titular de la Secretaría de Comunicaciones, Obras Públicas y Transporte (SECOPT), Juan Fernando López, informó que tiene el respaldo del presidente José Azcona para visitar el nuevo aeropuerto capitalino en la laguna, San José de El Pedregal.*

30

López dialogó ampliamente ayer con el presidente José Azcona y afirmó que el mandatario le revela que hasta la fecha ningún miembro de su gabinete de gobierno le ha presentado la renuncia, ni él se las ha pedido.

El funcionario recalcó que "por qué voy a interponer mi renuncia si en el momento en el que el presidente Azcona quiera quitarme lo puede hacer y lo haré si me lo pide".

Sobre las nuevas autoridades del Partido Liberal, López expresó que es necesario que se unan los liberales y recomendó que "algunos de ellos deben dejar sus pretensiones de ser presidentes cuando no tienen ni siquiera cinco años de militancia política en el partido, mientras otros vienen entrando".

"Entre todos los candidatos que pretenden la silla presidencial, indicó, quizás solo uno o dos son los que tienen militancia en el Partido Liberal".

El titular de SECOPT criticó que desde el inicio de la administración del presidente Azcona todo el mundo se dedicó a hacer política.

López comentó que si él fuera presidente de Honduras haría que la gente se dedique más a trabajar y no a politiquear, para lo cual empezaría a destituir a todo aquellos funcionarios que se dedican a esas actividades.

Por otra parte, sostuvo que la construcción del nuevo aeropuerto continúa en pie y para ello cuenta con el total respaldo del presidente.

Al preguntarle por qué el viceministro de SECOPT, Alejandro Castro Ruiz, señaló en dos ocasiones que el aeropuerto El Pedregal no sería construido durante la presente administración, contestó que "Usted no ha oído que Juan Fernando López haya dicho eso", en abierta contradicción con su colaborador.

Al indicar que "la construcción de un aeropuerto no es solo el hecho de desearlo y que ya va a estar, informó que "ahora estamos pensando en sacar una licitación internacional con financiamiento".

"LA TRIBUNA" 23 DE DICIEMBRE DE 1987

NINGÚN GOBIERNO LO HA SUPERADO EN OBRAS ASEGURÓ EL PRESIDENTE

TEGUCIGALPA.- Nunca un gobierno había ejecutado tantas obras en un año como ahora, aseguró el presidente José Azcona Hoyo, que, a pesar de los pronósticos negativos sobre la economía durante 1987, al final, dijo, "estamos saliendo adelante".

El mandatario ofreció una entrevista a un noticiero de televisión, y la transcripción del contenido fue distribuida por la secretaría de prensa. En su mayoría, los temas que abordaron son asuntos de orden económico.

"Estamos superando un año que en principio se vio que era difícil, porque había situaciones que daban un panorama sombrío", apuntó el mandatario, y mencionó concretamente la disminución en los precios del café y cierre del mineral de El Mochito.

"Sí, ha sido un año difícil pero estamos saliendo adelante y los indicadores económicos están informados que la situación no es tan mala como nosotros pensábamos", apuntó.

Justificó sus apreciaciones indicando que la inflación es "muy baja y hay un crecimiento bastante aceptable, el déficit fiscal tiene una tendencia a bajar, y no creo que va a llegar al 7 por ciento del Producto Interno Bruto".

"Estamos saliendo del año con bastante optimismo", añadió el ingeniero Azcona Hoyo y agregó también que para el próximo año se espera "que las tendencias mejoren".

31

Principalmente existe bases para suponer que continuará aumentando el ingreso fiscal como consecuencia de un ascenso en la producción, sobre todo en rubros como banano, industria de la construcción, la energía eléctrica.

Esa situación permitirá "mantener la tranquilidad asociada hasta donde sea posible para que en realidad vayamos superando los problemas que tenemos", pronosticó.

Respecto a los niveles de empleo, el gobernante sostuvo que "este año se ha incrementado" y aseguró disponer de indicadores irrefutables como el incremento de un 15 por ciento en el consumo del cemento.

"El problema del desempleo no lo hemos inventado en este gobierno, ni el pasado. Pero no quiere decir que nos conformamos con que hayan desempleados y estamos trabajando precisamente para ver la forma de abatir ese desempleo. Conjuntamente con el Congreso Nacional, El Ejecutivo ha adoptado algunas medidas", dijo, recordando el incentivo a los exportadores de banano.

El desempleo "yo no lo refuto con habladurías, yo lo refuto con cifras; hay un incremento en la producción de textiles y un incremento en la producción de artículos confeccionados".

Dijo que, además del problema temporal qué significó el cierre de operaciones en el mineral de El Mochito, los demás indicadores dicen que el desempleo ha atendido a bajar.

"Si aumenta la producción necesariamente tiene que aumentar el empleo y va a aumentar en alrededor de 8 millones de exportación de cajas de banano. Eso quiere decir que hubo más trabajo en las fincas", citó a manera de ejemplo.

Con relación a las quejas de los campesinos en el sentido que no se ha aplicado la Ley de Reforma Agraria, Azcona apuntó que los líderes campesinos nunca van a decir que están satisfechos con el trabajo del gobierno en esa materia. "Ellos tienen que mantener el liderazgo y nosotros lo comprendemos", dijo.

Agregó que se abrieron mil nuevas plazas para maestros y estos recibieron un incremento de 55 mil lempiras mensuales. Se han construido un sinnúmero de escuelas y colegios, y ocurre lo mismo con los dirigentes que necesitan mantener el liderazgo.

"En ningún año, ningún gobierno, se han construido tantas obras como se ha hecho este año", señaló el presidente.

"TIEMPO" 24 DE DICIEMBRE DE 1987

32

EL PRESIDENTE DE LA REPÚBLICA DIO AMPLIO Y GENEROSO APOYO AL TELETÓN

TIEMPO, el diario de Honduras, no comparte de ninguna manera la opinión del señor Billy Peña, en su columna "Temas y Opiniones" en nuestra edición de ayer, en el sentido de que el presidente de la república, ingeniero José Azcona del Hoyo, se mostró mezquina en su contribución al Teletón.

Todo lo contrario. El presidente Azcona ha sido ampliamente generoso al cumplir su promesa hecha a la Directiva del Teletón de aportar el 5 por ciento del total de los fondos recaudados por el Teletón, cuyo valor fue entregado personalmente el martes anterior en Casa Presidencial al presidente de Teletón, Licenciado José Rafael Ferrari.

El ofrecimiento y la entrega de estos fondos fue hecho, no obstante que no existe un presupuesto abundante para estas obras y, por otra parte, nos consta que actualmente no existe ninguna partida confidencial para la Presidencia de la República.

Por otra parte, el presidente Azcona se hizo presente en el Teletón para darle su respaldo personal, y su llamamiento al pueblo Hondureño en favor de esta causa fue sinceramente aplaudida por la nación, lo cual significa, también, una importante contribución del presidente de la república al éxito del Teletón.

"TIEMPO" 24 DE DICIEMBRE DE 1987

CONVIVIO NAVIDEÑO EN CASA PRESIDENCIAL

TEGUCIGALPA.- El presidente de la República ingeniero José Azcona Hoyo ofreció una fiesta de Navidad al personal de la casa de gobierno y a los periodistas que cubren la Fuente del palacio presidencial.

Durante la festividad celebrada en la noche del 22 en la terraza de la Casa de Gobierno se puso de manifiesto la sencillez del gobernante, participando como uno más de los presentes, en compañía de su esposa, Doña Miriam.

Participaron, además algunos miembros del gabinete,Quién es igual que todos los presentes disfrutaron de tragos y boquitas, y la presentación de un espectáculo de magia que dio un toque de mayor alegría al evento.

El mandatario y su esposa recibieron un regalo de cada uno de los empleados de casa presidencial, después del intercambio popularmente conocido como "cuchumbo".

El presidente José Azcona y su esposa, doña Miriam, compartiendo alegremente con el personal de Casa de Gobierno.

Personal de la prensa independiente y del gobierno en la celebración que ofreció el presidente José Azcona con motivo de las fiestas de Navidad.

"TIEMPO" 28 DE DICIEMBRE DE 1987

A criterio de capitalinos

ADMINISTRACIÓN AZCONA HOYO HA HECHO UNA BUENA LABOR

TEGUCIGALPA.- (por Faustino Ordóñez Baca).- A juicio de algunos capitalinos, el gobierno del presidente Azcona ha hecho una buena labor en el presente año especialmente en los campos de la política exterior y económica.

Según Víctor Francisco Fúnez, de profesión mecánico, uno de los principales problemas que ha afrontado el mandatario en 1987 es la presencia de los contrarrevolucionarios nicaragüenses que ha motivado reflejar una mala imagen a nivel internacional.

Dijo que económicamente todo parece indicar que el pueblo Hondureño no atraviesa ninguna dificultad "Pues recordemos esa gran cantidad de pólvora quemada con motivo de la Navidad, donde se gastan grandes sumas de dinero"".

La opinión de Funez fue compartida por el ingeniero Raúl Midence, quién alabó las medidas adoptadas en el presente año por el ingeniero Azcona especialmente de sus esfuerzos por controlar el gasto público y disminuir el déficit fiscal.

La política exterior es comprensible porque es producto del subdesarrollo del país que necesita obligadamente de la ayuda exterior por la cual tienen que haber ciertas condiciones, dijo en entrevistado.

Por su lado, el herrero Eleuterio Romero dijo que el gobierno "ha sido bueno", y justificó su pensamiento en la siguiente frase: "yo he visto que las cosas están normales".

En cuanto a política exterior, económica o cualquier otra cosa, dijo que "No puedo decir nada porque no llevo esos controles".

El motorista Francisco Moncada Midence, pese a que nunca ha trabajado con el gobierno, dijo que por lo que se ha visto, el presidente Azcona ha trabajado "Si no tan bien, pero las obras están viendo a cada momento".

"La política exterior creo que está bien conducida, mientras que la situación económica, aunque crítica, creo que será mejorada en el año 88 tomando en cuenta que el gobierno apenas tiene dos años", declaró.

Por su parte, Jorge Pastora, estudiante de periodismo de la Universidad Nacional Autónoma de Honduras (UNAH), tras ser preguntado por LA PRENSA, dijo: "Ha sido un gobierno que se ha caracterizado, para mencionar a Azcona, de ser una persona sana que ha querido llevar por los mejores rumbos su gobierno".

"Pero al parecer, cuestionó, ha faltado un verdadero encuentro entre sus funcionarios porque no han sabido llevar las labores que les fue encomendada y esto le ha restado valor al gobierno", agregó.

Aunque el gobierno sostiene que está controlando el déficit fiscal, "es bastante difícil de afirmarlo, porque se mira cada día que el desempleo es más fuerte", dijo Pastora.

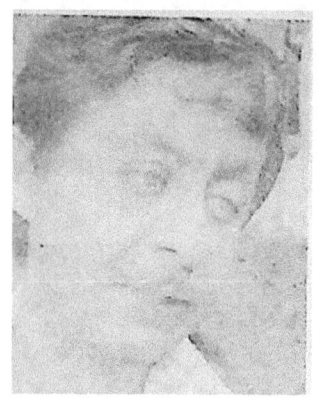

Jorge Pastora
(Estudiante de periodismo)

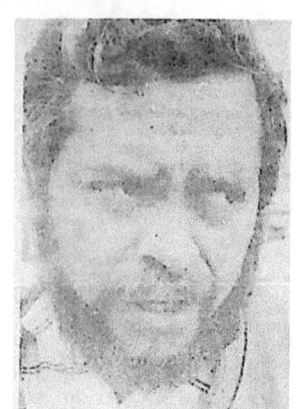

Raúl Midence
(Ing. Civil)

Víctor Francisco
Fúnez (mecánico)

Francisco moncada Midence
(Motorista)

Euleterio Romero (Herrero)

"LA PRENSA" 29 DE DICIEMBRE DE 1987

Para los IV juegos del 90

HOY ENTREGAN PRIMERA PARTE DE LAS OBRAS EN CONSTRUCCIÓN

TEGUCIGALPA.- La compañía constructora CONDELTA, encargada de levantar las instalaciones deportivas de lo que será la futura vía olímpica en la aldea de Suyapa al Oriente de la capital y que servirán como escenario para los IV Juegos Centroamericanos de 1990, entregará este día, la primera parte de los trabajos que constan de un gimnasio para artes marciales, voleibol, gimnasia, pista olímpica y estadio de béisbol, respectivamente.

Los trabajos que se habían iniciado el pasado 19 de agosto y de los cuales se comprometió dicha empresa terminar en mayo de 1988, han sido ejecutados a un ritmo inesperado lo que ha traído como resultado final adelantar en gran escala con la conclusión de los mismos.

Actualmente, según el secretario de los IV juegos Hernán Zaldívar, se construyen los gimnasios de voleibol y gimnasia los cuales hoy será entregada la primera parte que consiste en el área de calentamiento que ya podrá ser utilizada por las diferentes asociaciones que practican este deporte en la vista de las grandes dificultades que atraviesan para poder realizar sus entrenamientos en la escuela superior del profesorado.

El 19 de agosto el presente año, el presidente Azcona puso la primera piedra en la construcción de la vía olímpica para los IV juegos de 1990. Hoy entregarán la primera parte del gimnasio de voleibol y gimnasia.

37

El mismo directivo, dijo que en lo que respecta la pista olímpica, estadio de béisbol y artes marciales, estas obras ya estaban completamente terminadas en su primera etapa que consiste en proyectos procediendo de inmediato a la elaboración de los trabajos topográficos e iniciar asimismo con la construcción material a principios del año entrante.

Hernán Zaldívar aceptó estar completamente satisfecho con los trabajos de construcción que actualmente realizan CONDELTA por cuanto ha demostrado una gran responsabilidad.

AZCONA YA LE DIJO ADIÓS A SUS ACTIVIDADES OFICIALES DE 1987

El presidente José Azcona Hoyo inició su periodo vacacional de fin de año desde el pasado fin de semana cuando se desplazó, junto a su familia, hacia el norte del país, según se informó ayer en la Casa de Gobierno.

El mandatario visitaría inicialmente el puerto de Tela y posteriormente se desplazaría a su ciudad natal de La Ceiba.

La información proporcionada en la casa de gobierno indica que el presidente volverá sus labores habituales el próximo lunes cuatro de enero, pero no se reveló donde pasará la festividad de Año Nuevo.

El secretario privado de la presidencia, William Hall Rivera, señaló que antes de salir de Tegucigalpa el gobernante dejó grabado el video que contiene el mensaje de Año Nuevo, dirigido al pueblo Hondureño.

Sin embargo, el vocero presidencial, Marco Tulio Romero, dijo no saber nada sobre el particular y, antes bien, puso en duda que el mensaje ya haya sido grabado.

Romero manifestó que Azcona había decidido viajar al departamento de Atlántida "porque no ha tenido vacaciones desde que asumió a la presidencia".

No obstante, en la casa de gobierno se recordó que el mandatario también viajó toda la Semana Santa a las playas del Norte y que su ejemplo fue imitado por otro funcionarios y empleados públicos.

"Ojalá que la burocracia no vaya a abandonar nuevamente la administración del Estado al oír que su jefe vuelve hasta el otro año", comentó un asiduo visitante de la Casa Presidencial.

"EL HERALDO" 29 DE DICIEMBRE DE 1987

LARGAS VACACIONES SE RECETÓ AZCONA

***En las playas de Tela y la Ceiba el presidente despedir al año viejo, olvidado de los asuntos de gobierno

TEGUCIGALPA.- Luego de tomar la decisión de darse largas vacaciones, el presidente José Azcona Hoyo se marchó desde el domingo anterior al sector Norte del país.

Según los voceros de la casa presidencial, el ingeniero Azcona Hoyo se marchó con su familia hacia Tela donde pasará unos días y luego se traslada su ciudad natal, La Ceiba, para regresar a sus labores el lunes venidero.

De manera que el gobernante pasará la festividad de fin de año en la Ceiba, acompañado de su familia y algunos amigos, y totalmente olvidado de sus delicadas funciones como mandatario.

38

Los portavoces aseguran que el presidente no se da vacaciones desde abril, cuando aprovechó el feriado de la Semana Santa para marcharse también a La Ceiba.

La ausencia del gobernante sumió a la casa presidencial en total inactividad, tal como ocurrió en otras de las dependencias del gobierno, donde el personal está más dedicado al intercambio de regalos y a organizar "cuchumbos" que a trabajar.

El presidente ofreció la fiesta de navidad de los empleados de la casa presidencial del pasado día 22.

AZCONA

"TIEMPO" 29 DE DICIEMBRE DE 1987.

AZCONA DESCANSA EN PLAYAS DE TELA

El presidente José Azcona decidió tomar una semana de descanso en las playas de Tela, Litoral Atlántico del país, aprovechando las festividades de fin de año, se informó oficialmente ayer.

El mandatario partió un avión privado esa Tela el domingo pasado en compañía de su esposa, Miriam, y sus tres hijos Miriam Elizabeth, José Simón y Javier Enrique.

Durante su administración, es la primera vez que el presidente se ausenta por tanto tiempo dentro del país y retornará a casa de gobierno de lunes próximo. En 1986, Azcona se mantuvo al frente de sus ocupaciones para estos días.

El presidente y su esposa se quedarán toda la semana en Tela y sus hijos viajarán hacia la Ceiba, donde vive gran parte de su familia.

Debido a su prolongada ausencia, el presidente grabó el sábado pasado en extenso mensaje de fin de año para el pueblo Hondureño, el que será transmitido este jueves por Cadena Nacional de radio y televisión.

Ayer, la presidencial lucía desierta. Solamente se podía apreciar algunos de sus pocos colaboradores, quienes informaron que ante la ausencia del mandatario no se esperan actos oficiales de mayor importancia.

"LA TRIBUNA" 29 DE DICIEMBRE DE 1987

AZCONA ESTARÁ EN TELA HASTA EL 3 DE ENERO

TEGUCIGALPA.- El presidente José Azcona Hoyo se encuentra desde el domingo en la ciudad de Tela, disfrutando de sus primeras vacaciones que se prolongarán hasta el 3 de enero de 1988, informaron ayer sus portavoces.

El gobernante salió lo mismo el domingo en el avión presidencial y le acompaña a su esposa Miriam dos de sus tres hijos José Simón de 15 años y Javier de 12.

Los informantes no precisaron si el jefe del gobierno pernocta en alguno de los hoteles de la ciudad puerto, o se encuentra en casa de los parientes de la primera dama, originaria de ese lugar.

Azcona Hoyo regresará hasta el domingo a esta capital; sin embargo, si sucediera alguna cosa de importancia que amerite su presencia, puede viajar en cualquier momento, dijo Marco Tulio Romero, jefe de información de la secretaría de prensa, quién agregó que es la primera vez que el presidente toma vacaciones después de Semana Santa.

Mientras su despacho permanece cerrado, son pocas las personas que visitan la sede del ejecutivo, muy frecuentada en otras oportunidades por funcionarios, políticos o personas que desean una recomendación para trabajar.

"LA PRENSA" 29 DE DICIEMBRE DE 1987

EL PRESIDENTE AZCONA NO COMETE GAZAPOS

Tegucigalpa, D.C.,
30 de diciembre de 1987

Abogado Gautama Fonseca
LA TRIBUNA
Ciudad

Estimado abogado:

Con buen sentido del humor y en su columna de hoy, usted se ha querido sacar el clavo que le metió, también con buen humor, el presidente Azcona al afirmar que "cierta especulación que usted hizo acerca de la partida confidencial es tan solo una tontería, porque esa partida no existe".

Usted se quiere sacar ese clavito diciendo que cometió el presidente "El pequeño gazapo de llamar al mencionado militar y vice-jefe del Estado de Honduras Juan Milla", y no Justo Milla como es lo correcto.

El presidente no comete el gazapo y para probárselo fehacientemente estoy enviando a usted una fotocopia del texto original del discurso pronunciado en Comayagua por el ingeniero Azcona, con motivo de 450 aniversario de la fundación de dicha ciudad.

Como usted observará el texto no ha sufrido borrones ni modificaciones de ninguna naturaleza. Su autenticidad se prueba con los signos y anotaciones el margen hechas por el mandatario, con su puño y letra.

Podrá objetarse que el texto escrito en letras mayúsculas lleva acento ortográficos tildes, mientras la gramática indica que las mayúsculas no deben acentuarse o tildarse. Se acentúan solo para facilitar la lectura.

El presidente Azcona no comete gazapos de la naturaleza que usted señala, porque conoce muy bien la historia nacional y la historia universal. Si usted quiere comprobarlo por sí mismo, lo invito para que una tarde cualquiera, concluidas las labores, venga usted a casa presidencial a charlar con el presidente sobre esta materia y otras que pudieran ser de interés para usted.

Finalmente, me atrevo a señalarle, sin ninguna otra interpretación, que a mi juicio usted mismo disminuye su personalidad cuando por el afán de ser gracioso, cáustico o irónico, utiliza la frase gobernador del Estado Libre Asociado de Yarumela, para designar al presidente.

Con atentos saludos,

LISANDRO QUEZADA
Secretario de Prensa.

SIN NOVEDAD LA CASA DE GOBIERNO

Ante la ausencia del presidente José Azcona, quien se encuentra tomando un descanso desde el domingo en las playas de Tela, la actividad de la Casa de Gobierno se paralizó en los últimos días.

Lo único que se ha registrado es la visita el martes del agente de Honduras ante la Corte Internacional de Justicia de La Haya, Carlos Roberto Reina, quién se entrevistó con el ministro de la Presidencia Céleo Arias.

Mientras, el resto de la gente que llegó eran activistas o allegados a áreas o al secretario privado William Hall Rivera, quienes se asomaron esporádicamente a sus despachos.

Los funcionarios de la secretaría de Prensa, con justificar razón, siempre manifestaban que no tenía absolutamente nada que informar a los periodistas que cubren la Fuente presidencial, por lo que muchos visitaron otras fuentes informativas.

"LA TRIBUNA" 31 DE DICIEMBRE DE 1987

TÍA FLORENTINA Y LA FIESTA

Por J. RIERA

Por primera vez, en mucho tiempo, el presidente de la República ofreció una fiesta navideña los periodistas que trabajan en la Secretaría de Prensa.

Con alguna que otra excepción, los comunicadores sociales se dieron por enterados y llegaron puntuales a la cita en la terraza del Palacio Presidencial. Ahí saludaron al jefe de gobierno, ingeniero José Azcona y a su esposa Doña Miriam, que hicieron los honores de la fiesta, dedicando a sus invitados las más finas y delicadas atenciones.

El gobernante aprovechó la ocasión para conversar y cambiar impresiones con sus invitados. Por esta única vez, los periodistas no preguntaron al mandatario, ni siquiera la hora ni menos el estado del tiempo.

Lo dejaron en paz. No supieron aprovechar la ocasión. Pepin, el presidente, se encontraba muy alegre. Habría contestado cualquier cosa. Habría escuchado, otra vez la interrogante común... ¿Habrá cambios en el gabinete magisterial?...

Y él sonriente:

—No. No haré ningún cambio en el gabinete...

41

Después no habría más que preguntar ni menos que hacer. Los ministros del ingeniero Azcona son todos buenos. Todos tienen o han presentado al gobernante, un montón de proyectos. Muchos podrán cumplirse. Otros apenas pasarán a los archivos y al olvido...

Pero esto no fue lo principal en alegre fiesta navideña ofrecido comunicadores sociales por el señor presidente Ascona y su esposa doña Miriam.

Lo importante es que los periodistas tuvieron otra visión del gobernante. El ingeniero se había olvidado de su condición de tal para mezclarse y ser uno más en el bullanguero grupo.

Hubo música.Las damas fueron invitadas a echar su caitazo. Tal vez muchas hasta habían soñado con hacerlo con el mandatario. Pero el ingeniero Azcona tenía otros compromisos que cumplir y apenas permaneció una hora larga en la terraza. Él y su esposa se retiraron. Los invitados no. La fiesta prosiguió todavía por largo tiempo. Nadie quería marcharse... A pesar de que... bueno. A pesar de que avanzaba la noche y en el cielo comenzaban a apagarse los faroles de las estrellas.

La fiesta navideña del señor presidente contó con la presencia de un mago. Él es un adivino. Todavía no ha logrado leerse a sí mismo, pues, a pesar de su sapiencia y su alegría sigue siendo un hombre pobre...

Recepción presidencial para los comunicadores sociales ha dejado en todos los más baratos recuerdos...

Y hablamos de fiestas, podrían estar los capitalinos con el nuevo anuncio del ministro de Comunicaciones, Obras Públicas y Transporte, don Juan Fernando López... Él ha dicho, contradiciendo a su vice, que el aeropuerto para Tegucigalpa sí será construido. ¡Dios le oiga! Porque de tanto ir y venir y de tanto doblar y replicar, los vecinos de esta Tegucigalpa de los 400 años han dejado de creer.

Se han vuelto incrédulos... A tal extremo, que, don Ramiro, el alcalde y sus regidores, han anunciado, a su vez, que si el gobierno no construye la pista, ellos sí la construirán...

Los capitalinos podríamos estar de fiesta. Don Juan, El Rayo, que no el de Zorrilla, parece dispuesto y se prepara para reanudar o más bien reverdecer los proyectos.

Tendremos (no se sabe cuándo) nuestro Aeropuerto Internacional.

Pronto serán publicadas las licitaciones. Luego llegarán los ofrecimientos.

Japón quiere construirlo. También España y Venezuela. Un día, tal vez, los Estados Unidos... Cualesquiera de ellos podría hacerlo. Ya Pepín, que antes había dicho que no, ha dado el sí.

¡Manos a la obra!, como decía en su tiempo de inolvidable doctor Ramón —pajarito— Villeda Morales.

¡Manos a la obra!

Dice el presidente del PINU:

GOBIERNO DE AZCONA ES CONTINUACIÓN DE DESACIERTOS DE SUAZO CÓRDOVA

***Los dos últimos gobiernos se han caracterizado por el desorden, falta de planes y programas para enfrentar la problemática nacional.*

TEGUCIGALPA. El máximo dirigente del Partido Innovación y Unidad (PINU), Germán Leitzelar, es de la opinión que el gobierno de José Azcona no ha sido más que "la continuación de una serie de desaciertos" cometidos en la administración del ex mandatario Roberto Suazo Córdova.

Leitzelar, entrevistado por TIEMPO sobre los primeros dos años de administración Azcona, dijo que esta no se puede desligar de la de Suazo Córdova, que marcó el retorno en Honduras, a un proceso democrático.

De acuerdo a lo expresado por el político, ambos regímenes en materia de política nacional se han caracterizado por sus desaciertos, el desorden y la falta de planes, programas y objetivos para enfrentar los problemas del país.

"Hasta el momento, los dos años del presidente Azcona no han hecho más que seguir la política de sectores económicamente fuertes, y de ninguna forma se han dedicado a cubrir la deuda social que el país tiene para con el pueblo Hondureño".

"Se han dedicado a pagar la deuda externa, olvidándose de un sinnúmero de necesidades internas. No ha habido una programación adecuada en el desarrollo de fuentes de trabajo, fuentes de ingreso, para controlar el déficit fiscal, el gasto público", dijo.

Indicó que en el gobierno del presidente Azcona no se plantea una salida los problemas "con el cambio de ministros, o del mismo presidente en sí".

"Me parece que es un cambio de conducta, un cambio de política, un planteamiento más social, más serio, transformar esa actitud individualista liberal, por una actitud más social en beneficio del pueblo", señaló.

PROBLEMAS EXTERNOS

En materia de política exterior, según Leitzelar, el gobierno de Azcona ha sido extremadamente inestable y auguró que Honduras tendrá problemas el próximo año cuando concluyan los plazos de cumplimiento del acuerdo de paz de Guatemala.

Advirtió que por parte de Honduras "lo convenido en Esquipulas II no se ha cumplido, se ha cumplido parcialmente o se ha cumplido en una forma inestable".

Dijo que compromisos como la suspensión de la ayuda a las a los contras y el desmantelamiento de sus bases en Hondurasno se han cumplido por los rebeldes y sus dirigentes financiados por Estados Unidos continúan utilizando el territorio hondureño.

El político, situándose siempre en el marco del incumplimiento del acuerdo de paz, citó informes de prensa que aseguran que la cúpula de los Rebeldes se han reunido con el presidente Azcona.

"A mí me parece que esto produce un desafío a la política internacional y a la voluntad de paz de los cinco países Centroamericanos por lograr que la región no se vaya a convertir en un teatro de guerra", dijo.

Leitzelar explicó la ausencia de objetivos nacionales en el gobierno señalando que los partidos tradicionales "han sido rebasados por la historia".

Sin embargo, el político reconoció el poderío electoral de los partidos liberal y nacional señalando qué "Lamentablemente el pueblo Hondureño hasta la fecha no ha logrado adquirir memoria. En Honduras, continuamos votando contra alguien y no a favor de alguien, o en favor de un proyecto específico que de desarrollo que garantiza las soluciones a los problemas nacionales y sobre todo al despegue económico".

Haciendo historia, Leitzelar digo que cuando alcanzó el poder Suazo Córdova, el pueblo fue a votar contra los militares, y el mismo pueblo "se volcó a votar en contra de Suazo Córdova y surgió el presidente Azcona".

Dijo también que la recientes elecciones liberales, los electores no fueron a votar en favor de Carlos Flores Facussé, sino que en contra de Carlos Montoya.

43

CCEPL EN MANOS CONSERVADORAS

"Y votando en contra de Carlos Montoya, vuelve a repetir la historia de regresar a un proceso del sector más conservador del Partido Liberal", dijo.

Él dirigente pinuista advirtió que haciendo una revisión de los políticos liberales que rodean a Flores Facussé se concluye que "son todas las gentes que formaron parte de los equipos de represión ideológica, política y administrativa del Doctor Roberto Suazo Córdova".

Adelantó que en 1988 en vez de buscar solución a problemas como la devaluación, el déficit fiscal, de deuda externa, el déficit de vivienda, reforma agraria "lo que vamos a observar es un desgarramiento social interno enorme" en los partidos tradicionales especialmente en el de gobierno.

Apuntó que los problemas en el agro no han sido solucionados y que el próximo año cuando los campesinos reclamen tierras y financiamiento para poder subsistir se volverán a producir enfrentamientos, pues el gobierno no ha tomado medidas.

UNIDAD NACIONAL

Leitzelar señaló la necesidad de concretar un programa de unidad nacional con la participación de todos los sectores populares en los centros de poder político.

"Creemos que Honduras debe convertirse en un estado social, democrático y de derecho y no en un Estado Liberal, individual de derecho. Creemos que se deben tomar medidas en el campo económico que revitalicen la producción, que se impulse una reforma agraria integral".

Dijo que en un desarrollo del agro se elevaría el poder adquisitivo del campesino creando un clima favorable para la circulación de mercaderías y dinero.

Recalcó que Honduras cuenta con los factores hombres, tierra y agua fundamentales para el desarrollo.

"Nosotros tenemos agua en cantidades aunque no llueva, el problema es que no hemos logrado controlar la naturaleza, somos país que dependemos de las circunstancias y de los fenómenos naturales".

"En invierno sufrimos y oramos porque se nos generan las grandes crisis por inundaciones, en verano por la falta de agua, lo que representa que no ha habido un adecuado control, un planteamiento que permita administrar y manejar las aguas en beneficio o en función de la agricultura".

Al abordar las posibilidades de que partidos como el PINU y la Democracia Cristiana asuman el poder dijo que "las perspectivas que las minorías tengamos para mejorar, incluso nuestra representación en el Congreso, no va a depender estructuralmente del deterioro de los partidos tradicionales, sino del desarrollo en la conducta y la capacitación política del hondureño que es a largo plazo".

"La mayoría de nuestra gente ha sido engañada por los partidos tradicionales al no cumplirse las promesas", dijo.

NO SE PUEDE REPETIR OPCIÓN "B"

El político advirtió que la famosa opción "B" que se utilizó en los comicios generales de 1985 y que permitió la participación de varios candidatos por partido no se debe repetir.

"Tienen que limitarse opciones como la Opción B, qué les causó mucho daño a ambos partidos. No se puede volver a repetir en Honduras", recalcó.

Dijo que "Si eso se repitiera en Honduras, no se ve bien ya que va en perjuicio de los partidos nuevos doctrinarios, sino que en perjuicio directo de la democracia, porque el desaparecimiento de representatividad y participación de las minorías automáticamente genera el proceso de desenvolvimiento de la violencia".

Aseguró que el PINU no va a desaparecer debido a una escasa votación en los comicios de 1989. "Yo no creo que los partidos nuevos tendamos a desaparecer, yo creo que va a haber la votación adecuada en la próxima elección para mantener la personería jurídica como también puede haber un cierto grado de crecimiento".

Dijo que "si los partidos nuestros llegaran a tener problemas en cuanto al número de sufragio para mantener la personería jurídica, esto sí sería preocupante. No es preocupante en el sentido de desaparecimiento o de consolidación del bipartidismo, sino qué significaría que los sectores no representados busquen otras vías que no son las legales para colocarse en la representación de los centros de poder político".

Interrogado sobre los resultados que se podrían producir en los comicios de 1989, dijo que duda que Rafael Leonardo Callejas se vaya alzar con un triunfo, tomando en cuenta la votación obtenida en los comicios internos liberales.

Dijo que se podrá hacer una evaluación de las posibilidades de los partidos, cuando el nacionalismo acuda a sus elecciones primarias.

Indicó también que un triunfo nacionalista, dependerá de si "el Partido Liberal continua en ese desgarramiento interno" en que se ha encontrado.

Aseguró que en caso de que el Partido Nacional accediera al poder la situación del país va a continuar igual, porque no hay ninguna diferencia ideológica con los liberales, en lo que es el estado y su manejo.

HONDURAS QUEDARÁ EN EVIDENCIA

El alto dirigente dijo que en la visita de la Comisión Internacional de Verificación y Seguimiento (CIVS) a Honduras quedarán evidencia el incumplimiento por parte del gobierno en lo que respecta a la presencia de las bases de Rebeldes nicaragüenses.

"Cuando la CIVS visite unas zonas en El Paraíso y Olancho comprobarán que Honduras sigue permitiendo el uso de su territorio como santuario de dos bandos contrarrevolucionarios", dijo.

"Los miembros de la Contra tienen más derecho y más beneficios que los mismos hondureños", dijo el líder político, señalando que los irregulares "están relacionados con los organismos de seguridad del Estado".

Sostuvo que el gobierno de Azcona permite la presencia de los Contras en territorio nacional por presiones de la Administración Reagan, además, de las coincidencias ideológicas entre el régimen de Tegucigalpa y Los Rebeldes.

Dijo que el gobierno de Honduras al permitir la presencia de los Contras se constituye en el principal "Obstáculo para el cumplimiento del acuerdo de paz Esquipulas II".

Preguntando sobre la posición del gobierno de Honduras de no permitir a la CIVS zonas militares, dijo que eso "está como una muchacha que asegura estar virgen, pero cuando le dicen que se someta a un examen médico se apresura a decir que no".

Dijo que la actitud del gobierno de Honduras frente al acuerdo constituye "un desafío a la voluntad de paz de las cinco naciones centroamericanas, para que la religión no se convierta en un escenario de guerra".

Leitzelar mostró su preocupación Porque después de la visita de la CIVS, Honduras por incumplimiento del acuerdo va a ser descalificada en la Organización de Estados Americanos (OEA) y la Organización de las Naciones Unidas (ONU) para el otorgamiento de financiamiento y va a ser aislada del concierto internacional de las Naciones por su incumplimiento.

La actuación de Honduras en el acuerdo de paz, viejo el político, incidirá negativamente en la postura nacional en cuanto al juicio que se ventila con El Salvador en La Haya, Holanda.

Dijo que siempre los jueces de estos organismos toman en consideración la conducta de las naciones.

Indicó también que el caso de la demanda planteada ante la Corte Interamericana Derechos Humanos (CIDC) en contra de Honduras se ha adoptado una postura de prepotencia.

Señaló incluso al mismo presidente Azcona por las condecoraciones de ascensos al teniente coronel Alexander Hernández, señalado como uno de los responsables de la desaparición de más de un centenar de personas por razones políticas.

Según Leitzelar este ascenso, cuando aún no se ha definido la sentencia de la CIDH, represento a una verdadera "provocación" al organismo interamericano (GP*)*

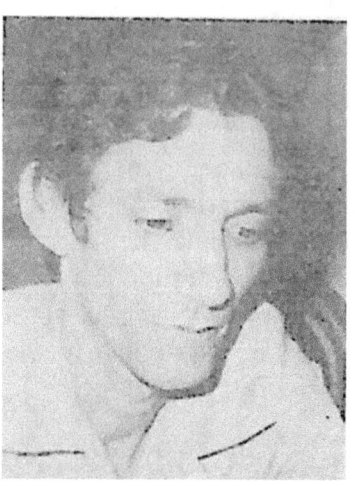

GERMAN LEITZELAR

"TIEMPO" 31 DE DICIEMBRE DE 1987

SANTABARBARENSES AGRADECEN AZCONA POR CONSTRUCCIÓN DE IMPORTANTE VÍA

Una vez concluida la carretera aquí en la sarada las comunidades de Santa Bárbara, el rubro turístico tendrá un gran impulso en esa zona, según los miembros del Comité Pro-Desarrollo del citado departamento.

Los impulsores para convertir en realidad esta vía de comunicación visitaron Diario EL HERALDO, a fin de agradecer al presidente José Azcona Hoyo, y otros funcionarios de secretarías de Estado por haber atendido su justa petición.

Entre Los visitantes figuraban los miembros del comité Pro-Desarrollo de Santa Bárbara, Noé Pineda Portillo (vicepresidente); Teódulo Bobadilla (secretario de relaciones) y Eleaquín Maldonado (vocal).

El tramo carretero comenzó a pavimentarse en marzo anterior y abarca 42 Kilómetros. Se espera que estará concluido a fines de 1989.

OBRA DE L50 MILLONES

La obra vial tiene un costo de 50 millones de lempiras aportados en carácter de crédito, en su mayor parte, por el Banco Centroamericano de Integración Económica (BCIE),a la que se agrega la contraparte nacional.

Pineda por parte expresó que en la materialización de esta obra han participado, además del mandatario, los ministros de Secopt, Juan Fernando López; Hacienda, Efraín Bú Girón; y el director general de caminos, Alex Leiva.

Otro de los miembros del referido Comité, Teódulo Bobadilla, indicó que esta carretera es una rectificación de la vía que conduce directamente la cabecera departamental, la que una vez terminada disminuirá el trayecto hacia es importante sector del país.

Indicaron que al quedar terminada la carretera, Santa Bárbara tendrá un gran desarrollo, tomando en cuenta que este departamento cuenta con recursos Mineros, turísticos, cafetaleros y artesanales, entre los que figuran diversos artículos de fibras de junco y mimbre.

RECUERDAN OFRECIMIENTO

También los citados dirigentes recordaron al presidente Azcona que "los habitantes de este departamento esperan que sea realidad el ofrecimiento que les hizo en su campaña política de construir un puente sobre el río Ulúa".

Expusieron que al edificar este puente quedaría intercomunicado los departamentos de Santa Bárbara, Intibuca y Lempira, evitando a los transportistas tener que realizar un rodeo largo para llegar a su destino, como lo hacen actualmente.

Como parte de la gestión en el sector gubernamental, este mismo Comité Pro-Desarrollo ha solicitado expandir la electrificación a comunidades de Santa Bárbara que en el pasado han sido marginadas de este servicio.

Bobadilla día dijo a EL HERALDO que entre esas localidades que tendrán el fluido eléctrico el próximo año están el municipio de Zacapa y siete aldeas cercanas de Santa Bárbara, cabecera departamental.

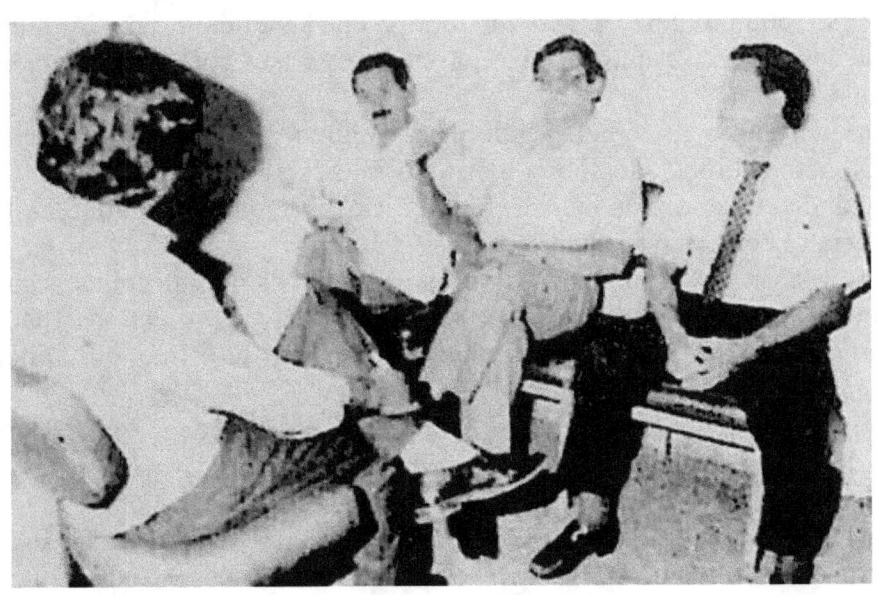

De izquierda a derecha, Teódulo Bobadilla, Noé Pineda Portillo y Elearquin Maldonado, de las comunidades de Zacapa, San Francisco de Ojuera y Concepción del Sur, respectivamente, integrantes del comité Pro-Desarrollo de Santa Bárbara
(Foto Rolando Mondragón).

"EL HERALDO" 4 DE ENERO DE 1988

AZCONA REGRESA A TEGUCIGALPA

La policía informó que a las 10:30 de la mañana el sábado regresó a la capital del presidente José Azcona Hoyo, después de haber vacacionado junto a su familia en el puerto de Tela, a donde se trasladó desde antes de Navidad.

En lacónico informe explica que el mandatario viajó a la capital en el helicóptero R-974 de la Fuerza Aérea Hondureña, asignado a la "Base Hernán Acosta Mejía" de Tegucigalpa.

Al mandatario le esperan varios conflictos, sobre todo de orden laboral, pues los trabajadores del SANAA, así como las enfermeras del Hospital Escuela y los empleados de Secopt han anunciado huelgas para esta semana.

"EL HERALDO".4 DE ENERO DE 1988

LA PAZ EN CENTROAMÉRICA SERÁ UNA REALIDAD EN ESTE AÑO: AZCONA HOYO

TEGUCIGALPA.- (por José Danilo Izaguirre).- El presidente de la república, ingeniero José Azcona Hoyo, predijo que este año será "una bella realidad" la paz en Centroamérica y aseveró que su gobierno mantendrá la política de fortalecer la democracia.

En su mensaje de fin de año divulgado por radio y televisión el 31 de diciembre por la noche, el mandatario hondureño sostuvo que la austeridad practicada por su gobierno ha permitido recuperar la credibilidad de organismos internacionales de financiamiento y sobre todo los inversionistas extranjeros.

Añadió que se compromete a realizar obras en beneficio para el pueblo hondureño, complementando los proyectos que se iniciaron el año pasado con la colaboración de todos los organismo estatales.

Dijo Azcona que "como gobierno surgido de la voluntad popular libremente expresada en las urnas electorales, hemos procurado subordinar todo interés al bien común y en tal virtud nuestra primera y más grande preocupación ha sido fortalecer el sistema democrático, impulsar y afianzar las conquistas sociales de nuestro pueblo".

"En dos años de mandato y sorteando a veces condiciones muy difíciles principalmente en el campo de la economía y las finanzas, hemos tenido logros muy significativos, para el caso, hemos impulsado la emisión de leyes que tienen por objeto mejorar la estructuras fundamentales de la República", agregó.

Manifestó que "el sistema administrativo tributario y aduanero está experimentando modificaciones muy acertadas, que producirán una recepción más justa de los tributos, facilitando, además, la tramitación de los documentos necesarios en las operaciones mercantiles".

Destacó los términos firmes y adecuados en que se ha mantenido el sistema bancario y cambiario, con lo cual se ha fortalecido la credibilidad de nuestro país ante los organismos internacionales de crédito, ante las agencias de ayuda de los gobiernos amigos, y lo que es más importante, ante los inversionistas extranjeros.

Declaró Azcona que lo anterior explica la fluidez con que ha llegado al país la cooperación económica internacional, que nos ha permitido mantener un buen ritmo de trabajo en la ejecución de proyectos, a pesar de la baja sufrida en la exportación de café, la reducción de la cuota azucarera y el cierre temporal de la mina de El Mochito.

Dijo que las medidas austeras con relación al gasto público, el control de las divisas fiscales, han dado como resultado el poder atender en forma equilibrada las obligaciones de la deuda externa y el financiamiento con fondos internos de algunos programas de desarrollo de las comunidades.

"La rebaja del interés bancario y los incentivos otorgados a las actividades bananeras han generado empleo, han reactivado algunos sectores industriales como el de la construcción y han incrementado la exportación de productos no tradicionales", subrayó el mandatario.

Calificó la tranquilidad social del país como producto de respeto a las libertades y los derechos constitucionales y como resultado de la política de puertas abiertas, entendimiento y comprensión que se ha practicado desde el primer día de su mandato. Esos son -enfatizó- los "grandes aportes brindados por su gobierno para fortalecer la paz en Centroamérica".

Dijo que "de buena fe suscribimos el acuerdo de Esquipulas II y de buena fe está cumpliendo la parte que nos toca en la distribución de los compromisos adquiridos".

"La actitud prudente, conmedida y respetuosa que mantuvo nuestro gobierno durante las negociaciones, y que mantienen el curso de los plazos señalados para el cumplimiento de los acuerdos, son factores decisivos que abonan al establecimiento de la paz de la región", prosiguió el mandatario.

"También tenemos la fe -añadió el gobernante-, que en 1988, y por ello nos comprometemos a realizar nuestra parte, será el año en que la paz en Centroamérica sea una bella realidad, contando para lograrla con la necesaria insustituible ayuda de Dios".

Sostuvo que en el campo de las realizaciones concretas, este gobierno también es abundante y eficaz, como así lo demuestra la ejecución de nuestros proyectos, principalmente en comunicaciones, electrificación, educación, salud, recursos naturales y otros rubros.

Estos proyectos concretados serán conocidos con mayor profundidad en su informe presidencial que será presentado al congreso nacional cuando se instale la próxima legislatura ordinaria.

"LA PRENSA" 2 DE ENERO DE 1988

Según el padre Tejeda:
PEREZOSO RESULTÓ EL GOBIERNO DE AZCONA

TEGUCIGALPA.- El padre Alonso Tejeda, canciller de la iglesia católica, opinó que el gobierno de José Azcona Hoyo está "un poco perezoso y deseoso de que estás en las cosas sigan sin que pase nada".

Sin embargo, el religioso espera que este año la actual administración sea más activa para que haga obras de progreso más visibles, que las que han realizado hasta ahora.

"Recomiendo todo esto al gobierno porque me parece que en 1988 a nuestra gente le van a azotar muchas calamidades como el hambre, falta de trabajo y escasez de agua", señaló.

Agregó que en 1987 se registraron muchos aciertos en el mundo, resaltando la reunión de presidentes centroamericanos en Guatemala, quienes firmaron un acuerdo para lograr la paz en la región, pero hasta ahora ha sido imposible de conseguir.

En Honduras, añadió, el año pasado algunas veces se respetaron los Derechos Humanos otras veces no, pues "secuestraron brutalmente a las personas".

Prometió que la Iglesia Católica continuará luchando por conseguir la paz y la prosperidad de los pueblos que son anhelos muy legítimos de ella.

Tras afirmar que en Honduras está aumentando la feligresía Católica, dijo que pretenden dictar un poco más de fe y Esperanza la juventud hondureña para forjar un mejor destino para la nación. (FG).

Padre Alonso Tejeda

"TIEMPO". 4 DE ENERO DE 1988

Obrero Sampedrano:
GOBIERNO DE AZCONA HA SIDO DE PROGRESO

SAN PEDRO SULA.- Para muchos obreros sampedranos, especialmente los que tienen trabajo, el gobierno de José Azcona Hoyo ha sido positivo para este gremio. "En este gobierno se ha visto bastante progreso y también los empresarios están cumpliendo con las leyes laborales del país al pagarnos completo el séptimo día y el treceavo mes", dijo con franqueza José Ovidio López, albañil que trabaja para la constructora "Abufele". "Yo este fin de año lo voy a pasar feliz con mi familia porque tengo un pistillo en la bolsa. Hace dos años para acá el que no trabaja es porque no quiere, porque trabajo hay...".

Editorial
COMPROMISO PACIFISTA DEL PRESIDENTE AZCONA HOYO

El presidente de la república dijo en su mensaje de año nuevo que él abriga fe que en 1988 será el año de la paz centroamericana "y para ello nos comprometemos a realizar de todo lo que esté a nuestro alcance. Será el año en que la paz en Centroamérica sea una bella realidad, contando para lograrla con la necesaria e insustituible ayuda de Dios", sostuvo el gobernante.

Antes había señalado que "de buena fe suscribimos el acuerdo Esquipulas II y de buena fe estamos cumpliendo la parte que nos toca en la distribución de los compromisos adquiridos".

La actitud prudente, con medida y respetuosa, que mantuvo nuestro gobierno durante las negociaciones y que mantienen el curso de los plazos señalados para el cumplimiento de los acuerdos, son factores decisivos que abonan el establecimiento de la paz en la región, agregó.

En una encuesta pública entre el pueblo Metropolitano, que a solicitud de Diario EL HERALDO levantó a la compañía Tecnológica Empresarial con asiento en Tegucigalpa en los últimos días del mes anterior de diciembre, y que hoy comenzamos a publicar, los encuestados señalaron objetivamente que la principal acción del gobierno presidido por el señor Azcona Hoyo es la suscripción de los acuerdos presidenciales Centroamericanos llevado a cabo en la ciudad de Guatemala, con la finalidad de alcanzar la paz en la región.

Y esto es sin duda inobjetable. La declaración de Guatemala (mal llamada Esquipulas II), en la expresión más pura del sentimiento centroamericano, inspirada en nobles propósitos de conservación y de fe en los mecanismos que la democracia dispone para el arreglo conciliatorio de los problemas que nos enfrentan en medio de una situación de miseria material, absolutamente dependientes y sin una clara visión patriótica.

Uno de los mayores problemas que ha enfrentado el presidente Azcona Hoyo para dar concreción a sus anhelos pacifistas dentro de los procedimientos señalados en el plan de Guatemala, es la falta de real y objetiva autodeterminación del presidente Daniel Ortega Saavedra y por ende de la línea política que lo apoya en el Frente Sandinista, copado completamente por la mano férrea de Fidel Castro en cumplimiento de las órdenes y estrategias soviéticas para las zonas del istmo y del Caribe.

El plan de Guatemala -como nuestros lectores recuerdan- contempla un alto al fuego,una amnistía general para todos los grupos opositores y para todos los detenidos políticos, un ejercicio democrático pleno que garantice todos los derechos civiles y políticos a los pueblos.

La finalización del apoyo de los movimientos insurgentes en territorios de otras naciones y el cese el apoyo logístico para estos mismos grupos.

A partir de esta fecha faltan exactamente 14 días para que los presidentes centroamericanos se reúnan en San José, Costa Rica, con el fin de revisar los avances de los acuerdos de Guatemala y recibir un informe de la Comisión de Verificación y Reconciliación, integrada por los secretarios generales de la ONU y la OEA y los miembros del Grupo de Contadora y del Grupo de Apoyo. Y todavía en la Nicaragua Sandinista no se detectan avisos de que el gobierno se encuentra caminando a cumplir y hacer cumplir los acuerdos firmados en Guatemala.

En Nicaragua, los sandinistas no solamente se han negado rotundamente a decretar una amnistía y la suspensión del estado de sitio decretado desde hace aproximadamente unos cinco años, sino que se han negado a sostener conversaciones directas con la resistencia armada nicaragüense e incluso sostener los contactos con un mediador (cardenal Obando y Bravo) en tierra nicaragüense, como si el conflicto interno de Nicaragua no es producto de la entronización de la dictadura marxista y como si los luchadores no son exactamente nicaragüenses.

Hasta este momento, los sandinistas no han hecho otra cosa que tratar de engañar a la opinión pública nicaragüense y a la comunidad internacional. Una de sus tretas que más le ha otorgado

51

beneficio es la apertura del diario opositor La prensa y Radio Católica, de la Iglesia Católica nicaragüense, cerrado los dos por orden expresas del régimen a través del Ministerio de gobernación en manos del comandante Tomás Borge y esa manera suigéneris de entablar conversaciones con su propia oposición en armas para buscar ese cese al fuego que en el fondo detestan, dado que su principal objetivo sigue siendo eliminar físicamente a su enemigo.

En diario EL HERALDO recibimos las palabras del presidente Azcona Hoyo en cuanto a comprometerse por el establecimiento definitivo de la paz en Centroamérica, como un acto que interpreta con propiedad los más altos sentimientos humanos del pueblo hondureño y que lo define a él como un constructor genuino del progreso de estos pueblos sometidos al fuero de la guerra y la miseria por decreto expedidos fuera de nuestra región y fuera de la Esfera de competencias de los gobiernos genuinos que le integran.

Honduras ha dado muestras concretas, tangibles y objetivamente valederas de su inclinación a la paz. Jamás nuestra nación ha estado al lado de la muerte, del dolor y de la destrucción centroamericana porque en sus planes inmediatos y de largo plazo no se encuentra ningún objetivo de conquista fuera de sus fronteras que no sea la paz, la tranquilidad y el progreso y por qué ninguno de sus líderes, ni partidos políticos ni grupos de poder desean influenciar con políticas imperialistas a ningún estado o pueblo. Este es el verdadero sentido de las palabras del presidente hondureño al que nos sumamos con plena satisfacción como una institución periodística responsable.

"EL HERALDO" 2 DE ENERO DE 1988

LO QUE NO DEBE SEGUIR IGUAL

Cada principio de año, las personas ordenadas, aquellas que piensan con apego a la más estricta sensatez, formulan una serie de metas para mejorar su vida, no como simples arranques al socaire de las volutas del alcohol, sino que inspiradas en el más ferviente deseo de cumplirlas.

La nación no es un ente vacío; por el contrario, contribuyan a mejorar tanto nuestra realidad como nuestra imagen, en un intento de salir de esta pobreza espiritual y material que nos agobia y que nos impide seriamente salir del estado de subdesarrollo que tanto nos tortura.

Uno de esos cambios que convendría realizar inmediatamente es dejar de lado el ejercicio de tanta politiquería que a naba conduce. Nadie se opone a que una o más personas aspiren ocupar cargos públicos en el engranaje del Estado, pero ya cansa hasta la saciedad que mañana, tarde y noche no escuchemos otra cosa más que política por doquier, como si el trabajo no tuviese cabida entre nosotros y hubiese la obligación de hablar de ese tema tan trillado todo el año.

Eso le ha causado mucho daño al gobierno del presidente Azcona, porque desde el siguiente día de haber prestado la promesa de ley, uno de sus más cercanos colaboradores en la campaña electoral pensó que el tiempo se le terminaba, y ni corto ni perezoso se lanzó a la arena para proclamar que él era el hombre, el elegido para suceder al actual mandatario. Los demás aspirantes de su propio partido, para no quedarse atrás, se vieron obligados a seguir el juego y desde que Azcona es presidente aquí no se ha oído otra cosa que no sea escuchar a los cuatro vientos, a unos cuantos políticos que dicen ser la solución para Honduras.

El resultado ha sido que mucha gente metida en política ha colaborado muy poco con el presidente y el gobierno, un gobierno que aunque tiene una cabeza que inspira confianza y honradez, no ha funcionado como debe. Esa es una verdad incuestionable.

52

Otra cosa: nos estamos quedando sin bosques, las quemas comenzarán dentro de pocos meses y aquí todavía nadie ha expuesto un plan digno de credibilidad que nos permita confiar en esa Honduras verde para el año 2000 que tanto nos ha entusiasmado.

Cada año son más las hectáreas que se consumen por el efecto del fuego, pero aunque esto nos está haciendo un daño increíble, es muy poco lo que se ha hecho por detener este tipo de destrucción colectiva.

Y luego nos quejamos que no hay agua, que las cosechas se pierden por falta de lluvias, pero no hemos aprendido a respetar y a querer los bosques.

Tampoco parece que se ha tomado en serio el problema crónico de la zona sur del país que va camino a la desertización.

Un antiguo funcionario del gobierno tuvo la idea de presentarle una idea qué le parecía factible a un funcionario de Recursos Naturales. El plan era poner una cantidad de tierra en arrendamiento a los japoneses o a los taiwaneses, para que nos mostraran durante 20 o 50 años, cómo se cultiva sin que se modifique el equilibrio ambiental; no se trataba de una venta del territorio ni nada que se parezca, sino que un ensayo a plazo fijo, quedando después de ese lapso todo para Honduras.

Por supuesto que la iniciativa no prosperó, porque se pensó con ellos estaría incurriendo en una entrega vergonzante de nuestro suelo.

Nosotros no sugerimos precisamente eso, pero sí quisiéramos que algo se hiciera, bien en combinación con organismos internacionales o con gobiernos amigos, pero ya no se puede continuar con ese inmovilismo que nos está dejando en las latas.

Y qué decir de esa costumbre de quemar pólvora cada Navidad y cada año nuevo, como si fuésemos un país rico que tiene el dinero a manos llenas para hacerlos ceniza.

Un funcionario, escaso de vista, llegó a decir que no se puede ir en con contra de una tradición, como si esta costumbre propia de seres sin ninguna cultura, abona en algo al desarrollo del país, y antes bien, daña considerablemente el ser humano y los bolsillos de nuestros compatriotas.

Si se avanzara en este camino, haciendo algo de lo mencionado, 1988 será un año lleno de esperanza válidas para los hondureños. De lo contrario, seguiremos en el año nuevo con las costumbres viejas, las mismas que nos han llevado a la sima entre los países del continente, situación que todo hondureño bien nacido está ansioso por cambiar.

"LA PRENSA" 4 DE ENERO DE 1988

EDITORIAL
LAS PERSPECTIVAS DE LA PAZ PARA EL DESARROLLO ECONÓMICO

Comenzamos un año nuevo -1988- con grandes posibilidades de que la paz se encuentre un cauce permanente en América Central, con la realización completa del proceso contenida en el tratado Esquipulas II.

Para Honduras y el resto del istmo, la Paz es una necesidad impostergable. En los últimos 10 años esta región ha permanecido seriamente convulsionada, al punto de convertirse en un centro de atención mundial y de intervención militar, política e ideológica, en el contexto de la confrontación bipolar.

De esta manera, las causas principales de los problemas centroamericanos y hondureños, en particular, de esencia económica y social, han sido enmascarados, tergiversados, postergados, para utilizarlos, más bien, en función de la propaganda de los centros hegemónicos, haciendo cada día más inextricables las soluciones.

53

En lo que a los Estados Unidos respecta, bien puede afirmarse que en el lustro anterior ha invertido enormes sumas de dinero en esta región, bajo el concepto de ayuda económica. Posiblemente --en términos relativos--ninguna otra parte del mundo ha recibido del norteamericanos tanta inversión, presumiblemente para el desarrollo.

Nuestro país, por ejemplo, ha estado manteniéndose con cerca de un millón de dólares diarios En los años más recientes, para sostenimiento económico, alimentario, y fines militares. Sin embargo,,el resultado de todo esto es,en términos concretos, una mayor dependencia de los Estados Unidos y un bajo crecimiento económico que nos hace todavía más vulnerables a la descomposición social.

Notables analistas estadounidenses han estudiado este fenómeno, pero que los irresponsables de adentro y los ciegos de afuera No han querido entender en todo este periodo: ineludible para el desarrollo económico y social lo mismo que para el establecimiento de una sociedad democrática.

La suscripción del tratado de Esquipulas es, seguramente, otra consecuencia del conocimiento de esa verdad, por lo que los mandatarios centroamericanos hicieron el "milagro" de llegar a ese consenso, no obstante las fuerzas poderosas que se interpusieron y siguen interfiriendo para echarlo a pique.

Nos complace,.entonces, que el presidente de la República, ingeniero José Simón Azcona del Hoyo, en su discurso de fin de año se haya ocupado de reiterar la "buena fe" con que firmó el acuerdo de Guatemala. "De buena fe --agrega-- estamos cumpliendo la parte que nos toca en la distribución de los compromisos adquiridos".

Estas afirmaciones no pueden ser hechas superficialmente, porque están sujetas a una pronta comprobación. El 8 de este mes --dentro de 6 días-- estará en Honduras la Comisión Internacional de Verificación y Seguimiento (CIVS), en un recorrido final por Centroamérica para elaborar el informe definitivo que constituirá el principal documento de trabajo para la reunión del presidente de América Central el 15 de enero en San José Costa Rica.

Por lo expresado en el discurso que comentamos, la CIVS tendrá toda la cooperación del gobierno de Honduras a efecto de que cumpla ampliamente con su misión. La cuestión es de suma trascendencia, porque hasta ahora el gobierno hondureño había mostrado reticencias y restricciones al trabajo de esta comisión en cuanto a las investigaciones in situ en nuestro territorio.

La actitud del gobierno de Honduras en este aspecto ha sido muy criticado internacionalmente y dentro del país. El territorio hondureño es clave para el establecimiento de la paz en Centroamérica, y, hasta el momento, prosiguen las acusaciones en la prensa internacional en el sentido de que hay almacenamiento de armas aquí para los "contras" y, además, el suelo patrio continúa siendo usado como plataforma de agresión contra Nicaragua.

La mejor contribución a la paz por parte del gobierno de Honduras es suprimir cualquier facilidad agresiva que pudiera existir en nuestro territorio, y dejar que lo califique la CIVS, porque ya sabemos que la mujer del César no solo debe ser honrada, sino parecerlo.

"tiempo" 2 de enero de 1988

EL EQUIPO

En cualquier otro tiempo, bajo cualquier otra administración, la época hubiera sido propicia para una reestructuración del gabinete.

Así, como parte de la rutina, ha venido siendo costumbre que los mandatarios solicitan la renuncia de sus ministros, para quedar en libertad de hacer los cambios necesarios en la administración pública.

Pero esta vez las cosas son distintas.

Si los altos funcionarios que constituyen los mejores hombres y mujeres de este gobierno presentaron, por cortesía, la renuncia, quién sabe si sea aceptada.

Ya en vista de las fiestas navideñas el mandatario declaró en forma enfática, que este es uno de los mejores gabinetes en lo que llevamos del siglo y que no tiene pensado ni en broma, efectuar cambios porque está más contento con su equipo de gobierno.

¡vaya!, -ripostó a manera de retos periodista que lo entrevistaba- "dígame qué de malo han hecho los ministros".

Solo porque a la loca del barrio se le ocurrió decir que no funcionan, no es razón suficiente para removerlos.

A ver, pues, Contesten ustedes, ¿qué cosas feas o malas han hecho los ministros? Así de golpe Ya ven que no pueden contestar. Nadie está para ponerse a decir que fulano o sutano son la maceta porque hicieron tal o cual cosa que no sirve.

Pero si le damos la vuelta a la tortilla, aquí le va una pregunta al mandatario:

¿Cuáles son los logros relevantes de los mejores hombres y mujeres? A ver ¿dónde están los resultados?.

Según la organizaciones campesinas ¿marcha o no marcha la reforma agraria?

En cuanto al problema del desempleo,¿se ha reducido en forma importante la cantidad de deschambados, en el país, y cuáles son los grandes proyectos de inversión que consuman gran cantidad de mano de obra? ¿en cuánto se redujo el analfabetismo?

¿ya fue aprobado el plan Nacional de desarrollo,y si ya,a medida de administración hay uno,Dónde está Y qué es lo que dice?

¿Por qué será que por lo menos tres o cuatro veces al mes las organizaciones sindicales en las oficinas gubernamentales -SECOPT, INA, SANAA, ENEE, etc., etc.- decretan paros, o los gremios estudiantiles o los profesionales se van a demostraciones a protestar?

¿Por qué será que el país en los últimos meses no ha podido cumplir con el pago de sus compromisos internacionales, en lo relativo a pagos atrasados de interés en la deuda externa?

Esta información no nos la inventamos aquí, la dio hace unas semanas el designado presidencial y cercano asesor económico del presidente.

¿Por qué será que los círculos políticos del poder se sigue especulando e insistiendo en la devaluación?

¿Qué pasó con el año de la exportaciones? ¿Dónde está todo ese aparato exportador que iba a equilibrar la balanza comercial?

¿Qué pasó con el pacto social? ¿Cuáles son las conclusiones de todas las pláticas que se sostuvieron, gobierno y organizaciones gremiales, profesionales, empresariales, estudiantiles, etc.?

¿Por qué será que sí es cierto que la inflación está controlada o que es manejable como dicen las autoridades gubernamentales, puede con el dulce y Tegucigalpa, o San Pedro Sula son quizás las ciudades más caras en Latinoamérica?

¿Dónde están todos esos proyectos de construcción masiva y de obras públicas del gobierno que están transformando el país? ¿Qué nuevos proyectos de inversión pública de gran envergadura se han iniciado para generar actividad económica y empleo?

El bosque… ¿Cómo anda, bien o mal? ¿Por qué tanto incendio y escasez de agua?

Los funcionarios públicos ¿están dedicados estrictamente a la administración pública o pasan metidos hasta las orejas en política?

¿Por qué hay tanta sequía en varias zonas del país y qué hay con importaciones que hemos tenido que efectuar de granos básicos?

¿Qué será que están descuchutando los Banasupros? ¿El hondureño en general, está mejor ahora o cada vez la carga se le vuelve más pesada?

¿Hay respuestas contundentes a estas preguntas? Si no, la verdad es que el presidente, por bueno que sea, debería a estas alturas estar convencido de que su equipo no le ayuda. Pero ya sabemos que el tema este es cómo arar en el mar. El equipo se queda, hasta que alguien le indique Azcona qué de malo han hecho sus ministros.

"LA TRIBUNA" 4 DE ENERO DE 1988

AZCONA SE COMPROMETE A CONTRIBUIR PARA QUE 1988 SEA EL AÑO DE LA PAZ

***Asegura que se ha fortalecido la credibilidad del país ante los organismos internacionales, países amigos e inversionistas extranjeros.

***El presidente José Azcona Hoyo se comprometió en su discurso de año nuevo a realizar la parte que le corresponde al país para que la paz en Centroamérica "sea una bella realidad de 1988".

Igualmente, sostuvo que la primera y más grande ocupación de su gobierno ha sido fortalecer el sistema democrático, afianzar las conquistas sociales del pueblo y renovar las condiciones sociopolíticas y económicas del país.

El discurso del gobernante fue emitido en la noche del 31 de diciembre a través de una cadena Nacional de radio y televisión. Su texto completo es el siguiente:

Compatriotas:

La temporada navideña y de fin de año es una ocasión propicia, por el espíritu cristiano de armonía que circunda el entorno social, para reflexionar sobre la situación del país, los logros alcanzados y las tareas que deben ser desarrolladas en los próximos 12 meses como parte de la lucha cotidiana para cimentar el bienestar general de los hondureños.

Como gobierno surgido de la voluntad popular, libremente expresada en las urnas electorales, hemos procurado subordinar todo el interés al bien común y, en tal virtud, nuestra primera y más grande ocupación ha sido fortalecer el sistema democrático, impulsar y afianzar las conquistas sociales de nuestro pueblo y renovar las condiciones sociopolíticas y económicas del país, conforme las necesidades vitales de la población, que cada día se vuelven más crecientes y complejas.

En dos años de mandato y sorteando a veces condiciones muy difíciles, principalmente en el campo de la economía y las finanzas, hemos obtenido logros muy significativos.

Para el caso, hemos impulsado la emisión de leyes que tienen por objeto mejorar las estructuras fundamentales de la República.

El sistema administrativo, tributario y aduanero está experimentando modificaciones muy acertadas que producirán una concepción más justa de los tributos, facilitando además la tramitación de los documentos necesarios en las operaciones mercantiles.

Es también digno de hacer notar los términos firmes y adecuados en que se ha mantenido el sistema bancario y cambiario, con lo cual se ha fortalecido la credibilidad de nuestro país ante los organismos internacionales de crédito, ante las agencias de ayuda de los gobiernos amigos y, lo que es más importante, ante los inversionistas extranjeros.

56

Lo anterior explica la fluidez con que ha llegado al país la cooperación económica internacional, que nos ha permitido mantener un buen ritmo de trabajo en la ejecución de proyectos, a pesar de la baja sufrida en exportación del café, la reducción de la cuota azucarera y el cierre temporal de la mina El Mochito.

Medidas austeras con relación al gasto público, el control de las divisas y de la percepción fiscal, han dado como resultado el poder atender en forma equilibrada las obligaciones de la deuda externa y el financiamiento con fondos internos de algunos programas de desarrollo de las comunidades.

La rebaja del interés bancario y los incentivos otorgados a las actividades bananeras, han generado empleo, han reactivado algunos sectores industriales, como el de la construcción, y han incrementado la exportación, incluso de productos no tradicionales.

Por otra parte, el haber mantenido un clima de tranquilidad pública y de paz social, es a nuestro juicio una situación que merece ser enfatizada como producto del ejercicio estricto de las libertades y derechos constitucionales, y como resultado de la política de puertas abiertas, entendimiento y comprensión que venimos practicando desde el primer día de nuestro mandato.

En el campo de la realización es concreta, pues este gobierno también es abundante y eficaz, como así lo indica la ejecución de numerosos proyectos, principalmente en Comunicaciones, Electrificación, Educación, Salud, Recursos Naturales y otros rubros, proyectos que daremos a conocer con más detalle en nuestro informe dirigido al soberano Congreso Nacional, cuando se instale la próxima legislatura ordinaria.

Es también oportuno subrayar, aunque sea en términos muy generales, los grandes aportes que nuestro gobierno ha brindado a favor de la paz con respecto a Centroamérica.

De buena fe suscribimos el acuerdo Esquipulas II y de buena fe estamos cumpliendo la parte que nos toca en la distribución de los compromisos adquiridos.

La actitud prudente, con medida y respetuosa que mantuvo nuestro gobierno durante las negociaciones y que mantienen el curso de los plazos señalados para el cumplimiento de los acuerdos, son factores decisivos que abonan al establecimiento de la paz en la región.

Compatriotas:

Estaremos entrando al año de 1988 con fe y confianza en que llevaremos a cabo, sin interrupción, las obras de beneficio público que tenemos programadas, así como estaremos implementando con verdadero entusiasmo todas aquellas transformaciones que sean justas y necesarias para allanar las demandas del pueblo Hondureño, en la búsqueda del bienestar y del progreso.

También tenemos la fe que 1988, y para ello nos comprometemos a realizar nuestra parte, será el año en que la pasen Centroamérica sea una bella realidad, contando para lograrla con la necesaria y sustituible ayuda de Dios.

Que 1988 sé un año de realizaciones, creciente bienestar y unidad de la familia hondureña.

"El Heraldo" 2 de enero de 1988

LA CTH MOVILIZARÍA SUS BASES PARA QUE AZCONA CAMBIE GABINETE

TEGUCIGALPA.- La confederación de trabajadores de Honduras CTH está dispuesta a movilizar a sus 300,000 afiliados para lograr que el presidente, José Azcona Hoyo, efectúe algunos cambios en el Gabinete de Gobierno, informó ayer el tesorero de esta organización sindical Ramón Murillo Torres.

Murillo Torres dijo que en la reunión que sostendrán todos los directivos de la CTH el 23 de enero en San Pedro Sula, se analizará la problemática nacional y se elaborará un planteamiento serio que harán llegar al mandatario.

"En el documento se sentará nuestra posición sobre los problemas que a la clase laboral ocasionan algunos funcionarios que no cumplen su función, y se planteará la necesidad de hacer cambios", señaló el dirigente.

Expresó que muchas organizaciones sindicales ya tienen pensado realizar paros, huelgas y manifestaciones públicas a partir de enero, ante la indiferencia del gobierno para resolver las demandas, ya que se han emitido varias disposiciones que violentan las conquistas de los trabajadores como es el congelamiento de salarios para 1988 y la no celebración de nuevos contratos colectivos.

La conferencia está en el deber de brindar apoyo solidario a quienes reclamen sus derechos, además es una decisión que se acordó en una asamblea para hacer que se respeten las conquistas de los obreros hondureños, concluyó el sindicalista.

Entre los sindicatos que anunciaron huelgas para este mes está el del Servicio Autónomo de Acueducto y Alcantarillados SANAA, el de la Corporación Hondureña de Desarrollo Forestal COHDEFOR y el Colegio Profesional de Superación Magisterial de Honduras COLPROSUMAH.

El motivo de las supuestas huelgas son exigencias de incrementos salariales, que según los funcionarios de las instituciones autónomas y semiautónomas no pueden efectuarse, porque una disposición emitida por el Congreso Nacional los prohíbe y podrían otorgarse solo a través del análisis que haga una comisión de ese poder.

Sin embargo, representantes de la Central General de Trabajadores CGT, como Felicito Ávila, Andrés Víctor Artiles, de la CTH, y Héctor Hernández de la Federación Unitaria de Trabajadores de Honduras (FUTH), coinciden en el hecho de exigir a las autoridades la no aplicación de esa Norma por considerar que perjudica el sector laboral hondureño.

Los primeros pasos para la creación de un bloque que aglutine a todas las organizaciones sin distingo de tendencias ideológicas, ya comenzaron a darse con el propósito de tomar acciones conjuntas en base al interés común, la primera reunión se efectuó en Siguatepeque en donde se emitió una proclama.

Por su parte, el ingeniero Azcona Hoyo, manifestó que los compromisos suscritos con los trabajadores se cumplirán y que las nuevas exigencias tendrán que ser analizadas de acuerdo a la capacidad económica del país. (RAM)

"TIEMPO" 4 DE ENERO DE 1988

AZCONA CUANDO ERA CONVENCIONAL

Vamos a darle vuelta a la letra de la conocida canción ranchera y diremos ya se fueron las flores de mayo y vendrán las "nieves" de enero. Azcona ha gobernado 36 días de enero: 5 del primer año y 31 del segundo, le faltan ahora 88 días de enero, en los próximos tres años, para cumplir la promesa que, personalmente me hizo cuando era un ministro de Obras Públicas, llegándose por mi humilde morada acompañado por la máscara sonriente de Carlitos Handal, su segundo de abordo en esos días. Me dijo entonces: "En enero te voy a arreglar el camino al Jicarito y a San Antonio, en forma completa, con cunetas y todo lo demás".

Ya lo hemos dicho y lo vamos a repetir: en aquellos días lo disculpamos, porque, al llegar el enero prometido, ya había caído en desgracia con el presidente y renunciado a mi cargo.

Este viene a ser el quinto sexto reclamo que le hago de su promesa que no le pedí, sino que le reclamé en los días que él era convencional por este municipio ante su partido, representación que le sirvió de catapulta para llegar a la cima donde hoy se encuentra.

Aparte un poco las nubes, don Pepín y ve hacia abajo, mire dónde comenzó como político a nivel nacional.

Acaban de hacerle honor los Colorados al lugar donde yacen los restos del doctor Zúñiga Huete y se han olvidado del lugar donde él nació.

Ing. Azcona el ombligo físico de Changel quedó en San Antonio de Oriente; el "ombligo político" suyo está en el mismo lugar: haga honor a su fama de político serio y cumpla su promesa, ya días le queríamos decir y no nos animamos, pero ahora ahí le va: así así son los políticos serios Cómo han de ser los chabacanes.

Una vez un soldado le dio a Napoleón su palabra de honor y Bonaparte le preguntó: "¿Acaso tienes otra?".

VÍCTOR NARVÁEZ BONILLA.
San Antonio de Oriente, F.M.

José Azcona Hoyo.
"LA TRIBUNA" 5 DE ENERO DE 1988

59

UN PRESIDENTE AFORTUNADO

Realmente que el ingeniero José Azcona es un hombre afortunado: llegó al poder en una forma tan peculiar de votación que difícilmente se vuelve a repetir; y ahora que ya se había anunciado el divorcio con el PUN, no había transcurrido tanto tiempo como para que se hubiera sentido huérfano de cariño, cuando la convención en pleno le ha dado un respaldo a su gobierno, acto este de Gran trascendencia si tomamos en cuenta que los convencionales pertenecen a todas las diversas corrientes del Partido Liberal.

Hoy, que los cachos han tomado las que Villadiego para que no le salga la chula y ser señalados por los analistas del quehacer político como copartícipes de la mala administración, el ing. Azcona está en la obligación de reorganizar su gobierno, hacer cambios significativos en su equipo de trabajo y echar a andar un plan de trabajo capaz de paliar la crisis económica que nos abate y golpea el estómago y bolsillo de la gente más pobre. Caso contrario, increíblemente en 1990 el partido eternamente colochón estará en la llanura, porque el pueblo ha aprendido a hacer uso del voto de censura a través de las urnas.

Señor presidente: usted es un hombre afortunado; tiene por delante todavía dos años para enderezar esta nave y navegar por senderos de Progreso.

Queremos un mensaje de esperanza, una luz en el camino, una voz de aliento para reprender la marcha una reafirmación que el ciudadano presidente está dispuesto al sacrificio por este agobiado pueblo que ya no se alegra ni con la risa de San Nicolás porque tiene el bolsillo roto y el estómago vacío.

ADALID MARADIAGA Z.
TEGUCIGALPA D.C.

"LA TRIBUNA" 5 DE ENERO DE 1988

Editorial
LA UNIDAD DEL LIBERALISMO

Quizás no hemos valorado justamente los cambios operados en nuestras instituciones políticas, a partir de lo ocurrido el pasado 6 de septiembre.

En efecto, no hemos dimensionado las transformaciones operadas internamente en el Partido Liberal, primer partido político que ajusta su esquema organizativo de acuerdo a la reformas introducidas a la Ley Electoral y de las Organizaciones Políticas.

Como es del conocimiento de los hondureños, el liberalismo fue convocado para que, a nivel nacional, se sometiera a la consideración de su militancia a todos y cada uno de los cargos en el Consejo Central Ejecutivo, de los candidatos a los cargos de dirección de los consejos locales y departamentales, en una renovación valiosísima que permitirá una mejor perspectiva en el funcionamiento de tales organismos, como producto que son de la voluntad libremente expresada en los comicios internos del 6 de septiembre de 1987.

Igual tendrá que suceder en el seno del Partido Nacional, en donde se configuran unos tres candidatos presidenciales, así: Rafael Leonardo Callejas, Osvaldo Ramos Soto y Fernando Lardizábal Guilbert, aunque pudieran sugerir otros aspirantes en el curso de este mes, dependiendo de la convocatoria a comicios internos que haga el Comité Central del Partido Nacional de Honduras.

Del resultado de estas elecciones, se verá claramente quién será el candidato presidencial y la fuerza que tengan los movimientos políticos internos del nacionalismo.

En cuanto a los partidos minoritarios -el PINU y la Democracia Cristiana- tienen también que someterse a la consulta popular de sus afiliados para conformar su organismo central, así como los departamentales y locales. Podría suceder que el doctor Enrique Aguilar Paz surja como candidato a la presidencia del Partido de Innovación y Unidad y que de no postularse el doctor Corrales Padilla, se catapultara como hombre fuerte el diputado Díaz Arrivillaga en el Partido Demócrata Cristiano.

La experiencia vivida en el seno de liberalismo es suficientemente ilustrativo para visualizar sobre lo que harán los partidos restantes de Honduras, a fin de adaptar sus estructuras partidarias de acuerdo al contenido de la ley electoral vigente.

El mismo procedimiento tendrán que seguir todos los partidos políticos de Honduras para escoger al candidato a la Presidencia de la República, a los Designados Presidenciales, a los alcaldes y miembros de las corporaciones municipales y a los señores Diputados, es decir, a todos los que buscan un cargo público sujeto A LA CONSULTA POPULAR.

Esto quiere decir que los favoritismos se verán mermados considerablemente, ya que será el pueblo liberal, el nacionalista, el pinuista, el demócratacristiano los que, mediante el voto libremente expresado en las urnas, elegirán a sus respectivos candidatos, promovidos por los movimientos internos que surjan.

Ha comenzado, por consiguiente, una verdadera Revolución Política en Honduras para terminar con el amiguismo y los compromisos tras bambalinas. Será el pueblo el que seleccione directamente a quienes asumirán en 1989 las candidaturas oficiales de cada uno de los partidos políticos vigentes, con lo cual se inicia una etapa decisiva en la democratización política de Honduras.

Después de las elecciones internas del Partido Liberal, efectuadas el 6 de septiembre de 1987, los partidos restantes en nuestro país tienen que verse en ese espejo para no cometer los mismos errores en que incurrieron los liberales y especialmente los grupos oficialistas.

Es bueno reflexionar sobre este extremo, por cuanto lo sucedido en los comicios internos del liberalismo se refleja otra serie de circunstancias no menos importante.

El pueblo liberal dio una prueba evidente de su malestar contra la conducción del gobierno y la propia dirección de su partido, volcándose mayoritariamente a favor de la figura de uno de los críticos más severos del oficialismo del presidente Azcona Hoyo, apoyada, por cierto, por casi todas las figuras oscuras que en el cercano ayer fueron instrumentos ciegos de las pretensiones abusivas del doctor Suazo Córdova. Sin embargo, los liberales prefirieron ese camino, obviamente, en detrimento de las otras opciones ligadas a una mala imagen pública.

Como es del dominio público, el candidato oficialista más publicitado y ubicado en una plataforma ideal para conseguir lo que se propusiera, como lo fue el ciudadano Carlos Orvin Montoya, fracasó estrepitosamente ante un muro infranqueable, porque no tenía el prestigio de una administración pública eficiente: no contaba con gente prestigiosa del gobierno y, fundamentalmente, este hombre que preside el Congreso Nacional de la República, se esmeró hasta lo infinitamente posible, hizo todo lo que su capacidad le permitió y se entregó con vehemencia para realizar un trabajo de vital importancia en su propia campaña política, pero no para ganar sino para perder amigos, prestigio y la oportunidad de situarse en el trampolín hacia la silla presidencial.

Una pésima conducción política, un equipo inepto y personal cercano completamente desconocido y, lo peor, que no conoce al liberalismo, fue otro factor que terminó por aplastarlo y convertirse de la noche a la mañana en el gran derrotado, increíblemente superado en las urnas por el voto mayoritariamente del oficialismo a favor del candidato ligado estrechamente con el presidente Azcona Hoyo, el que otorgaba recomendaciones para cargos públicos, dada su influencia y su poder político.

61

Muy pocos liberales, sobre todo aquellos que usufructúan el gobierno, han reflexionado sobre este revés electoral, que es muy posible que no entiendan el comportamiento del militante liberal en las elecciones del seis de septiembre de 1987, más lo cierto es que esa derrota la sufrió la administración del Partido Liberal, la conducción política del Estado.

Si el régimen liberal fuera un éxito, cualquier candidato y amigo de Azcona Hoyo estaría en capacidad de ganar cualquier elección.

Ahora bien, el trabajo de las autoridades del Partido Liberal de ahora en adelante, podría generar otros hechos increíbles en el campo político.

"EL HERALDO" 5 DE ENERO DE 1988

Opinión editorial

EL GABINETE DEL SIGLO

No ha de ser pura coincidencia.

Nos referimos a eso Heraldos que anuncian reestructuración en los ministerios e instituciones autónomas.

Esa es la palabra que utiliza.. "Reestructuración". Como administración han sido incapaces de ofrecer resultados concretos y relevantes, pero para ellos seguramente el fracaso es culpa de los conserjes, de las barrenderas, de los choferes, de la secretarias, de los peones y de los empleados de quinta categoría que trabajan en las oficinas públicas.

Vaya ironía. Ya había organizaciones sindicales, campesinas, gremios profesionales, estudiantes, asociaciones empresariales, grupos políticos y religiosos y hasta militares, y han venido insistiendo sobre la reestructuración en el equipo de gobierno. Pues la reestructuración va. Pero no como la gente esperaba. No es a ministros o viceministros, gerentes y presidentes o directores a los que van a reestructurar. La mira la tienen puesta en los pobres empleados, en los más sencillos, en los peor pagados, en lo más necesitados, y de paso, en quienes menos son responsables por la pésima administración del país.

Y se han puesto de acuerdo todos. Ya en las distintas oficinas gubernamentales anuncian despidos masivos de 200 trabajadores por acá, de 400 por allá. Así que no es un incidente aislado. Es un fenómeno que abarca todo el gobierno.

¿Por qué la reestructuración? Porque hay que hacer la administración más eficiente, dicen. Por qué los mandamaces han indicado que la orden del día es "austeridad".

Y para darle cumplimiento a estos sagrados objetivos hay que barrer, no con asesores que ganan 3,000 o 4,000 lempiras por no hacer nada, sino con los pobres conserjes, y con otros humildes trabajadores.

Para cumplir con esos programas de ahorro y de austeridad no hay que economizar recortándoles las alas a los trotamundos oficiales, que van y vienen y nunca se detienen, para arriba y para abajo, para atrás y para adelante, cargando -con amigos y parientes-, sino que tirando a la calle a las pobres secretarias o a los trabajadores por contrato o por jornales; porque esos son los culpables del despilfarro oficial.

No es más coordinación la que necesita el gobierno. Nada tiene que ver el letargo oficial con el hecho que escasas veces se reúne el gabinete económico porque el ministro coordinador no entiende ni "j" de esos menesteres, sino porque los choferes son "supernumerarios" en la administración pública por lo que urge su inmediata destitución.

La reforma aérea agraria está estancada no porque el director de ese instituto sea la maceta sino porque los técnicos agrarios de octava categoría son paracaidistas y porque la que barre, sacude y arregla la oficina no lo hace con la delicadeza propia de una "china" de palacio.

Esos son los culpables de la mala administración. Los suscriptores del pacto, PUN, nada tienen que ver con la falta de un plan económico, ni con la falta de liderazgo ni con la frustración del pacto social. Los culpables ya sabemos que son los carteros, los mecánicos, los carpinteros, los oficinistas, los asistentes, los ayudantes.

Nada tienen que ver las altas poporoilas con el desastre nacional. Este, ya todos sabemos, es el gabinete del siglo.

Está ahí, les guste o no les guste, porque nadie le ha dicho Azcona qué cosa mala han hecho los "mejores hombres y mujeres". Ya la capacidad no se mide en función de que fulano o sutano haga algo bueno si no en relación directa la cantidad de cosas feas son malas que se le puedan apuntar al infrascrito. Así es que si el mengano y el perencejo se sientan a rascarse la barriga sin hacer absolutamente nada, no tienen por qué preocuparse, porque no hacer algo es equivalente a no hacer nada malo, y si no se hace nada malo es indiferente que no haya hecho nada bueno. Es tomables lectores,es doctrina de este gobierno.

Los paganos son los reestructurados, los pobres empleados de décima categoría. Los que merecen ser despedidos,por obra y gracia de lo insólito Y de lo ridículo, se han convertido en los reestructuradores.

"LA TRIBUNA" 6 DE ENERO DE 1988

HA PROMETIDO AZCONA MANTENER CONGELADAS TARIFAS DE LA ENEE

TEGUCIGALPA.- El gobierno de José Azcona Hoyo ha prometido electrificar todo el país a más tardar A mediados de 1989, al mismo tiempo congelar en su periodo las tarifas que se cobren para este servicio, informó el gerente de la empresa Nacional de energía eléctrica (ENEE) Jack Arévalo.

Según Arévalo, la ENEE tiene en cartera licitar a corto plazo la electrificación de todas aquellas comunidades que no cuentan con fluido eléctrico.

Especificó que con una firma norteamericana suscribirá un convenio para electrificar Puerto Lempira, Brus Laguna, Mocorón, Cauquira e Iriona, localidades que pertenecen a los departamentos de gracias a Dios y Colón, a efecto electrificar totalmente a Honduras a mediados de 1989.

Más adelante, dijo que el presidente Azcona Hoyo ha prometido no inflar las tarifas por este servicio durante su administración.

"Lo que varía en este caso -explicó- es el consumo de energía, y de acuerdo a nuestros datos en el mes de diciembre es cuando sube enormemente el consumo porque los abonados mantienen más tiempo prendida las luces y aparatos electrodomésticos".

Aseguró que actualmente menos del 5 por ciento de los 300,000 abonados que tiene la ENEE en el país, es el que está reclamando por alteración en las tarifas y pésimo servicio.

"Pero seguimos bajando ostensiblemente el número de reclamantes, pues ahora el abonado puede leer su contador, y si encuentra un aumento injusto en sus tarifas tienen todo el derecho a interponer su denuncia y nosotros con gusto vamos a corregir ese irregularidad", prometió.

Un empleado de la oficina de reclamo de la institución informó que la tarifa se altera cuando se lee el contador días después del mes indicado, transitar como ejemplo qué "si el mes trae 30 días y el contador se lee tres días después, entonces se le está cobrando al abonado tres días del siguiente mes, pero esa anormalidades nosotros estamos dispuestos a corregirlas aquí". (FG)

Jack Arévalo/ Gerente de la ENEE

"TIEMPO" 4 DE ENERO DE 1988

AZCONA RECHAZA RENUNCIA A DISCUA

El ministro de Trabajo, Adalberto Discua, informó ayer en la casa de gobierno que el presidente José Azcona le rechazó la renuncia que le interpuso el fin de año.

El funcionario dijo que había visitado el presidente para reiterarle la renuncia de su cargo, "lo cual se hizo para no causarle daño frente a los intereses de su partido, el Liberal, Y si yo, como nacionalista, fuese algún motivo de choque".

"El presidente me pidió que retirara eso, agregó, y que no veía la necesidad de aceptar mi renuncia, haciendo hincapié en que la Constitución de la República impone la condición de desarrollar gobiernos de integración nacional".

Discua afirmó que "insistí en la renuncia, pero no la aceptó, al menos que esto se concrete después".

Manifestó que su estadía al frente de trabajo dependerá de cómo se vaya delineando la política nacional en los próximos meses, Aunque expresó que "no creo que llegue a terminar los dos años que faltan de la administración".

Se le preguntó si esto se debía a presiones en el Partido Nacional y dijo que "en ningún sentido; he trabajado libremente. Las relaciones con el Partido Nacional y con Rafael Leonardo Callejas son cordiales".

"LA TRIBUNA" 5 DE ENERO DE 1988

AZCONA CONOCERÁ OFERTAS PARA CONSTRUIR LA GRANJAS PENALES

TEGUCIGALPA.- La secretaría de Gobernación enviará en los próximos días al presidente José Azcona Hoyo las ofertas que han hecho varias compañías extranjeras interesadas en la construcción de la granja penales de Tegucigalpa y San Pedro Sula, informó ayer subtitular, Rumualdo Bueso Peñalba.

El funcionario aseguró que el presidente Azcona Hoyo está interesado en la pronta edificación de ambas granjas penales, a raíz de la amotinamiento registrado el 16 de diciembre anterior en el presidio sampedrano.

Señaló que para la construcción de la granja penal de San Pedro Sula está interesada la compañía PIEFEL S.A. de nacionalidad mexicana, aunque no precisó su costo, tras informar que todavía no se han hecho las estimaciones. Con respecto a Tegucigalpa, dijo que varias compañías estadounidenses han hecho ofertas, entre ellas la RIBORDI MARINE, cuya construcción está estimada en unos 30 millones de lempiras.

Apuntó que es posible que la nueva granja penal de la capital se materialice en una propiedad ubicada en la comunidad de Ojo de Agua, El Paraíso, en vista que el terreno destinado para ese fin, localizado en el valle de Támara, está más rocoso y solo puede servir para la cría de cabros. (FG).

Opinión editorial

LAS EXPECTATIVAS DEL 88

En la dimensión infinita y divisible del tiempo, ha finalizado otro año, difícil, por cierto, en muchos aspectos, resaltando entre ellos, con todo dramatismo, el económico que a su vez es concomitante con todos los demás.

Pecaríamos de mentirosos si afirmáramos que el año recién finalizado ha sido satisfactorio para la inmensa mayoría de los hondureños. En verdad que los sectores menos protegidos de la sociedad han pasado las de Caín.

La falta de empleo es, quizá una de las más graves aristas del drama que vivimos. Como resultado de esto, se ha incrementado la criminalidad, con matices realmente espeluznantes. Casi todos los días la prensa escrita y los medios hablados de la radio y la televisión han dado cuenta de hechos que conturban el alma nacional. Agreguemos, como otra calamidad, el narcotráfico, que según el decir de algunos, ha convertido a Honduras en el puente de los mafiosos.

1987 fue un año difícil para el gobierno del ingeniero Azcona. Un sinnúmero de problemas -sobre todo de orden social- tuvo que enfrentar y resolver personalmente el gobernante, porque algunos de sus colaboradores más cercanos lucieron impotentes, por no decir incapaces, para finiquitarlos. No obstante, el mandatario ha reiterado una y mil veces que se encuentra satisfecho con su equipo de gobierno, aunque en los sectores del pueblo se piensa otra cosa muy diferente.

Estamos empezando un nuevo año, con nuevas expectativas y esperanzas para el pueblo. La gente común expresa: el año pasado fue de angustias y sin sabores; quizá el nuevo año sea mejor.

Es absurdo pensar que, como por arte de magia, florecerán los cardos en 1988. La reducción drástica del presupuesto general de egresos e ingresos de la nación, sacrificando rubros tan importantes como los de la salud, la educación y la reforma agraria, no nos hacen prever días mejores. Agreguemos la apabullante deuda externa, una frágil balanza de pagos y la casi ausencia de exportaciones de nuestros productos primarios y materias primasy estaremos redondeando un

65

cuadro verdaderamente sombrío. Para aumentar nuestra desgracias, se anuncia una sequía espantosa para el presente año.

En el campo político interno, el gobierno tendrá que enfrentar la oposición de los sectores que le son adversos, en un afán de restar popularidad a la administración liberal, con vistas a las elecciones generales de 1989.

Ante esta situación, el Partido Liberal deviene obligado a respaldar decididamente al actual administración. La unidad lograda en la pasada convención del partido gobernante debe mantenerse indisoluble, sin que este hecho vaya en menoscabo de las aspiraciones de los grupos o corrientes.

La pugnacidad estéril e infecunda entre dirigentes, debe cesar.No hay que olvidar que en este tercer año de gobierno, se debe afinar acciones que favorezcan a los sectores menos protegidos de la sociedad en los que reside el capital del liberalismo.

Encaremos el nuevo año con nuevos bríos, con decisión y coraje, como lo dijimos en nuestra entrega del 31 de diciembre anterior. Sabemos que no estamos sobre un lecho de rosas. La crisis centroamericana, si fracasa el acuerdo de Esquipulas II, tenderá a agudizarse, posiblemente con una guerra generalizada, como está contemplada en la estrategia sandinista, para enfrentar una supuesta agresión de los Estados Unidos. La geopolítica nos ha convertido en el emparedado de la región. Solo Unidos podremos enfrentar el futuro.

"LA TRIBUNA" 5 DE ENERO DE 1988

OTRA VEZ BUSBY

TEGUCIGALPA.- El embajador especial de la Casa Blanca para Centroamérica, Morris Busby, se reunió ayer con el presidente José Azcona Hoyo, durante una de sus constantes visitas secretas.

Busby, coincidentemente, siempre llega Honduras cuando se acerca un evento dentro de los procesos de pacificación en América Central.

La última vez que vino fue un día antes de la reunión de la Comisión Ejecutiva, integrada por los cancilleres, en diciembre pasado.

El canciller Carlos López Contreras no viajó a Costa Rica sino hasta después de haber participado en la reunión con Busby.

También en noviembre, el canciller Carlos López Contreras retrasó su viaje a la primera reunión de ministros de Relaciones Exteriores celebrada en El Salvador, después de la firma del acuerdo en Guatemala, con la palabra del testimonio por un encuentro con el "súper embajador".

Ayer, el embajador especial estuvo reunido con el presidente José Azcona y el jefe de las Fuerzas Armadas, general Humberto Regalado Hernández, en casa presidencial, durante más de dos horas.

Mañana llega a Honduras el Comité Técnico de la Comisión Internacional de Verificación y Seguimiento (CIVS).

El doctor López Contreras no estuvo presente, por motivos de fuerza mayor.

Como siempre, no hubo información para la prensa acerca de la visita del reemplazante del legendario negociador estadounidense Philip Habib, quien renunció al cargo en agosto supuestamente porque la administración Reagan le rechazó sus planes de buscar una salida política al conflicto regional. (NL).

66

El enviado especial de Casa Blanca Morris Busby (izquierda) se reunió ayer con el presidente Azcona y el jefe de las FF.AA. Humberto Regalado Hernández.

"TIEMPO" 6 DE ENERO DE 1988

SORPRESIVA VISITA DEL ENVIADO DE REAGAN

El embajador especial de los Estados Unidos para Centroamérica, Morris Busby, se entrevisó sorpresivamente ayer con el presidente José Azcona y el jefe de la Fuerza Armada de Honduras general Humberto regalado.

Busby llegó a la casa presidencial a las 11 de la mañana acompañado del embajador norteamericano Everest Briggs.

El portavoz oficial de este tipo de reuniones restringidas, el canciller Carlos López, no estuvo presente; por consiguiente, no hubo ninguna información oficial ni extraoficial sobre lo tratado.

Busby llegó a Honduras a escasos 10 días para que se celebra la reunión de la Cumbre de los mandatarios centroamericanos en San José, Costa Rica, donde evaluarán el alcance y cumplimiento del Acuerdo de Paz Esquipulas II suscrito en agosto pasado en Guatemala.

Busby arribó a Tegucigalpa con procedencia de Costa Rica y ayer mismo partió posiblemente hacia Washington, pues en los últimos días ya había visitado Guatemala y El Salvador.

Un portavoz de la Embajada de Estados Unidos expresó que el enviado especial visitó a la región para dialogar sobre lo que está ocurriendo y conocer los pasos que se han dado en el proceso de paz.

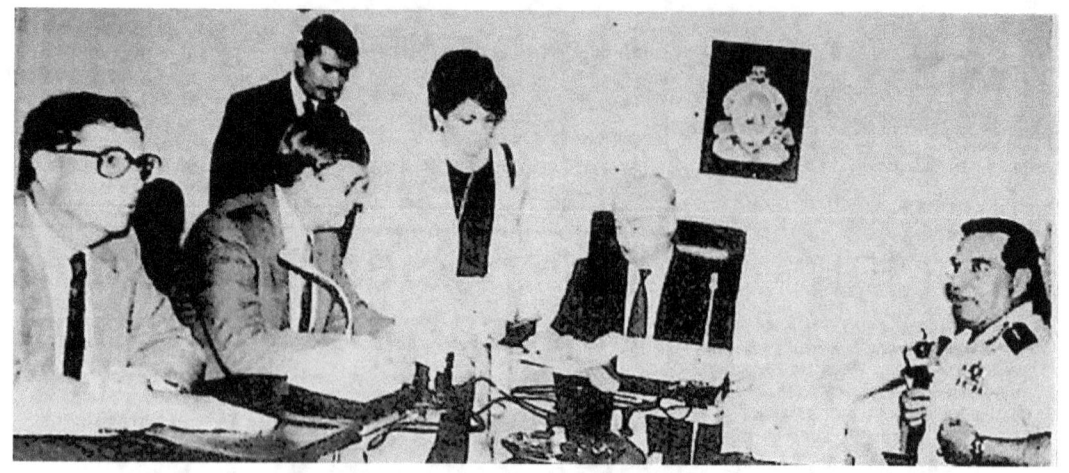

El embajador Everett Briggs, el enviado especial Morris Busby, el presidente José Azcona y el jefe de las Fuerzas Armadas, general Humberto Regalado. (Foto de Aquiles Andino)
" La Tribuna" 6 de enero de 1988.

MORRIS BUSBY: EL MÁS ASIDUO VISITANTE DE LA PRESIDENCIAL

El enviado especial de la Administración Reagan para Centroamérica, Morris Busby, llegó ayer al país por séptima vez para sostener conversaciones con el presidente José Azcona Hoyo.

En las conversaciones, celebradas en la Casa de Gobierno, participaron además el comandante en jefe de las Fuerzas Armadas, general Humberto Regalado Hernández, y el embajador de los Estados Unidos, Everett Briggs.

Como es tradicional en este tipo de diálogos, lo tratado no trascendió a los medios de comunicación, pero se supone que el tema central fue la reunión que los presidentes Centroamericanos sostendrán la próxima semana en Costa Rica para evaluar el cumplimiento de los acuerdos de paz " Esquipulas II".

La visita de Busby se produce simultáneamente al recorrido que lleva a cabo por la región la Comisión Internacional de Verificación y Seguimiento (CIVS), cuya misión es constatar el cumplimiento de los acuerdos adoptados en Guatemala para elevar un informe a la consideración de los presidentes centroamericanos.

"EL HERALDO" 6 DE ENERO DE 1988

68

GOBIERNO DECIDE CONSTRUIR EL AEROPUERTO PARA TEGUCIGALPA

TEGUCIGALPA.- El presidente Azcona Hoyo al fin decidió construir nueve aeropuerto cuyos trabajos iniciarán dentro de tres o cuatro meses, informó el ministro de comunicaciones obras públicas y Transporte, Juan Fernando López.

El ministro y sus principales colaboradores se reunieron con el mandatario para discutir el proyecto que será presentado en las primeras sesiones de la tercera legislatura del Congreso Nacional que se iniciará próximamente.

El funcionario dijo que si bien es cierto que el proyecto está considerado como secundario después de la edificación de una gigantesca represa de agua, el nuevo aeropuerto "será una realidad".

Una comisión para que prepare el proyecto fue nombrada al término de la reunión y las instrucciones indica que debe ser presentado en un plazo no mayor de tres o cuatro meses al seno del Congreso Nacional, organismo que tendrá en sus manos la última decisión.

López dijo que el gobierno ha recibido varias ofertas de compañías extranjeras de México, Estados Unidos, Japón y Venezuela interesadas en construir la importante obra.

Los estudios hechos hasta el momento, según el Ministerio, establecen que la Laguna del Pedregal es el lugar apropiado para construir el aeropuerto.

Estos mismos estudios recomiendan que Toncontín debe cerrarse porque no reúne las condiciones exigidas.

López dijo que el nuevo aeropuerto tendría un costo de 120 a 140 millones de lempiras que serían prestados por un organismo internacional.

El presidente José Azcona Hoyo, preside una reunión sostenida entre los personeros de la Secretaría de Comunicaciones obras públicas y Transporte. (Foto Luis Sosa).

"LA PRENSA" 6 DE ENERO DE 1988

69

AZCONA DECIDIRÁ SITIOS A VISITAR POR LA COMISIÓN DE VERIFICACIÓN

TEGUCIGALPA.- Las fuerzas armadas no son las que van a decidir qué sitios deben visitar la Comisión Interamericana de Verificación y Seguimiento (CIVS), pero sí acatará cualquier disposición que mande la presidencia de la República.

De esta forma se expresó el vocero del cuerpo armado, coronel Manuel Suárez Benavides, al preguntarle si iban a permitir que la CIVS visite unidades militares hondureñas.

La Comisión Interamericana tiene amplias facilidades para buscar la información que considera adecuada, acotó.

Dijo que las fuerzas armadas únicamente se limitan a darle el respaldo en todas aquellas disposiciones que el presidente José Azcona Hoyo crea conveniente en relación al acuerdo de paz firmado el pasado 7 de agosto por los mandatarios centroamericanos en la ciudad de Esquipulas, Guatemala.

Esta tarde está programada la llegada al país de la CIVS con procedencia de Nicaragua, a fin de elaborar un informe sobre el proceso de paz en la región, mismo que darán a conocer a los presidentes del área en la reunión que llevarán a cabo el próximo 15 de enero en San José, Costa Rica. (FG)

SUÁREZ BENAVIDES

"TIEMPO" 7 DE ENERO DE 1988

70

COMISIÓN DE VERIFICACIÓN ARRIBARÁ HOY

TEGUCIGALPA (por Faustino Ordóñez Baca).- La presencia en esta ciudad del director del Consejo Nacional de Seguridad, Collin Powel, del subsecretario de Estado para Asuntos Interamericanos, Elliot Abrams, y de 28 integrantes del comité "Ad Hoc" de la Comisión Internacional de Verificación y Seguimiento (CIVS), se convertirá en el centro de la atención noticiosa para los periodistas nacionales y extranjeros.

El presidente José Azcona y el jefe de las Fuerzas Armadas, general Humberto Regalado Hernández recibirán primero a estos dos altos funcionarios norteamericanos y después a la misión técnica, constituyendo el proceso de pacificación contemplado en los acuerdos de Guatemala, el tema central de la discusión.

La llegada de Powel, que recién sustituyó a Franck Carluch, y del subsecretario de Estado, se efectúa pocas horas antes del arribo de los representantes de la CIVS y 48 horas después del encuentro sostenido por las autoridades del país con el enviado especial de la Casa Blanca, Morris Busby.

Según la fuente de la Casa de Gobierno, a las 11 de la mañana, Regalado Hernández se reunirá con Abrams, Powell, y el embajador norteamericano en nuestro país, Everett Briggs.

La visita de busby, Powell y Abrams, coinciden con la gira que realiza el comité de la comisión internacional, interesados en conocer la implementación de los acuerdos contraídos por los mandatarios el siete de agosto del año anterior en ciudad Guatemala.

La creación de las respectivas Comisiones Nacionales de Reconciliación, la democratización interna, cese el fuego, amnistía general e incondicional y la expulsión de fuerza extraña que ocupan territorio ajenos para agredir a países vecinos, son los principales acuerdos de los presidentes y cuyo cumplimiento vigila la CIVS.

El comité técnico llegará al Aeropuerto Internacional de Toncontín a las tres de la tarde, y será recibido por las autoridades de la cancillería hondureña.

Inmediatamente después se trasladarán a Casa Presidencial donde por espacio de una hora se reunirán con Azcona Hoyo y el jerarca de las Fuerzas Armadas.

Después de la cita con Azcona, los visitantes se trasladarán al Ministerio de relaciones exteriores para entrevistarse con la Comisión Nacional de Reconciliación que preside monseñor Héctor Enrique Santos, organismo que tiene listo un informe para entregarlo a los misioneros.

Mañana se alojarán en uno de los principales hoteles de la capital para recibir a representantes de diferentes organizaciones nacionales.

Entre ellos se menciona los miembros del Comité para la Defensa para los Derechos Humanos(CODEH), el Comité de Familiares de Desaparecidos y Presos Políticos (COFADEH), empresarios, agrupaciones obreras y campesinas, colegio de abogados y algunos dirigentes políticos.

El sábado nueve, el comité AD Hoc abandonará al país.

El comité está integrado por funcionarios de las cancillerías de los países miembros de los Grupos de Apoyo y Contadora y los delegados de la ONU y OEA, Álvaro Soto, Harry McBride, respectivamente.

En representación del gobierno argentino viene Ramón Villagra; Gilberto Vergne (Brasil); Ricardo Luna (Perú), Agustín Espinoza (Uruguay); Óscar Vargas (Panamá); Ricardo Valero (México); Víctor Carazo (Venezuela); Ester Lozano (Colombia); Joaquín Alexander Maza (El Salvador); José Luis Chea (Guatemala); Jorge Ramón Hernández A. (Honduras); Víctor Hugo Tinoco (Nicaragua); y Álvaro Antillón (Costa Rica).

71

Estos enviados internacionales preparan un informe de los resultados de su gira que será presentado a la CIVS la próxima semana, que lo afinará para luego ser entregado a los gobernantes, quienes se reunirán la próxima semana en San José, Costa Rica.

Elliot Abrams

"LA PRENSA" 7 DE ENERO DE 1988

A sus 15 años:

HIJO DE AZCONA, EL UNIVERSITARIO MÁS CIPOTE

"Aplicó para West Point, pero por su edad, ingresará a la academia dentro de dos años
***No rechaza idea de llegar a ser presidente. Gana L.300 mensuales en estación televisora*

Por GERMAN REYES.

TEGUCIGALPA, (ACAN-EFE)-. A sus quince años, José Simón Azcona Bocock, hijo del presidente de Honduras, es el estudiante más joven de este país centroamericano.

José Simón nacido dotado de una inteligencia superior que le permitió cursar sus seis años de estudios primarios en solamente cuatro.

Su bachillerato lo terminó en el primer semestre de 1987, y en la segunda materias en la Universidad Autónoma de Honduras, donde se matriculo en la facultad de ingeniería Civil, la misma carrera que estudio su padre José Azcona Hoyo.

72

El hijo del presidente hondureño el año pasado también aplicó para una beca en la academia West Point de Nueva York, pero a la misma no podrá ingresar sino hasta 1989, cuando cumpla 17 años de edad.

José Simón nació en la ciudad puerto de La Ceiba, en el atlántico hondureño, el 13 de mayo de 1972, ingreso a la escuela primaria bilingüe cuando tenía seis años.

Manifestó que de ser posible le gustaría ser presidente de la República, pero que esa posibilidad es remota porque estudiará una carrera militar.

Agregó que las materias que haya cursado de Ingeniería hasta cuando ingrese a la West Point, le servirá en esa academia porque es requisito cursar simultáneamente una profesión técnica.

Desde hace dos años trabaja en un canal de televisión como editor programación devengado un salario mensual de 150 dólares, de los cuales mayor parte los ahorra.

En entrevista que concedió a ACAN-EFE en su residencia, explicó que llegó a la estación de televisión como traductor y que luego de unos meses de práctica aprendió a editar y a operar otro tipo de equipo como consolas de audio y cámaras.

Agregó que hoy en día "uno puede trabajar adhonorem para uno mismo, pero no para ayudar a otros" y que a su padre le gusta que trabaje y se siente muy orgulloso de ello.

José Simón habla inglés y español, tiene un horario muy apretado, se levanta a las seis de la mañana, a las 07:00 a 12:00 horas locales asiste a la Universidad y de las 14:00 a las 21:00 trabaja en la estación de televisión.

Pese a la falta de tiempo, siempre tiene el necesario para leer sobre historia, literatura y medios de comunicación de masas, entre otros.

Su relación con el resto de compañeros de trabajo es un cordial y comparte con ellos algunos ratos de su poco tiempo libre.

Es el segundo de sus tres hermanos, la mayor, Mirian Elizabeth, de 18 años de edad, estudia Administración de Empresas en la Universidad Nortre Dame, en Indiana, Estados Unidos, el menor, Javier Enrique, de once años, cursa el sexto grado de primaria en Tegucigalpa.

De sus padres, José y Mirian Bocock de Azcona, dijo que trabajan bastante y que pese el poco tiempo que a diario se ven en casa, siempre dialogan sobre sus actividades al frente de la administración pública.

José Simón es un joven de 17 que mide 1.70 metros, pesa 62 kilos y para mantenerse en forma hace ejercicio en bicicleta corriendo a veces hasta 30 kilómetros le gustan otros deportes, pero asegura que no lo practica por falta de tiempo.

A los seis años, el coeficiente de José Simón era de 162.5 y aunque admite que tiene una inteligencia superior, se considera una persona normal.

Por ser hijo del presidente de la República y de la primera dama, en varias oportunidades algunos amigos le han solicitado una recomendación con sus padres para obtener un empleo u otro tipo de favores.

"Eso no me gusta porque entiendo que existe una Ley de Servicio Civil para quienes desean trabajar en el gobierno", agregó.

Afirmó que todos sus hermanos son muy independientes y que muy pocas veces salen juntos por las diferencias de edades. "Tengo mucha vida social y me divierto sanamente con muchos amigos, con ellos voy a fiestas, al cine y a otro de recepciones, incluyendo aquéllas en las que acompaño a mis padres".

En algunas ocasiones visita a su madre, presidente de la Junta Nacional de Bienestar Social, para almorzar con ella y su padre en Casa Presidencial.

A los estudios dice que le dedica el tiempo necesario, "nada de ser memorista, nunca falta a clases y eso me facilita mucho el trabajo de estudiar para los exámenes y claro que algunas veces me he desvelado un poco estudiando".

En el primer semestre de 1988 tiene previsto matricular seis materias en la Universidad.

José Simón Azcona hijo aparece segundo de izquierda a derecha
al frente en esta foto del álbum familiar tomada hace algún tiempo.

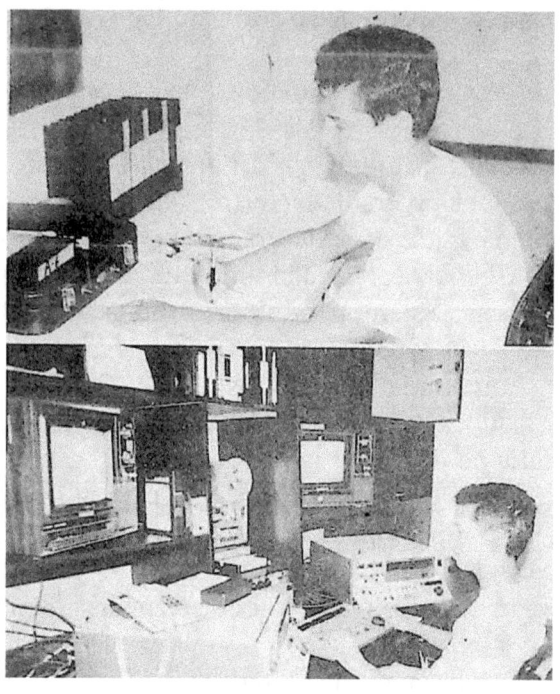

José Simón Azcona hijo en dos tomas en su centro de trabajo,
en la estación televisora, a la que llegó cuando tenía 13 años como
traductor para aprender luego a editar y operar consolas de audio
y cámaras. (Foto de Mario Fajardo).

"LA TRIBUNA" 7 DE ENERO DE 1988

HIJO DE AZCONA, EL UNIVERSITARIO MÁS CIPOTE

José Azcona Bocock, hijo del presidente de la República, en su centro de trabajo en una televisora en esta capital, donde gana mensualmente 300 lempiras. A sus 15 años, el muchacho es el estudiante universitario más joven del país. En 1987 aplicó para la academia militar norteamericana de West Point, a la que ingresará dentro de dos años.

"LA TRIBUNA" 7 DE ENERO DE 1988

Nuestros lectores opinan
PRESIDENTE AZCONA HOYO CUMPLIRÁ CON AEROPUERTO

En cierta ocasión, durante la propaganda política del Ingenio José Azcona del Hoyo, lo hemos dicho anteriormente, nos manifestó que si él llegaba ejercer la presidencia de la República, su gobierno construiría nuevo Aeropuerto Internacional de Tegucigalpa.

Posteriormente, ya como gobernante, tuvimos la oportunidad de hablar nuevamente con él sobre ese asunto y nos reiteró si decisión, lo cual ha puesto de manifiesto según lo ha demostrado la actividad desplegada, desde el principio de su mandato, por las dependencias del ministerio de Comunicaciones Obras Públicas y Transporte, así como por las delegaciones hechas por el titular de dicho ministerio, por diferente medios de comunicación masiva.

En septiembre de 1986, leímos un Boletín de Prensa publicado en EL HERALDO que decía lo siguiente:

"La Dirección General de Aeronáutica Civil, dependencia del Ministerio de Comunicaciones, Obras Públicas y Transporte, muy atentamente informa a los distintos medios de comunicación masiva, que en vista que está decidido el lugar en donde se construirá el nuevo aeropuerto internacional para la capital de la República, ya no brindará declaraciones para evitar la especulación sobre conveniencia o no de su localización en la antiplanicie de la laguna de El Pedregal".

La selección de este sitio se ha basado en estudios y recomendaciones determinante de Organismo internacionales, Compañías Consultoras Extranjeras y la opinión autorizada del Colegio de Ingenieros Civiles de Honduras, así como estudios meteorológicos elaborados por personal de la institución.

Tomando consideración de magnitud de esta obra, tenga la seguridad el pueblo hondureño que nuestras autoridades superiores protegerán los intereses nacionales con celo y patriotismo.

El contenido de este Boletín de Prensa, junto con las últimas declaraciones del señor ministro ingenio Juan Fernando López, nos hacen pensar que se continuará con los trabajos y gestiones para realización de la obra; lo cual nos alegra sobremanera pues desde que se fundó el Comité Pro-Aeropuerto Internacional de Tegucigalpa, hace más de 20 años, hemos mantenido gestiones de promoción ante los gobiernos de turno para que se construya el mencionado aeropuerto con la esperanza que llegaríamos a tener un gobernante que apreciará la magnitud de la necesidad de esa obra, tal como lo ha hecho el ingeniero Azcona del Hoyo, en quien tenemos fe de que con la elaboración decidida de las instituciones involucradas logrará realizarla en lo que falta de su periodo presidencial, pues lo conocemos como una persona honesta, responsable y seria y sabemos que si no encuentran razones poderosas en contra o se le presentan fuerzas fuera de su control, cumplirá con su propósito de dotar a nuestra capital de un aeropuerto internacional moderno que sin duda alguna será de gran beneficio para el país.

COMITE-PRO-AEROPUERTO INTERNACIONAL DE TEGUCIGALPA.
Gilberto Lagos A./Presidente

"EL HERALDO" 8 DE ENERO 1988

Aseguran enviados de Reagan

ESTADOS UNIDOS QUIERE COLABORAR AL ÉXITO DE CUMBRE PRESIDENCIAL

El asesor del Consejo Nacional de Seguridad de los Estados Unidos, Collin Powell se reunió ayer con el presidente José Azcona Hoyo, sin que conocieran a fondo los temas tratados en la entrevista, que se prolongó por espacio de dos horas.

En la reunión también participaron el subsecretario de Estado para Asustos Interamericanos Elliott Abrams, el subsecretario de Defensa para Asustos Hemisfericos Robert Pastotino, y el embajador norteamericano, Everett Briggs.

El presidente Azcona fue acompañado únicamente por el comandante en jefe de las Fuerzas Armadas, general Humberto Regalado Hernández, debido a que el canciller Carlos López Contreras participaba en las exequias de su madre.

Al termino de las conversaciones, Powell se limitó a expresar un breve discurso de ocasión y no respondió ninguna de las preguntas que se le formularon a pesar de que, segundos antes, se había expresado en términos elogios de la prensa hondureña.

"El presidente Azcona y yo tuvimos un buen intercambio de opiniones. Vine para contarle un poco sobre lo que se piensa actualmente en Washington en relación al proceso de paz", dijo el funcionario norteamericano.

Agregó que también estaba interesado en conocer las opiniones del presidente Azcona sobre la próxima reunión presidencial a celebrarse en Costa Rica "para saber qué piensa de las perspectivas de esa reunión".

Powell dijo que le había preguntado al presidente qué puede hacer los Estados Unidos para hacer de alguna utilidad a fin de que la reunión presidencial sea fructífera "para así logren avanzar los propósitos de paz en la región".

"Estoy seguro que seguiremos en contacto con el presidente Azcona a medida que nos preparemos para un voto importante en el Congreso de los Estados Unidos a principios de febrero en relación con la ayuda adicional para los luchadores por la libertad", dijo finalmente el asesor del presidente Reagan.

La entrevista Azcona-Powell se produjo casi en momentos en que arribaba al país la comisión Internacional de Verificación y Seguimiento que supervisa el cumplimiento de los acuerdos de paz Esquipulas II en los cinco países de la región.

El presidente José Azcona Hoyo se dispone a iniciar conversaciones con una delegación de alto nivel del gobierno norteamericano que recorre la región en vísperas de la cumbre centroamericana que se realizará en Costa Rica. A la izquierda, Elliot Abrams, Everett Briggs y el asesor del Consejo Nacional de Seguridad de los Estados Unidos, Collin Powell. (Foto Andrew Sabillón).

PRESIDENTE NOMBRARÁ A NUEVO ALCALDE

TEGUCIGALPA.- El presidente José Azcona nombrará al nuevo alcalde del Penal Sampedrano, dijo el ministro de Gobernación y Justicia, Romualdo Bueso Peñalba.

Agregó que el resto del personal será cambiado totalmente y que trasladarán los custodios a los demás penales del país para evitar cualquier problema que pueda suceder en el futuro porque ya tienen un antecedente.

Bueso Peñalba explicó que el retiro de Cristóbal Montero como jefe del presidio no fue por culpabilidad criminal, ya que al único que se le dictó auto de prisión fue al motorista porque disparó. "Lo que pasó en el Penal fue extralimitación de funciones que dio como resultado un malestar entre reos y luego se produjo el amontonamiento", añadió.

Al referirse al nuevo nombramiento expresó que para los próximos días se espera el nuevo nombramiento, pero descartó la posibilidad de nombrar al que está como alcalde interino.

"LA PRENSA" 8 DE ENERO 1988

El teniente general Powell ofrece un breve mensaje a la prensa hondureña mientras el subsecretario de Estados para asuntos Latino americano, Elliot Abrams, (a su izquierda) sostiene sus brazos un ejemplar de " El Heraldo". (Foto Andrea Sabillón).

"EL HERALDO" 8 DE ENERO DE 1988

PAGAR PRESTACIONES A EMPLEADOS DE PROMECA ORDENA AZCONA HOYO

TEGUCIGALPA- El presidente José Azcona Hoyo giró instrucciones ayer a las autoridades del Ministerio de Hacienda para que procedan a tramitar el pago de las prestaciones de los empleados despedidos recientemente en la Secretaria de Recursos Naturales.

De los censanteados por el ministro Rodrigo Castillo, 96 tenían acuerdos de nombramiento y unos 40 laboraban mediante el sistema de contratos. Todos prestaban sus servicios al Programa de Mecanización Agrícola (PROMECA), que fue cancelado por el Gobierno.

Las fuentes del Ministerio de Hacienda indicaron que el Gobierno erogará alrededor de 700 mil lempiras en el pago de los derechos laborales de los perjudicados.

Por otro lado, se supo en la Casa de Gobierno que el presidente Azcona recibió una nota de la diligencia de la Asociación Nacional de Empleados Públicos, pidiéndole colaboración para que cesen los despidos en la Secretaría de Estado.

"Rogamos excite a sus subalternos que tengan compasión de los empleados públicos, que no se enseñen con ellos, que tampoco jueguen con su necesidad", señala la misiva firmada por José Obdulio Chévez, presidente de la ANDEPH.

78

Añade que si funcionarios gubernamentales continúan cometiendo estas injusticias con los servidores públicos, sus actuaciones contribuirán al incremento de desempleo, el ladronismo, la criminalidad, desnutrición y el hambre, que son factores de la descomposición social.

"LA PRENSA" 8 DE NERO 1988

EE.UU BUSCA QUE REUNIÓN DE LOS PRESIDENTES DE C.A. SEA FRUCTÍFERA

TEGUCIGALPA. (Por Faustino Ordoñez Baca).- El asesor de Seguridad Nacional del gobierno norteamericano, teniente general Collin Powell, pidió ayer al presidente José Azcona Hoyo su opinión sobre qué puede hacer Estados Unidos para que la próxima reunión cumbre de gobernantes centroamericanos "sea fructífera".

El cercano colaborador del presidente Reaga, acompañado del subsecretario de Estado, Adjunto para Asuntos Latinoamericanos, Elliot Abrams y el embajador de Honduras, Everett Briggs, sostuvieron una larga entrevista con el jefe del Ejecutivo y el titular de las Fuerzas Armadas, general Humberto Regalado Hernandez.

A escasas horas de la llegada de la misión de la Comisión Internacional de Verificación y seguimiento (CIVS), los funcionarios norteamericanos discutieron sobre la problemática centroamericana, el avance del proceso de paz firmado en Guatemala y las perspectivas de éxito de la cita de mandatarios que tendrá lugar el próximo 15 de enero en San José, Costa Rica.

Tras elogiar la prensa norteamericana a la que califico de "muy activa, libre y agresiva", Powell dijo que tuvo "un buen intercambio de opiniones con el presidente Azcona Hoyo".

"Hemos venido a Tegucigalpa para informarle un poco al presidente de lo que se piensa actualmente en Washington y conocer la opinión de Azcona en relación a la próxima reunión que se celebrará el 15 de enero", manifestó el director de la Seguridad Nacional norteamericana.

Hablando para periodistas nacionales y extranjeros mediante el auxilio de su traductora oficial, el alto funcionario afirmó su esperanza de que el encuentro de mandatarios obtenga buenos resultados.

"También le pregunte qué podríamos hacer nosotros para hacer alguna actividad y hacer que sea fructífera esa reunión", subrayó Powell.

El sustituto de Frank Carlicci, actual secretario de Defensa, anunció que seguiría en contacto con el Gobierno hondureño a través de los recursos diplomáticos, mismos que se producirán en la semanas entrantes.

Los periodistas pretendieron entrevistar también al general Ragalado Hernández pero éste solo se limitó a decir "adiós", alzando su mano derecha mientras sonreía con los comunicadores sociales.

El asesor de Seguridad de Reagan, es la primera vez que viene que viene a Centro América y visitará además los mandatarios de Costa Rica, Guatemala y El Salvador.

El asesor de Seguridad Nacional de Estados Unidos, Collin Powell, y el subsecretario de Estado para Asuntos Latinoamericanos Elliot Abrams, visitaron el país y se entrevistaron con el presidente Azcona.

"LA TRIBUNA" 8 DE ENERO 1988

NICARAGUA ALABA DECISION DE AZCONA

El gobierno de Nicaragua alabó ayer la decisión del presidente José Azcona Hoyo de permitir la verificación permanente de las bases militares hondureñas pero, al mismo tiempo, deploró el anuncio norteamericano de nuevas peticiones de ayuda para los contras nicaragüenses.

La nueva posición del gobierno hondureño fue elogiada por el vicecanciller sandinista, Víctor Hugo Tinoco, al término de una entrevista que sostuvo en la Casa de Gobierno con el presidente Azcona.

"Creemos que es positivo que se acepte una verificación in situ y permanente en nuestro países sobre la base de la reciprocidad porque Nicaragua también está dispuesta a permitir que en su territorio se establezcan equipos permanente que monitoreen si realmente estamos cumpliendo con eso compromisos de seguridad", dijo Tinoco.

No obstante aprovechó, la oportunidad para señalar que los acuerdos de paz "Esquipulas II" demandan que debe cesar todo tipo de ayuda a las fuerzas irregulares y grupos contrarrevolucionarios que operan en la región.

"Si Estados Unidos está pidiendo más financiamiento para los contras, eso significa que está contra el Plan de Paz de Esquipulas y que obstaculiza su cumplimiento", sostuvo.

Tinoco dijo no creer en lo afirmado por el asesor del Consejo Nacional de Seguridad, Collin Powell, en el sentido de que los Estados Unidos desean contribuir al éxito de la nueva reunión cumbre presidencial.

"Eso es imposible si siguen pidiendo más recursos para la guerra y boicoteando el Plan de Paz", comentó.

Destacó la ventaja de los centroamericanos radica en que, independientemente de lo que piensen los Estados Unidos, "estamos tratando de salir adelante con este esfuerzo de paz para evitar que la región se convierta en un Medio Oriente".

El vicecanciller nicaragüense dijo que la exclusión de Nicaragua de las giras que llevan a cabo las autoridades norteamericanas por la región, "significa que hay falta de interés por lograr una solución política porque si ellos tienen quejas con respecto a Nicaragua, lo más fácil es ir a discutirlas a Nicaragua".

80

No obstante, Tinoco sostuvo que su gobierno continúa dispuesto a sostener pláticas bilaterales con los Estados Unidos "en cualquier momento y a cualquier nivel ya sea entre presidentes, cancilleres u otro tipo de delegaciones".

El funcionario sandinista aseguró que su gobierno ha cumplido "de manera significativa" con los compromisos derivados del acuerdo de paz suscrito en Guatemala en agosto pasado.

Añadió que todos los países unos más y otros menos m, han avanzado en el cumplimiento de esos compromisos, pero indicó que el problema fundamental "parece ser que los Estados Unidos van a continuar la guerra".

"Eso nos dificultad a todos porque si Honduras quiere cumplir y resulta que los Estados Unidos van a seguir ayudando a los mercenarios, puede ser que los norteamericanos usen el territorio hondureño, aún contra la voluntad del gobierno de Honduras", manifestó.

"Los Estados Unidos son un país muy poderoso y pueden encontrar mil formas de seguir boicoteando los esfuerzos de paz. Por eso creemos que los centroamericanos debemos unirnos para exigirles que nos den espacio", concluyó Tinoco.

Víctor Hugo Tinoco

"EL HERALDO" 9 DE ENERO DE 1988

NO HACEN CASO A ORDENANZA DEL PRESIDENTE JOSÉ AZCONA

SAN PEDRO SULA. Organizaciones como los Clubes de Leones, los Rotarios, la Cruz Roja, patronatos y sindicatos podrían perder su personerla jurídica si no cumplen con la última disposición emitida por el presidente José Simón Azcona del Hoyo.

Mediante el acuerdo ejecutivo 799-87, el presidente Azcona ordenó que todas las organizaciones civiles, de interés público y sin fines de lucro deben registrarse en la gobernación política de su respectivo departamento.

Según el acuerdo, las asociaciones, fundaciones, patronatos, federaciones que no estén regidas por la legislación mercantil o laboral, deberán registrarse en las gobernaciones políticas en un plazo de 90 días, comprendiendo del 21 de noviembre de 1987 al 21 de febrero de 1988.

81

La gobernadora política de Cortés, Norma Castro de Gallardo, dijo que si dentro de este plazo no se han registrado los Clubes de Leones, los Rotarios, patronatos, sindicatos, etc. ella procederá a solicitar ante el Ministerio de Gobernación y Justicia que les cancele la personerla jurídica.

Norma Castro de Gallardo dijo que el propósito de esa disposición de llevar un registro de todas y cada una de las organizaciones que poseen personerla jurídica.

Consultada por TIEMPO sobre cuántos funcionarios municipales del país han presentado su renuncia respondió que únicamente el regidor primero de la corporación municipal de San Francisco de Yojoa, José Fausto Mejía.

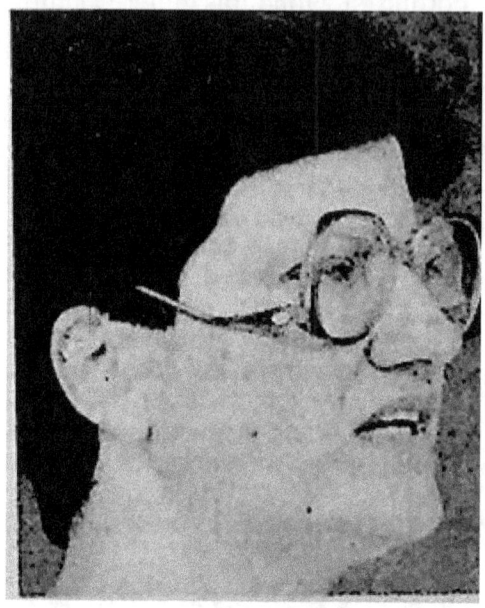

Norma Castro de Gallardo

"TIEMPO" 8 DE ENERO DE 1988

NUEVO EMBAJADOR FRANCÉS

Acompañado del vicecanciller de la República, Guillermo Caceres, ayer presentó sus cartas credenciales ante el presidente José Azcona, el nuevo embajador de Francia ante el pueblo y gobierno de Honduras, Pierre Dumon, en sustitución de Edovard Aubin de Blanpre. Dumon es licenciado en Ciencias Sociales y Jurídicas y diplomático de carrera y ha representado a su país en Marruecos, Singapur, Gabón, Japón, México y Djibuti.
(Foto Aquiles Andino).

"LA TRIBUNA" 9 DE ENERO DE 1988

AZCONA ABRE TERRITORIO A LA "CIVS"

Poco antes de llegar al país la Comisión Internacional de Verificación y Seguimiento, se reunieron el presidente José Azcona Hoyo, y el comandante en jefe de las Fuerzas Armadas,

general Humberto Asuntos Interamericanos del Departamento de Estados (extremo izquierdo), Collin Powell, asesor del Consejo Nacional de Seguridad de Estados Unidos (al lado del mandatario), y el embajador Everett Briggs. Powell dijo al salir de la entrevista que su país está dispuesto a colaborar con los gobernantes del istmo para que el plan de paz "Esquipulas II" sea una realidad, pero indicó que su gobierno no desistirá en gestionar más ayuda a los contras. (Foto Andrés Sabillón).

"EL HERALDO" 8 DE ENERO DE 1988

ALTOS FUNCIONARIOS DE EUA SE ENTREVISTARÁN HOY CON AZCONA

El director Nacional del Consejo Nacional de Seguridad de los Estados Unidos, Collin Powell, se entrevistarán hoy con el presidente José Azcona Hoyo pocas horas antes de la llegada al país de la Comisión Internacional de Verificación y Seguridad (CIVS) que supervisa el cumplimiento de los acuerdos de paz Esquipulas II.

Powell lleva al país en compañía del subsecretario de Estado adjunto para Asuntos Interamericanos, Elliott Abrams, el principal promotor de los contras nicaragüenses en la administración Reagan.

La llegada de los altos funcionarios del gobierno norteamericano se produce dos días después de la entrevista que el presidente Azcona sostuviera con el embajador especial del presidente Reagan para la región, Morris Busby.

En la entrevista, que se llevará a cabo a las 11 de la mañana, estarán presentes el Jefe de las Fuerzas Armadas, General Humberto Regalado Hernández y el canciller Carlos López Contreras, además del embajador de Estados Unidos , Everett Briggs.

La visita de dos de los principales colaboradores del presidente Reagan obedece a la preocupación de los Estados Unidos por los acuerdos que pudieran adoptarse en la reunión cumbre que los presidentes centroamericanos sostendrán la próxima semana en Costa Rica.

El gobierno norteamericano ha señalado en diversas ocasiones que no está de acuerdo con el Tratado de Paz Regional, pues argumenta que no salvaguarda debidamente sus intereses de seguridad en la región, particularmente en lo que se refiere a los estrechos lazos que Nicaragua mantiene con los países del bloque socialista.

A las tres de la tarde, el presidente Azcona recibirá a los miembros de la CIVS que llegan al país en el marco de una gira regional para preparar un informe técnico sobre el cumplimiento de los acuerdos de paz suscritos el pasado siete de agosto en Guatemala.

La delegación de la CIVS está integrada por 28 personas y la encabezan los vicecancilleres centroamericanos y de los grupos de Contadora y de Apoyo, además de representantes personales de los secretarios generales de las Organización de Naciones Unidas y Organización de Estados Americanos.

"EL HERALDO". 7 DE ENERO 1988

COMISIÓN DE DERECHOS HUMANOS DEL GOBIERNO NO SE REUNIRÁ CON LA CIVS

La Comisión Interinstitucional de Derechos Humanos se quejó ayer que no fue incluida dentro de los organismos a entrevistarse con el grupo ad-hoc de la Comisión Internacional de Verificación y Seguimiento (CIVS) que arribará esta tarde a Tegucigalpa, denunció ayer Ramón Pérez Zúniga, secretario del órgano oficial.

Pérez Zúniga dijo que la decisión de excluir al ente gubernamental encargado de velar y promover la defensa de derechos humanos, fue la Comisión Nacional de Reconciliación ya que este organismo elaboró la agenda del grupo de la CIVS durante su estadía en el país.

El secretario de la Comisión Gubernamental de Derechos Humanos dijo que fueron informados ayer de la decisión de la "Conciliadora", a la vez que conocieron que los organismos privados, como opositor Comité para la Defensa de los Derechos Humanos (CODEH) y Comisión de Derechos Humanos del Colegio de abogados, serán recibidos por el grupo internacional que arriba a Tegucigalpa.

El denunciante dijo que le extraña que la CNR haya incluido a grupos privados y no hiciera lo mismo con la comisión de gobierno que trabaja en el mismo tema de los derechos humanos.

Interrogado si la decisión de la Comisión reconciliadora obedecía a un interés especial, Pérez Zúniga dijo que "no quisiera creer que así fue", resaltando que lo normal era incluir a las dos partes, los entes privados y públicos.

La preocupación del secretario de la Comisión Interinstitucional de Derechos Humanos radica en el CODEH, a través de su presidente Ramón Custodio López, hará argumentaciones y cargos contra el gobierno y lógicamente, según el informante, es el grupo oficialista que harían los descargos del caso.

Pérez Zúñiga dijo que no pueden explicar las causas por las cuales quedaron afuera de la agenda del grupo de la CIVS, ya que, a su juicio, no se puede alegar problemas de tiempo, ya que desde el inicio se hubiera incluido y ellos estaban dispuestos a acomodarse al tiempo de los visitantes el grupo de la CIVS, integrado por 30 personas en representación de los cinco países centroamericanos, los ocho estados que integran los grupos de Contadora, (México, Panamá,

Colombia y Venezuela) y Apoyo (Perú, Argentina, Uruguay y Brasil), así como los delegados personales de los secretarios generales de las organizaciones de Naciones Unidas (ONU) y de los Estados Americanos (OEA).

"EL HERALDO" 7 DE ENERO 1988

EL GOBIERNO DECIDIRÁ QUÉ LUGARES VISITARÁ COMISIÓN DE VERIFICACIÓN

***Esa decisión no corresponde a las Fuerzas Armadas, dice Suárez Benavidez*

Las Fuerzas Armadas de Honduras acatarán cualquier disposición del gobierno central en relación a los lugares que habrá de visitar en territorio hondureño la Comisión Internacional de Verificación y Seguimiento (CIVS), que este día llegará a Tegucigalpa.

Lo anterior fue confirmado ayer por el portavoz militar, coronel Manuel Enrique Suárez Benavidez, luego de ser consultado sobre las diversas versiones que han surgido con respecto a la llegada al país del grupo internacional.

La CIVS es integrada por los vicecancilleres del Grupo de Contadora (México, Panamá, Colombia y Venezuela) y el de apoyo (Argentina, Brasil, Perú y Uruguay) y representantes de la ONU y de la OEA.

El referido organismo internacional inició su periplo por la región centroamericana el pasado lunes en San José, Costa Rica desde donde partieron hacia Nicaragua, después a Guatemala y hoy llegarán a Honduras para posteriormente trasladarse a El Salvador y finalmente a Panamá.

Suárez Benavidez dijo que no son las Fuerzas Armadas las que determinarán los lugares que habrá de visitar el referido organismo internacional, como algunos sectores lo han dado a entender.

El principal vocero militar insistió en que el rumbo de la política exterior de Honduras es delineada por el gobierno central através de la Cancillería que encabeza Carlos López Contreras.

"Las Fuerzas Armadas acatarán cualquier disposición del gobierno con respecto a la agenda que habrá de desarrollar en Tegucigalpa la Comisión Internacional de Verificación y Seguimiento", reiteró Suárez Benavidez.

En relación a los cambios que se producirán en la institución castrense, el recién ascendió oficial dijo que éstos se producen generalmente los inicios de cada año en atención a los servicios que han prestado algunos militares.

Preciso que habrá algunas rotaciones y que los acuerdos de estos cambio podrían darse a conocer en la segunda quincena del presente mes.

Por otra parte, Suárez Benavidez informó que el alto mando militar aprobó la compra de cinco mil boletos de la rifa que concluyeron ayer el Cuerpo de Bomberos e indicó que estos números serían distribuidos entre diversas instituciones benéficas del país.

"EL HERALDO" 7 DE ENERO 1988

LO MEJOR DEL 87

El VI Congreso de Ingenieros Civiles de Honduras, al que asistieron más de 300 profesionales de las diferentes ramas de la ingeniería. El evento fue inaugurado por el presidente José Azcona quien aparece en esta m memorable fotografía saludando al inolvidable Ingenieros Roberto C. Valenzuela Roberts,(Q.D.D.G.) mientras observan el alcalde sampedrano, Jerónimo Sandoval y el presidente del Comité organizador del Congreso, Francisco Saybe.

"LA TRIBUNA" 7 DE ENERO 1988

NO HABRÁ HUELGA EN EL "SANAA"

***Azcona ordena al gerente seguir negociaciones

El presidente José Azcona conjuró ayer el inminente estallido de una huelga general en el Servicio Autónomo Nacional de Acueductos y Alcantarillados (SANAA), al comprometerse ante el sindicato de este organismo a ordenar as su gerente, Luis Moncada Gross, que continúe con las negociaciones del contrato colectivo.

El presidente del SITRASANAA, Francisco Menjívar, informó que el presidente Azcona entendió nuestro argumentos y estuvo de acuerdo en llamar al gerente de SANAA para ordenarle a que continúe con las negociaciones del contrato colectivo.

Menjívar dijo que el deterioro de las platicas que se venían realizando entre las dos partes se generó a raíz de que la gerencia determinó suspender de las negociaciones amparándose en un acuerdo del Congreso Nacional que recomendaba a las instituciones autónomas reducir su presupuesto.

"LA TRIBUNA" 7 DE ENERO DE 1988

AZCONA ABRE EL TERRITORIO PARA SUPERVISIÓN DE LA CIVS

El grupo de ad-hoc de la comisión internacional de verificación seguimiento (CIVS) ingreso ayer a Honduras para iniciar sus contactos en esta parte de su gira. y fue recibida con la decisión del gobierno del presidente José Azcona Hoyo de "aceptar incondicionalmente la verificación in-situ (en el sitio) en todo el territorio para comprobación de los compromisos de Esquipulas II".

La decisión le fue comunicada al grupo de la CIVS por el vicecanciller Guillermo Cáceres Pineda por instrucciones del presidente Azcona Hoyo, en la reunión que sostuvo anoche el grupo de trabajo con los funcionarios de la cancillería hondureña.

La decisión del gobierno sorprendió a los entendidos, pero no fue comentada por los miembros de la comisión, ya que los mismos no hacen declaraciones sobre su trabajo ya que presentarán un informe al cuerpo titular de la CIVS que se reunirá en la capital panameña los días 12 y 13 del presente mes.

La determinación presidencial busca impedir obstáculos en el cumplimiento de los acuerdos de paz por los otros estados y que procedan de la misma manera cuando lo deseen, la determinación presidencial busca impedir obstáculos en el cumplimiento de los acuerdos de paz por lo que los otros estados y que procedan de la misma manera, según lo informó Eugenio Castro, director de información y prensa de la cancillería.

Sin embargo, conforme a la agenda de trabajo que tienen para hoy los miembros de la CIVS, se reunirán desde las 8 de la mañana hasta las 6 de la tarde con delegados de los cuatro partidos políticos grupos Defensores de los Derechos Humanos, periodistas, sindicalistas, campesinos y otros por lo que se considera difícil que se trasladen fuera de la capital, pero pueden regresar y "visitar cualquier lugar del territorio nacional sin previo aviso cuando lo deseen", indicó Castro.

Hasta ayer, el gobierno de hondureño se negaba a abrir su territorio para que fuera objeto de verificación, especialmente sus instalaciones militares y en la misma base militar de "El Aguacate" qué se consideraba como centro de apoyo logístico de los "contras".

SE REÚNEN CON LA COMISIÓN NACIONAL DE RECONCILIACIÓN

Los miembros de la CIVS ingresaron a las 3 de la tarde a Honduras y comenzaron su reunión a las 4:30 en la sede de la cancillería con la ausencia de algunos miembros que se quedaron en Guatemala y llegaron después de una hora con la Comisión Nacional de reconciliación (CNR).

Estuvo ausente en la cita el arzobispo de Tegucigalpa monseñor

De acuerdo a Hernán Corrales Padilla, democristiano, pero en condición de notable, la Comisión Reconciliadora presentó un informe de sus labores al grupo de la CIVS, en la cual indicaron trabajos que realizaron para preparar el decreto de amnistía.

Dijo que los miembros del grupo no formularon mucho cuestionamiento, ya que no estaban en plan de inquisidores, sino que se dedicaron a escuchar los planteamientos de cada miembro.

Las preguntas de los visitantes se limitaron a los cumplimientos hechos del acuerdo en especial de los puntos de cese al fuego, democratización, amnistía y otros temas.

Por otro lado, interrogado sobre lo aseverado por la cancillería, de que se formó la CNR solo para que no se criticara Honduras en el exterior, Córrales Padilla dijo que la práctica ha demostrado que su labor no ha sobrado.

Por su lado, el designado presidencial Alfredo Fortín Inestroza señaló que los miembros de la CIVS escucharon las opiniones de los miembros de la comisión reconciliadora que no son integrantes del gobierno.

Interrogado si la presencia de una alta misión de gobierno norteamericano neutralizaba la labor de la CIVS, respondió que no y que obedecía a una coincidencia, pero destacó que Honduras es respetuosa de los convenios internacionales que ha suscrito, en este caso de tratado de "Esquipulas II".

El grupo de trabajo, integrado por los delegados de los grupos de contadora y apoyo, de los países centroamericanos y de los secretarios generales de la Organización de Estados Americanos (OEA) y de las Naciones Unidas (ONU), se reunió después de los delegados de la cancillería Roberto Flores Bermúdez, Virgilio Gálvez y el coronel Wilfredo Sánchez Valladares, para hablar sobre tema de seguridad.

En dicha cita fue donde se les comunicó la decisión presidencial de abrir el territorio hondureño para "aceptar incondicionalmente la verificación in situ".

UNA AGENDA APRETADA TENDRÁ HOY LA CIVS

Los miembros de la comisión internacional de verificación y seguimiento se reunirán a partir de las 8:30 de la mañana de hoy para diversos sectores para escuchar sus planteamientos.

En su mayoría presentarán sus puntos de vista las organizaciones que se entrevistaron previamente con la Comisión Nacional de Reconciliación y otras que fueron invitadas por la disposición de la CIVS.

De ahí fue que la CNR no incluyó en la lista a la gubernamental comisión interinstitucional de Derechos Humanos, ya que no se entrevistó previamente con la comisión reconciliadora, según el designado presidencial Fortín Inestroza, quien negó que yo los excluyeron en forma premeditada.

Los grupos políticos, profesionales, periodísticos y defensores de los derechos humanos expondrán sus puntos de vista sobre el cumplimiento de los acuerdos de paz de Guatemala, la libertad política existente en el país y las facilidades que el gobierno otorga para sus actividades.

Una vez que concluyan su visita Honduras partirán a El Salvador, último punto de su gira, y luego regresarán a Panamá para preparar el informe que elevarán a los cancilleres que integran el cuerpo titular de la CIVS, los que a su vez tendrá que presentar el informe y preparar la agenda de la tercera Cumbre presidencial centroamericana verificarse en San José, Costa Rica a partir del 15 de este mes.

Los miembros del grupo de trabajo de la CIVS a su arribo a Tegucigalpa, procedente de Guatemala, para realizar su penúltima escala su gira regional (Foto Alejandro Serrano).

89

NO PIDIERON VISITAR BASES, NI REUNIRSE CONMIGO: AZCONA HOYO

El presidente José Azcona Hoyo dijo anoche que, aunque a Honduras nadie le ha pedido "una verificación in situ en ninguna de las bases militares de las Fuerzas Armadas", ordenó que se informara al grupo de trabajo de la comisión internacional de verificación y seguimiento (CIVS) que el territorio nacional y las instalaciones militares están abiertas para cualquier inspección.

Dijo el mandatario en una intervención a través de Radio América qu e a pesar que la comisión venía al país no solicitó visitar base militar alguna, pero como Honduras Busca cumplir es que por las dos extendía la invitación a sí mismo apunto que el grupo no había podido entrevistarse con su persona pero que si lo hacían gustosamente los recibiría.

Azcona Hoyo señalo que el país y la bases de Palmerola y El Aguacate están abiertas para cualquier inspección y rechazó que la medida sea comprometedora para que su gobierno ya que, adujo, se asumió un compromiso y están cumpliéndolo, manifestando que "ojalá todas las naciones del área tuvieran esa voluntad".

El presidente avaló las declaraciones de un jerarca militar en el sentido que en la base militar de El Aguacate sólo se han recibido "contras" lisiados, mutilados y enfermos ya que "no somos inhumanos para no darles asilo en Honduras".

Asimismo, restó importancia a que la Comisión se reunirá hoy con grupos opositores y en alusión a Ramón Custodio López, titular del CODEH, señaló que no importaba que ciertas personas hablen de amenazas contra su seguridad pues la delegación visitante podría comprobar que en el país se vive una verdadera democracia y existe libertad.

También se abstuvo de comentar las acusaciones de la oposición nicaragüense en el sentido que el gobierno sandinista no ha cumplido. "No quiero acusar a ningún gobierno" dijo, señalando que las razones que tengan los opositores las deja a la discusión del gobierno y oposición nicaragüense.

"EL HERALDO". 8 DE ENERO DE 1987

90

PACTO SOCIAL

Han transcurrido casi dos años desde que el presidente Azcona lanzó la idea de un Pacto Social, en su primer discurso oficial.

Como aquella idea suya fue, sin duda, una de las que más habría de recordar el auditorio, era imposible que el gobernante la pudiera pasar por alto y hacer que los demás lo olvidaran.

A pesar de dos años de abandono de esta proposición, aún no ha logrado enterrarla. Al contrario, en la medida en que se ha visto el pálido desenvolvimiento del equipo gobernante y la agudización de la crisis económica y social del país, mayor es el número de sectores que se pronuncian porque se llegue a un Acuerdo Nacional, pacto social o como quiera llamársele, a fin de hacer frente todos, como una sociedad acuciada por los problemas y peligros que ni todo el optimismo del presidente ha podido minimizar.

Lo pronunciamientos en favor de un entendimiento nacional que nos permita formular un plan de objetivo nacionales de corto y mediano alcance en torno al cual nos aglutinamos los hondureños se han multiplicado en los últimos días.

De Azcona fue la idea de concretar un Pacto Social. Eso expuso en su discurso de inaugural. Sin embargo, en el transcurrir de los meses el Pacto Social parece que solo fue un enunciado.

El Partido Liberal, en su última gran convención, entre otros acuerdos importantes que incluyeron el respaldo al gobierno bajo ciertas condiciones, dio su beneplácito al proyecto de buscar la concertación de un pacto social con toda la fuerza políticas, económicas, sociales y militares del país, siempre y cuando dicho pacto tenga como finalidad la elaboración de un proyecto nacional, con objetivos concretos, con vistas a sacar al país de la crisis, rescatar su independencia y su soberanía, por ahora puestas en precario, y adelantar programas que tiendan al desarrollo equitativo de la sociedad.

En parecidos términos se han pronunciado ya los principales dirigentes de los demás partidos políticos, legalmente reconocidos.

¿Qué más se ocupa, entonces, para darle cuerpo y alma a tal esperado pacto social? Fuera de unas pocas aproximaciones que en forma desordenada promovió el asesor económico de la Presidencia, en dos o tres reuniones de casa concurrencia de representantes, no ha habido en el oficialismo ningún paso encaminado a darle forma a la idea.

Ahora -así son las ironías- el clamor de tantos sectores porque se llegue a ese acuerdo nacional, podría dar origen a que sean otros los que, de la idea, emprendan la iniciativa, lo que terminaría de dejar al gobierno ocupando un segundo plano.

Una vez más, si el Pacto Social queda en un vago enunciado, estaríamos frente a otra de esas buenas ideas que solo acarician la luz pública pero que nunca se concretan y quedan olvidadas como una cuenta más en el rosario de la demagogia oficial.

Si por lo contrario, Azcona lograra colocarse en el centro de un acuerdo nacional estaría asumiendo el verdadero liderazgo que el pueblo espera de un presidente por quién espontáneamente siente aprecio en un reconocimiento a sus atributos de honestidad y rectitud.

Los dos años que aún le quedan a la presente administración son suficientes para enderezar muchos errores y para poner al país en condiciones de salvar la crisis actual, con la gran ventaja de que en cualquier iniciativa que el presidente proponga hacia ese fin, cuenta con el respaldo mayoritario del pueblo, por medio de los partidos políticos, las organizaciones sociales y el empresariado. ¿Quién con una luz se pierde? ¡solo el que quiere!

LA TRIBUNA 8 DE FEBRERO DE 1988.

AZCONA SE TARDÓ EN PONER NUESTRO TERRITORIO A LA ORDEN DE LA CIVS

TEGUCIGALPA. Enrique Aguilar Paz, representante del Partido de Innovación y Unidad (PINU), dijo que el presidente José Azcona se tardó para poner a disposición de la Comisión Internacional de Verificación y Seguimiento (CIVS) nuestro territorio para que se investigue.

Eso lo hubiese hecho antes de que los visitantes llegaran como una demostración de voluntad política de buscar la paz inmediata, pero las limitaciones económicas que nos hacen depender de otras naciones impidió esto, dijo.

Señaló que la dependencia de nuestro país, sobre todo en el gobierno anterior, nos obligó a acceder a una serie de acontecimientos de la administración Reagan, que convirtió a Honduras en una plataforma para subversión para un país hermano.

Aguilar Paz dijo que su partido mantiene que hay optimismo para lograr la paz mediante palabras ya que el surgimiento del acuerdo de Esquipulas II.

Pero eso no da la pauta para pensar que haciendo esfuerzos podemos lograr nuestros objetivos, que nuestros problemas no se enmarcan en acciones irregulares de grupos en la oposición ideológica, sino en el marco de las necesidades que afectan a nuestro pueblo.

El dirigente político que representó a su partido ante la Comisión Internacional de Verificación y Seguimiento (CIVS), dijo que expuso ante los visitantes que se debe mantener una comisión permanente para que se mantenga en contacto con los pueblos y dar la mayor beligerancia al acuerdo de Esquipulas II.

Sostuvo que informó a la Comisión Internacional que el problema de los centroamericanos no es ideológico, sino que nos han polarizado en el conflicto este-oeste de las grandes naciones del mundo.

El problema de Centroamérica, dijo, es de carácter socioeconómico; no nos han permitido aplicar nuestro propio modelo económico, y esto no es solo para Honduras, sino que, para los países latinoamericanos.

La búsqueda de la paz en Centroamérica ha sido un despertar para todos los pueblos latinoamericanos. Para que lleguemos a comprender que debemos ir pensando ya en la gran Federación de la República libre latinoamericanas, para que unidos seguimos nuestro propio destino, y escribir nuestra propia historia.

El doctor Enrique Aguilar Cerrato Manifestó que se tardó mucho en poner nuestro país a disposición de la Comisión de Verificación.

"LA PRENSA" 8 DE ENERO DE 1988

92

SE ACREDITA EL NUEVO EMBAJADOR DE FRANCIA

El nuevo embajador de Francia ante pueblo y gobierno de Honduras, Pierre Dumon, presentó ayer sus cartas credenciales al presidente José Azcona Hoyo.

Dumon Sustituye al diplomático Eduoard Aubin de Blanpre, quien permaneció en algunos años en el país. El nuevo embajador francés es licenciado en ciencia jurídicas y sociales y ha desempeñado diversos cargos diplomáticos sí administrativos en Marruecos Singapur Gabón, Tokio, México y París. Ha recibido las condecoraciones Caballero de la Legión de Honor y Oficial de la Orden Nacional del Mérito, tiene 63 años de edad.

El presidente José Azcona Hoyo recibe las cartas credenciales del nuevo embajador de Francia   Pierre Dumon, en presencia del vicecanciller Guillermo Cáceres Pineda y otros funcionarios hondureños (Foto de Alejandro Serrano).

"EL HERALDO" 9 DE ENERO DE 1988

QUE NOS REGISTREN

Aquí están en Honduras miembro de la comisión internacional de verificación y seguimiento (CIVS) en cumplimiento de uno de los acuerdos adoptados en Guatemala con la suscripción del plan de paz del Nobel costarricense.

La comisión ha tenido jornadas largas, platicando con grupos políticos, gremiales y sociales, que a su juicio pueden representar una muestra de la opinión pública nacional.

A estas horas, después de oír tantos criterios, tantos análisis, tantos discursos de sus interlocutores, quién sabe cuál sea el concepto que puedan tener sobre lo que es Honduras.

Pero sea cual haya sido el planteamiento particular de cada uno de estos grupos que sostuvieron entrevistas con la CIVS, hay algo que resalta que a nuestro juicio habla mucho del clima que se vive en el país.

93

Aquí cualquier grupo puede manifestarse libremente expresar lo que viene en gana sin temor a la represalia oficial.

Dudamos mucho que lo mismo sucede en otros países y aun cuando esto que tenemos está lejos de ser, siquiera una sombra, de lo que es la real y efectiva democracia, muchos hemos avanzado en estos últimos años.

Escuchamos los planteamientos de grupos sindicales relativo a lo que ellos consideran violaciones a los derechos humanos, incumplimientos de parte del gobierno a los compromisos y su particular interpretación de lo que se debe hacer y no hacer para que haya paz en la región.

Está bien que se produzcan esto planteamientos. Algún grado de verdad debe tener. Algún alto porcentaje de protesta también se perfila en estos documentos de insatisfacción y de rencor contra el estado actual de las cosas.

Lo positivo es que estas cosas se pueden manifestar, la cama de criterio contradictorio sobre un aspecto de la vida nacional es indicativo que la democracia funciona y que el sistema--nunca cerca de ser perfecto- camina.

Por otro lado. Si nos apegamos a los avances que han logrado los distintos países en lo relativo a los acuerdos Esquipulas, aquí ya días se constituyó la Junta Nacional de Reconciliación, se otorgó un decreto de amplia incondicional amnistía, aún para los delitos no tan finamente enmarcados en el contexto político y hay completa disposición de continuar con nuestro proceso democratizador.

Cae como altamente positiva la declaración del presidente Azcona que Honduras abre las puertas a la comisión de verificación y seguimiento para que nos registren y que puedan, con toda libertad comprobar si Hemos cumplido o no nuestro compromiso.

Falta ver entonces, si lo demás que firmaron el acuerdo de Esquipulas II otorgarán un decreto de amnistía con igual amplitud, si la reconciliación interna se logrará mediante entendimientos con toda la oposición, si ya se ha tomado todos los pasos para iniciar la democratización, si hay disposición de cortar cualquier ayuda o patrocinio que se dé a fuerzas desestabilizadoras en cualquier país.

Y también habría que hablar sobre el espíritu que priva en la conclusión del proceso de paz. No abona mucho a este propósito cuando se oyen declaraciones que indican la intención de crear fuerzas militares en números que lleguen a los 6000 ni idea adquirir aviones ofensivos y más armas en el momento que se pretenda impulsar un plan de paz en Centroamérica.

Pronto habrá de reunirse, para analizar los logros, los cinco mandatarios que suscribieron el acuerdo de Esquipulas II. Seguramente entonces se hará un análisis de cuánto cumplieron unos Y cuánto les hace falta por cumplir a los otros.

Todos tenemos toda nuestra esperanza puesta en que no habrá factores polarizantes que puedan echar abajo esta iniciativa pacificadora. Por parte de Honduras, el gobierno ha expresado su firme propósito de cumplir en todos sus aspectos. Las últimas declaraciones de Azcona han sido alentadoras y más que oportunas hoy que nos visitan notable personajes de esa comisión de verificación.

"LA TRIBUNA" 9 DE ENERO DE 1988

AZCONA Y EL VICECANCILLER "NICA" ANALIZAN PLAN DE PAZ

El presidente José Azcona y el vicecanciller nicaragüense Víctor Hugo Tinoco analizaron la situación general de la región en el marco de los acuerdos Esquipulas II y las perspectivas de la próxima Cumbre prevista para el 15 de enero en Costa Rica.

Al término del encuentro de casi 2 horas, Tinoco expresó que "fue una entrevista entre pueblos hermanos y hablamos de la paz y la oposición que mantiene cada país respecto a Esquipulas II".

También abordaron la labor que realiza la Comisión Internacional de Verificación y Seguimiento (CIVS), de la que Tinoco es miembro, la cual finaliza hoy una visita de dos días a Honduras. El vicecanciller nicaragüense afirmó que la petición de más ayuda para los contras por parte de Estados Unidos significa que ese país "está boicoteando el plan de paz" y advirtió que de comprobarse esa asistencia adicional Centroamérica "corre riesgo de convertirse en un nuevo Oriente Medio".

Reconoció que "todos los países han dado algunos pasos hacia la consecución del acuerdo, pero el problema es que los Estados Unidos continúan dando ayuda militar a los contras y a lo mejor utilizará a Honduras para hostigar a Nicaragua".

"Los Estados Unidos, dijo, buscarán mil formas para evitar que Centroamérica vive en paz".

Enseguida comentó que "el hecho de que no lleguen a Nicaragua los altos funcionarios norteamericanos qué visitan los otros países demuestra que Estados Unidos no quiere la paz, porque nosotros estamos dispuestos a platicar con el presidente Reagan o con cualquier otro funcionario norteamericano".

El vicecanciller nicaragüense estimó que el cardenal Miguel Obando y Bravo "han jugado un papel muy constructivo en la Comisión Nacional de Reconciliación porque es un crítico de la revolución".

Por otra parte, expresó que su país acatará la decisión que toman los presidentes de Centroamérica de ampliar o no los plazos para el cumplimiento del acuerdo de paz.

Tinoco se mostró partidario de que la CIVS funciona en forma permanente, en su tarea de verificar el cumplimiento de los puntos qué le competen a cada país.

"LA TRIBUNA" 9 DE ENERO DE 1988

En Acuerdos de Esquipulas:
LIBERALES OFRECEN RESPALDO AZCONA

TEGUCIGALPA. Rafael Pineda Ponce, representante del Partido Liberal, ante la Comisión Internacional de Verificación y Seguimiento (CIVS), dijo que su partido ofrece un respaldo absoluto el presidente de la república José Azcona Hoyo, en el cumplimiento del acuerdo de Esquipulas II.

Luego de abandonar la reunión con la CIVS dijo que existió amplitud para exponer los criterios de su partido, y por ende, explicó las decisiones que adoptó el Partido Liberal y la última convención, dónde se ofreció un respaldo claro del presidente José Azcona, en búsqueda de la paz y la creación del Parlamento Centroamericano.

Dijo que informó a la comisión que la situación de Centroamérica es política, social y económicamente cercana, y qué se debe extender más allá de los objetivos de paz para lograr en el futuro una comunidad económica y social, que permita la convivencia armónica de las Naciones del área el desarrollo de sus pueblos en el marco de la democracia.

Afirmó que la apertura dada por Azcona para que se investigue nuestro territorio es una demostración cómo lo dejó claramente establecido ante la CIVS, que Honduras no pasa por los problemas que agobian a otros países hermanos.

Honduras no pone inconveniente para que se investigue a todos los sectores de la sociedad para que los visitantes tengan una visión clara y confirmar de esa forma, que vivimos en un gobierno de derecho que no quiere confrontaciones bélicas o internas e internacionales, sino que quiere lograr un futuro promisorio en el marco de sus tradiciones democráticas y cristianas.

A criterio de Pineda Ponce se cumple con el acuerdo de Esquipulas II, que a pesar de nuestra propia naturaleza de convivencia no estaría obligado a hacerlo, ya que en Honduras no hay presos ni perseguidos políticos, al grado que el Congreso Nacional emitió un decreto de amnistía que tuvo que extenderse a acciones que se enmarcan en delitos comunes como el caso de los campesinos y que se superó en aras de la armonía.

Invito a la CIVS para que se consulte con todas las personas sobre la realidad del país, para que de esa forma se enteren, y elaboren informe más amplio para que se presenten en la Cumbre de presidente que se celebrará en San José, Costa Rica, a mediados de este mes.

"LA PRENSA" 9 ENERO DE 1988

Mediante convenio firmado ayer:

COHDEFOR SE DEDICARÁ ÚNICAMENTE A LA PROTECCIÓN DEL SECTOR FORESTAL

Los gobiernos de Honduras y Estados Unidos suscribieron ayer un convenio por 20 millones de dólares para mejorar la administración y productividad de los bosques comerciales de pinos, la eficiencia de la conversión industrial y el mercadeo de los productos de madera.

La ejecución del proyecto estará a cargo de la secretaría de recursos naturales, la Corporación hondureña de desarrollo forestal (COHDEFOR) y el sector privado del país.

La firma de los documentos respectivos estuvo a cargo del presidente José Azcona Hoyo, del embajador de Estados Unidos Everett Briggs, y del director de la Agencia para el Desarrollo Internacional(AID) en Honduras, John Sambraíllo; como invitado de honor estuvo el director general de AID para América Latina y el Caribe, Dwight Ink.

Por parte del gobierno de Honduras también participaron en la ceremonia los Ministros de Recursos Naturales, Rodrigo Castillo, y de Hacienda, Efraín Bu Girón, además del gerente de la COHDEFOR, José Segovia.

El invitado norteamericano señaló en la oportunidad que los recursos forestales de Honduras están desapareciendo aceleradamente y que el apoyo económico de la AID "constituye una colaboración para mejorar el manejo y la productividad sostenible de los bosques de pino comercial".

"Esta actividad es otra demostración del apoyo a la economía hondureña y al sistema democrático que está funcionando en Una atmósfera de paz y un ejemplo de cómo los sectores públicos y privados puede trabajar juntos", dijo Ink.

Aseguró que su país continuará brindando asistencia a Honduras en el logro de sus objetivos de desarrollo y en el fortalecimiento de las instituciones democráticas.

El proyecto suscrito ayer apoyará al gobierno de Honduras en su política forestal de concentrar el énfasis del sector público en la protección del bosque y de fomentar la inversión del sector privado en la producción y comercialización de la madera, según voceros de la embajada norteamericana.

Añadieron que COHDEFOR seguirá privatizando sus industrias y disminuyendo su participación en la producción y comercialización de la madera, para concentrarse en garantizar la conservación de recursos forestal y la participación del sector natural en los beneficios del mismo.

Los objetivos del proyecto son reorientar las labores de COHDEFOR, el desarrollo integral de las áreas forestales y proporcionar asistencia técnica y financiera a la industria forestal.

El presidente a Azcona calificó la firma del convenio como "gesto extraordinario y un motivo más de agradecimiento" para Estados Unidos, que dona 8 millones de dólares y presta los 20 restantes en condiciones sumamente favorables.

Estados Unidos concede 20 millones de lempiras para que COHDEFOR continúe privatizando sus empresas y disminuya su participación producción y comercialización de madera.

El proyecto durará siete años y su costo total será de 31.7 millones de dólares, 20 de ellos financiados por AID y 11.7 de contrapartida hondureña.

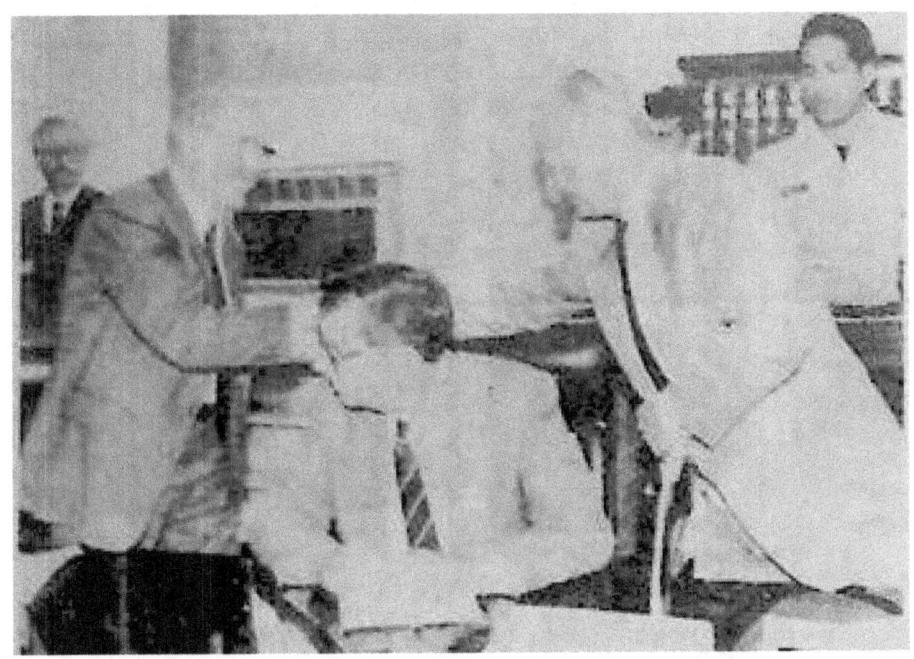

El director de la AID para América Latina y el Caribe, Dwight Ink, saluda a al presidente José Azcona hoyo durante la ceremonia en la que ayer el gobierno de Honduras recibió un nuevo préstamo de Estados Unidos para preservar los recursos forestales, al centro, el embajador Briggs (Foto Andrés Sabillón)

"Es importante resaltar que el proyecto implementará el sistema de venta de madera en pie, lo que permitirá desechar el tronconaje y aprovechar un 80 por ciento del árbol", dijo el mandatario.

Además, se establecerá un sistema eficiente de control de la exportación de madera y una mejor eficiencia administrativa. El desarrollo integral de áreas forestales se iniciará en 100,000 hectáreas de la zona Nor-Occidental de Olancho.

Es de hacer notar que el nuevo rol de guardián del bosque asignado a COHDEFOR se produce exactamente a 14 años de haber sido fundada por el gobierno reformista del general (r) Oswaldo López Arellano.

"EL HERALDO" 12 ENERO DE 1988

97

INTEGRAN DELEGACIÓN OFICIAL PARA CUMBRE DE MANDATARIOS

La delegación oficial del gobierno de Honduras que participará en la próxima Cumbre presidencial de Costa Rica la integran solamente cuatro personas, incluyendo el presidente José Azcona Hoyo.

Los restantes miembros de la delegación son el designado presidencial Alfredo Fortín; el canciller Carlos López Contreras, y el secretario de prensa, Lisandro Quesada.

El Vocero presidencial, Marco Tulio Romero, dijo ayer que el comandante jefe de las fuerzas armadas, general Humberto Regalado Hernández, no participará en la reunión.

Sin embargo, el presidente Azcona sostuvo que el sector militar no le había comunicado nada al respecto y señaló que "podría ser cierto" que Regalado no asistiera.

Inicialmente, se había informado de una reunión de los jefes de las fuerzas armadas de los llamados países democráticos de la región, pero, Aparentemente, la cita fue cancelada.

Dijo que el presidente Azcona viajará el jueves 14 y retornará Honduras el domingo 17, e indicó que su cuerpo de seguridad ser el menor de los presidentes visitantes ya que solo lo integran ocho miembros, a diferencia del mandatario de Nicaragua Daniel Ortega que será protegido por 50 guardaespaldas.

"EL HERALDO" 12 DE ENERO DE 1988

Luis Alberto Rubí:

SECTARIO AZCONA POR NO ACEPTAR DELEGADO LIBERAL ANTE EL TNE

El presidente de la República, José Azcona Hoyo, fue acusado ayer de "sectario" por el dirigente Florista, Luis Alberto Rubí, quién reveló que el mandatario ha dicho que se opondrá al nombramiento del nuevo representante del Consejo Central Ejecutivo ante el Tribunal Nacional de Elecciones(TNE).

Algunas de las nuevas autoridades del Consejo Central Ejecutivo del Partido Liberal (CCEPL) tienen decidido nominar al abogado René Corea Cortés como el sustituto de Pompilio Romero Martínez en el TNE, pero al parecer ello era será imposible porque José Azcona Hoyo habría dicho que no está dispuesto a firmar dicho acuerdo.

En base a lo anterior, Rubí dijo que era "lamentable" la actitud del presidente Azcona y que ello evidenciaba que las heridas y los rencores aún no los ha superado.

Según el político el gobernante persigue a algunos liberales, lo cual no contribuye en nada a la verdadera unidad del Partido que se anunció en la última convención de diciembre del año anterior

Corea Cortés fue representante ante TNE en la época de gobierno de Roberto Suazo Córdoba y, de acuerdo al criterio de dirigentes azconistas, fue muy "grosero" con José Azcona Hoyo.

"Yo nunca me atreví a dudar de la nacionalidad del actual presidente, pues jamás he tenido su partida de nacimiento", dijo René Corea Cortés, quien sostuvo que no está molesto porque el presidente no quiere aceptar su nombramiento como representante ante el organismo electoral.

Ante tal situación, las autoridades del CCEPL han decidido buscar una persona a la cual acepta el mandatario, y ella podría ser el ingeniero Tomás Lozano también dirigente del Florismo.

Tomas Lozano

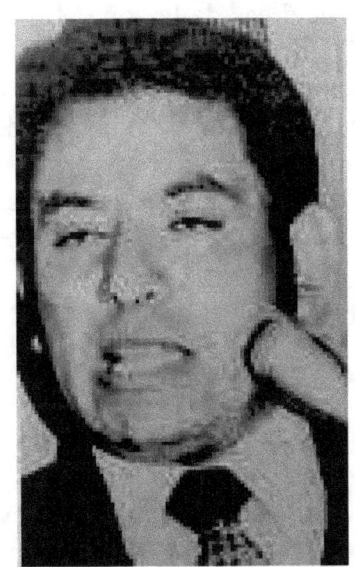

Corea Cortés

"EL HERALDO" 12 DE ENERO DE 1988

A favor del sector privado
40 MILLONES ENTREGA "EU" PARA AMARRAR "COHDEFOR"

***El estado disminuirá comercialización y se concentrará en la conservación del bosque.

Los gobiernos de Honduras y de los Estados Unidos firmaron ayer un convenio de asistencia técnica y financiera por 40 millones de lempiras para la ejecución de un vasto proyecto forestal, cuyo objetivo es limitar la influencia de la corporación hondureña de desarrollo forestal(COHDEFOR) en la producción y comercialización de la madera.

99

El acuerdo lo firmaron el presidente José Azcona, sus ministros de Recursos Naturales y Hacienda, Rodrigo castillo y Efraín Bú Girón, el gerente de la COHDEFOR, José Segovia, el embajador Everett Briggs, el director general de la Agencia Internacional para el Desarrollo (AID), Dwight Ink y su representante de Honduras, John sabráilo.

En un comunicado, la Embajada de Estados Unidos advierte que "los recursos forestales en Honduras están disminuyendo aceleradamente y que de continuarla tendencia actual en menos de dos generaciones la cobertura forestal desaparecerá".

"El proyecto, agregó, apoyará el gobierno en su política forestal de concertar El énfasis del sector público en la protección del Bosque y fomentar la inversión del sector privado en la producción y comercialización de la madera".

COHDEFOR continuara privatizando sus industrias y disminuyendo su participación en la producción y comercialización de la madera para concentrarse en garantizar la conservación de recursos forestal", indica el documento.

Este nuevo proyecto, aseguró, fortalecerá la participación del sector privado en la producción y comercialización de la madera bajo la supervisión de COHDEFOR. El proyecto tiene tres áreas de acción: la reorientación de COHDEFOR", El desarrollo integral de área forestales y la asistencia técnica y financiera a la industria forestal.

El proyecto se iniciará, en 100,000 hectáreas de la zona noroccidental de Olancho y el manejo será planificado y desarrollado involucrando a la población en las actividades silvicultura, protección, mantenimiento de caminos, aprovechamiento y transformación. También apoyará la estabilización de la agricultura y la implementación de prácticas de manejo de ganado compatibles con el desarrollo del Bosque.

Se prevé que el programa generará empleo y las zonas Rurales, protegerá el medio ambiente y mejorará la captación de Divisas. El convenio es por $40 millones de lempiras, de los que 24 son préstamos a largo plazo y 16 donación.

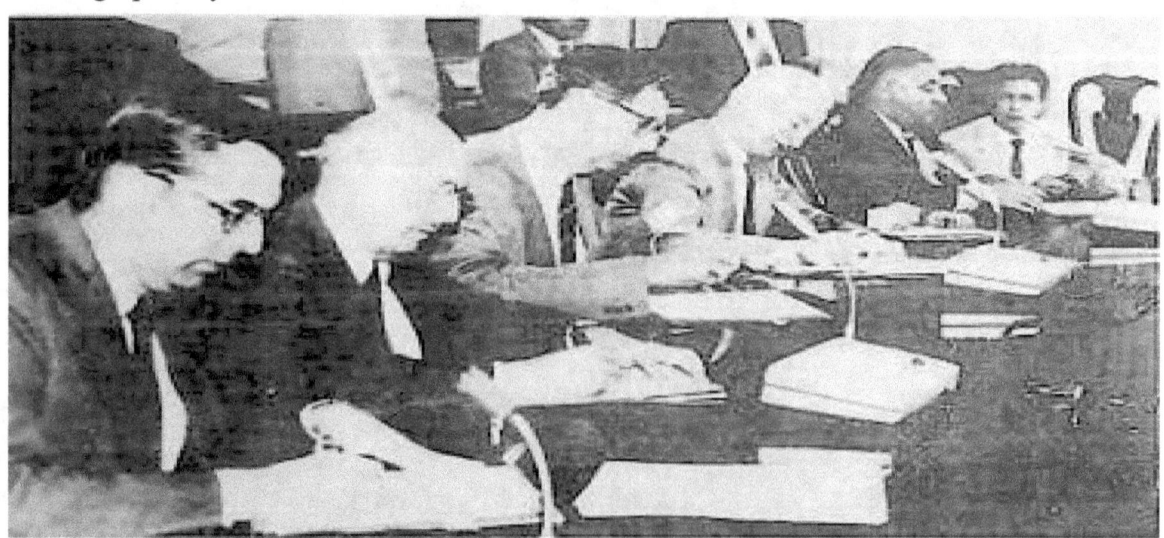

El director general de la AID, Dwight Ink, el embajador americano en Tegucigalpa, Everett Briggs y el representante de la AID en Honduras, John Sanbrailo, firman con el presidente José Azcona el convenio por 20 millones de dólares (foto de, Aquiles Andino).

"LA TRIBUNA". 12 DE ENERO DE 1988

Editorial
PUERTAS ABIERTAS

El gobierno del presidente Azcona Hoyo dio una muestra de clara e irrefutable disposición a la paz y a la estabilidad de la región centro americana, al abrir las fronteras de nuestro país al escrutinio de la Comisión Internacional de Verificación y Seguimiento (CIVS), sin previo anuncio de esta y sin excluir a ninguna zona hondureña ni posesión militar ni de orden policial.

Esto implica que el gobierno de Honduras rinde un tributo de enorme energía al procedimiento de paz firmado en Guatemala por los cinco presidentes centro americanos, dado que se reconoce que su territorio se encuentra limpio de campamentos militares clandestinos o de fuerzas irregulares beligerantes que en su caso hicieran la guerra a otros gobiernos reconocidos internacionalmente e implica su compromiso de respetar sus propias leyes al abstenerse de prestar apoyo material (armas, municiones, etc.), a los mencionados gobiernos irregulares, si los hubiere hecho.

Los acuerdos de Guatemala, establecen que los gobiernos centroamericanos se comprometen a cesar la ayuda que "abierta o veladamente proporcionan" en lo militar, financiera, propagandística, logística, en efectivos humanos, armamentos municipios y equipo a fuerzas irregulares o movimiento insurreccionales, "como un elemento indispensable para lograr la paz estable y duradera en la región"

Los gobiernos centroamericanos igualmente se comprometieron a exhortar a los dirigentes de los movimientos revolucionarios de la región "a abstenerse de recibir esa ayuda, en aras de un auténtico espíritu latinoamericanista. Estas peticiones según el documento buscan eliminar el tráfico de armas, intrarregional o proveniente de fuera de la región destinados a personas, organizaciones, o grupos que intenten desestabilizar a los gobiernos de los países centroamericanos".

En cuanto a la utilización de los territorios para agredir a otros Estados los presidentes centroamericanos reiteraron su compromiso de impedir el uso de su territorio y no prestar ni permitir apoyo militar logístico a personas, organizaciones o grupos que intenten desestabilizar a los gobiernos de los países de Centroamérica.

Es diáfana entonces la posición del gobierno hondureño en cuanto al cumplimiento de los acuerdos suscritos en Guatemala en relación a estos aspectos tan sensibles de la situación de guerra que se vive en tres naciones de la región y de sus consecuencias efectos sobre la vida de las dos restantes, Honduras y Costa Rica.

Obviamente, antes de llegar a esta decisión el gobierno de Honduras ha cumplido con otros requerimientos de los acuerdos de paz regionales.

Para el caso, el gobierno de Honduras integró la Comisión Reconciliación Nacional con ciudadanos de probada honorabilidad y dedicación por la paz, sin que existiera un cuadro de enfrentamiento inspirado en el odio, la violencia ideológica o el terrorismo de los extremos.

En este sentido todos los intentos para provocar estos sangrientos como criminales enfrentamiento entre la familia hondureña, como lo sufren inmerecidamente, algunos países del área, han resultado derrotados por la voluntad pacifista de los hondureños.

Por otro lado, a ningún partido político o ciudadano común se le persigue por sus creencias políticas o se les niegan derechos consagrado constitucionalmente, si en este extremo de los derechos humanos acusamos practicas penadas es debido a un desajuste secular de la aplicación de la justicia y del derecho; a la falta de jueces y magistrados de voluntad acerada en cumplir y hacer cumplir la ley, capaces y sobradamente honrados; a la ausencia de mecanismos constitucionales y sectoriales que garanticen estabilidad en el Poder Judicial a los trabajadores y funcionarios probos y al ascenso de funcionarios militares y civiles incapaces e inmaduros para el cumplimiento de funciones públicas.

Otro ejemplo seria la práctica de elecciones generales completamente libres que han otorgado a Honduras un ascenso respetable en la comunidad internacional, inclinada al respecto de estos derechos. Consecuencia de esta práctica ha sido la cancelación delos regímenes militares y el ejercicio democrático en la sucesión presidencial, además de fomentar un dialogo y debate nacional sobre los problemas que enfrentamos los hondureños.

En nuestras cárceles no existen presos políticos, no por la emisión y ejecutividad de una amplia amnistía decretada recientemente por el Congreso Nacional a solicitad del gobierno del presidente Azcona Hoyo, sino por el clima de libertad, orden y ley que existe en el país, amparado por la vigencia de la Constitución de la Republica. La amnistía como nuestros lectores recordaran, amparo a dirigentes campesinos cuyos delitos estaban relacionados con invasiones a la propiedad privada.

Honduras viene cumpliendo los acuerdos para la paz suscritos en Guatemala. El presidente Azcona Hoyo viene haciendo honor a su compromiso. En forma callada, ecuánime y responsable, Honduras va saliendo a flote sobre las aguas embravecidas que la penetración y expansión de la revolución sandinista ha agitado.

El último gran ofrecimiento del gobierno hondureño ha sido proclamar a los cuatro vientos una invitación para discutir y llegar a acuerdos sobre materia de seguridad, verificación y control de armas que nos acerquen a la finalización de conflicto centroamericano. Nicaragua ha sido indiferente, hasta ahora, a esta invitación hondureña.

Mientras esto sucede nuestra patria, país agredido por la propaganda marxista y por la de sus tontos útiles y seguidores en Honduras y el resto del mundo, la Nicaragua sandinista se niega a otorgar la amnistía general, arribar aún cese al fuego con la resistencia Armada, a la democratización, abrir su territorio a la verificación internacional y a suspender el estado de sitio qué impera desde hace unos 5 años en esa martirizada tierra.

"EL HERALDO" 11 DE ENERO DE1988

ESTE GOBIERNO NO HA HECHO NADA PLANTEA LA CTH AL PRESIDENTE

Por Alejandro Casco
Redactor de El Heraldo.

La Confederación de Trabajadores de Honduras (CTH), en un planteamiento entregado al presidente de Honduras, José Azcona Hoyo, expone que este gobierno no ha resuelto los problemas fundamentales de la nación, aun cuando al asumir el poder del Estado se comprometió hacerlo.

Este cuestionamiento ha firmado por la dirigencia en pleno de la CTH fue entregado al gobernante a finales del año pasado. Lo anterior es coincidente con la reactivación del Consejo Nacional de Obreros y Campesinos de Honduras con (CONOCH) anunciando a finales del mes de diciembre pasado por el secretario general adjunto de la Central General de Trabajadores (CGT), Óscar Escalante, a causa de la frustración que priva entre los que producen en el campo y la ciudad por la actual administración liberal.

Con este anuncio Escalante informó que el CONOCH, una vez reactivado, funcionaría también como la participación de la Federación unitaria de trabajadores de Honduras (FUTH), central obrera a la que el gobierno no la toma en cuenta en los diálogos porque acusa su diligencia de tener ideología de izquierda.

"El documento establece que, por ejemplo, el punto 7 de acta de compromiso firmado en la fuerza aérea de 1986, establecía que a los obreros y campesinos se les tumbarían cuenta en la solución de los principales problemas socioeconómicos y políticos a fin de construir "una sociedad democrática pluralista y participativa", expresa la CTH.

RECUERDAN A AZCONA

Los dirigentes de la CTH, encabezados por su secretario general Andrés Víctor Artiles, al dirigirse al mandatario expresan: "Señor presidente, usted mejor que nadie está plenamente convencido de que la acción de los obreros y de los campesinos constituyó un factor determinante para el colapso del sistema constitucional. Ha fracasado en la solución de los grandes problemas sociales que agobian al pueblo hondureño".

Respecto a la política de empleo, afirma la CTH que "su gobierno no ha podido contrarrestar el alto índice de desempleo, al contrario, este ha aumentado y existen amenazas en las secretarías de estado en reducir más personal en perjuicio directo de aquellas personas que por muchos años se han desempeñado de conformidad a las técnicas establecidas para la administración pública".

Cómo ilustración de los despidos, la central obrera menciona que las destituciones han ocurrido en la secretaría de comunicaciones, Obras Públicas y Transportes y el ministerio de Recursos Naturales," dando un mal ejemplo ante los demás patronos públicos o privados.

TERGIVERSA REFORMA AGRARIA

En relación al proceso de reforma agraria, recuerden al mandatario qué "su gobierno no ha sido el suficientemente agrarista, pues ha mantenido al frente del Instituto Nacional Agrario (INA) a un ciudadano (Mario espinal) guía tergiversado el proceso en perjuicio directo de los sujetos de la misma".

Advierte la CTH que en la actual administración "los campesinos se han visto obligados a ejercer presiones en Procura de hacer uso de la tierra ociosa o inculta, pero las reacciones han provenido de quienes están llamados a ser prevalecer la Ley de Reforma Agraria, ya que siguen aferrados al status quo, que no es el adecuado para hacer prevalecer la justicia social en el campo".

La diligencia sindical considera a sí mismo "esperanzador" el acuerdo de paz suscrito en Guatemala el 7 de agosto por los mandatarios del área, porque por medio del "diálogo constructivo se han de mancomunar esfuerzo para la juventud de América Central, no sigue siendo frustrada y alcance en el menor tiempo posible las aspiraciones de paz y de justicia social dentro de un mundo de libertad".

Asegura, acerca de los Derechos Humanos, que "tales violaciones se dan en todos los niveles y edades, desde la provocación de aborto criminal, hasta la humillante soledad de un anciano que muere sin las atenciones del gobierno".

2En cuanto a la violación de los Derechos sindicales Se observa la tendencia bien marcada de querer eliminar el derecho que tienen los trabajadores al salario Justo a la protección de su salud a la remuneración de horas extras trabajadas, a la contratación colectiva de condiciones de trabajo", afirma el mismo documento.

NO VIOLENCIA

En otra parte de esta carta enviada al mandatario, la CTH reflexiona diciendo: no debemos esperar hasta que la situación haya alcanzado dimensiones de tal magnitud que pudiesen eliminar la posibilidad de mejorar las condiciones de vida, si no es pensado en la violencia.

"Aún podemos mantener el diálogo, aún nos guardamos el respeto mutuo entre los diversos sectores de la sociedad, aún podemos demostrarle al mundo que estamos interesados en el logro de cambio sustanciales mediante el procedimiento civilizado. Que no nos involucren en la vorágine de la descomposición social que está observando en el área centroamericana".

La corrupción denunciada por la misma empresa privada, cuando furgones transportando mercancía ilegal traspasan muestras aduanas sin ningún obstáculo, también es criticado por la CTH.

Respecto a esto último añade la central obrera que "ha aumentado el contrabando de mercaderías que también contribuyen al desempleo fabril".

ECHAN A 17 PERSONAS DEL DCI.

Pese a la promesa del gobierno liberal de no hacer "barrida" de empleados en las instituciones que rectoraron algunos nacionalistas, luego de rompimiento del Pacto Nacional de Unidad (PUN), se conoció ayer que solo el Centro Desarrollo Industrial ya se despidieron a 17 trabajadores.

Fuente de empleo entero crédito confiaron a El Heraldo que el director ejecutivo por ley CDI, Florentino Castro, en sustitución del nacionalista Guillermo Maradiaga, se tomó la atribución de enviar los sobre blancos a los empleados sin distingo de color político.

Recientemente el presidente del Comité Central del Partido Nacional, Rafael Leonardo Callejas, después del divorcio con la actual administración liberal ordenó sus correligionarios que renunciarán de la titularidad en las entidades estatales exceptuando de los ministros de trabajo y relaciones exteriores Porque estos fueron llamados expresamente por el mandatario José Azcona Hoyo.

Luego de la ruptura del PUN, se prometió respetar la estabilidad laboral, pero sorpresivamente un día después de la salida de Maradiaga de CDI 17 personas, "a la raja-tabla", fueron separadas de sus cargos.

Asimismo, se conoció que antes de que Maradiaga abandonara sus funciones recibió una carta del titular de Economía, Reinaldo Panting, la cual, según se supo, fue calificada por el ex-titular de "totalmente injusta".

En la misiva, Panting reclamaba al nacionalista la mala administración de los fondos por concepto de contratación de cierto personal. De acuerdo a la fuente, el reclamo fue ilógico ya que en la institución personal está dividido en un 50 por ciento para los dos partidos.

De igual forma dijo que supone que los despidos posiblemente fueron ordenados por el ministro de Economía quien no mantuvo nunca buenas relaciones con Maradiaga.

"EL HERALDO". 11 DE ENERO 1988

AID CONFIRMA QUE DESEMBOLSARA LOS ULTIMOS 20 MILLONES DE DOLARES

La Agencia para el Desarrollo Internacional (AID) anunció que en los primeros días desembolsará los 20 millones de dólares que tienen pendiente del Programa de Estabilización Económica suscrito con Honduras en junio de 1987.

Dwight Ink, director de la AID para América Latina y el Caribe tras entrevistarse con el presidente José azcona Hoyo, dijo que luego de observar el cumplimiento y logros del gobierno hondureño en cuanto al programa suscrito se dará el último desembolso y con ello total de las donaciones estadounidenses sumarán 80 millones de dólares durante el año pasado.

El acto funcionario norteamericano alabó las medidas que legislan la modernización arancelaria, administración tributaria, así como las que dictaminan la privatización de la empresa y otras.

El desembolso será efectivo, aparentemente luego de las últimas medidas que aprobó él BANTRAL referentes a la emisión de los CENTRAL (certificado que estimula a los exportadores no tradicionales), así como la fijación de crédito al gobierno central en los mismos niveles de 1987.

Por su lado, el presidente Azcona Hoyo señaló al funcionario de la AID que en el presente año se incrementarán los ingresos por las ventas de café al exterior, lo que a su juicio mejorará la balanza de pago del país.

Asimismo planteó el mandatario a Ink que en una democracia es "difícil contender los gastos públicos" porque hay exigencias de parte de todos los sectores, sin embargo, prometió hacer esfuerzos para reducir el déficit fiscal.

"EL HERALDO" . 12 DE ENERO 1988

José Azcona del Hoyo:
NO ESTAMOS DE ACUERDO EN APROBAR NUEVO PLAZO PARA ACUERDOS DE ESQUIPULAS II

TEGUCIGALPA.-Por Faustino Ordóñez Baca). -El presidente José Azcona Hoyo afirmó ayer que su gobierno no está en condiciones de aprobar un nuevo plazo para el cumplimiento de los compromisos de Guatemala, porque eso "significaría estar jugando con el proceso de paz".

Hablando para los periodistas que cubren la Casa de Gobierno, tras la firma de un convenio con la AID, el mandatario anunció que está listo para viajar a San José de, y participar en la reunión cumbre de presidentes, prevista en los acuerdos firmados el 7 de agosto anterior.

Preguntando sobre sí su gobierno hará algún planteamiento específico en este encuentro, Azcona dijo que no, pues esperará lo que digan los demás colegas después que analicen el informe de la Comisión Internacional de Verificación y Seguimiento (CIVS), cuyos enviados recién terminaron una gira de evaluación por el área.

Azcona considera que "sería injusto si las CVIS presenta un informe negativo en cuanto al cumplimiento de Honduras, de los compromisos especialmente en los concerniente a la presencia de la contra en nuestro país". Aunque admitió que si hubo algunos grupos "fueron muy poco representativos".

"Yo no creo que el informe sea malo para Honduras", porque los sectores más representativos con los que también se entrevistó la misión Ad-Hoc, no hablaron en contra del país, dijo Azcona.

"Aprobar un nuevo plazo es estar jugando con las cosas; yo no estoy de acuerdo con eso", comentó el presidente. Cuando se le preguntó si apoyará una nueva calendarización en la implementación de los acuerdos rubiricados en Esquipulas II, Azcona seguro que no hay ningún arreglo previo o bilateral es relación a los posibles resultados de la Cumbre, en vista qué será de diálogo abierto porque trata de los jefes de los poderes ejecutivos de cada uno de los países.

Reiteró "que no es conveniente los nuevos plazos porque tampoco en el convenio hay plazos determinantes, no hay sanciones y no se puede condenar a Nicaragua, por ejemplo, solo porque no ha levantado el estado de emergencia".

"A mí nunca me ha dictado pautas ni lo harán", sostuvo el conductor del gobierno, contestando una pregunta si había recibido alguna indicación de los altos funcionarios del gobierno norteamericano. con quiénes se reunió hace algunos días.

La semana anterior el presidente de la república tuvo reuniones con el asesor de seguridad del presidente Reagan, Collin Powel, el secretario adjunto para Asuntos Interamericanos, Elliont Abrams y él enviado especial para la región Morris Busby.

Azcona dijo que mantendrá su posición de mantener el territorio "abierto" para una verificación in situ de la CIVS, sin previo aviso no obstante a que nunca se lo han solicitado.

Lógicamente que si los funcionarios internacionales hubiesen querido viajar a la base del Aguacate que supuestamente sirve de entrenamiento a "la contra", tenían que haber pedido permiso a las Fuerzas Armadas porque se trata de una zona militar, dijo Azcona.

"Honduras no es ningún escollo para la paz en Centroamérica, porque aquí no tenemos problemas internos", apuntó el mandatario en una clara alusión al gobierno sandinista.

Se ha especulado últimamente que el jefe de las fuerzas armadas, general Humberto Regalado Hernández, no acompañará al gobernante en la visita a Costa Rica, pero tal especie no fue confirmada por Azcona, quien dijo desconocer información en tal sentido.

"LA PRENSA" 12 ENERO DE 1988

Por Lps. 40 millones

GOBIERNO Y AID FIRMA CONVENIO PARA IMPULSAR EL DESARROLLO FORESTAL

TEGUCIGALPA. -Un convenio por 40 millones de lempiras fue firmado ayer por los gobiernos de Honduras y Estados Unidos, para ejecutar un proyecto de desarrollo forestal, en un afán por aprovechar en 80% los bosques de pino y mantener el equilibrio ecológico.

Es documento fueron firmados por el presidente José Azcona Hoyo, el ministro de Recursos Naturales Rodrigo Castillo Aguilar, el de Hacienda Efraín Bú Girón y el titular de la Corporación Hondureña del Desarrollo Forestal (COHDEFOR) José Segovia Inéstroza, en representación del gobierno hondureño.

106

Por Estados Unidos firmaron su embajador en nuestro país Everet Briggs, el director general para la América Latina de la Agencia Internacional para el Desarrollo, AID, Dwight Ink y su representante en Honduras John Sambrailo.

Según se explicó de los 40 millones de lempiras, 16 son en carácter de donación y la diferencia son préstamos pagaderos a 40 años plazo.

El gobierno hondureño para completar el proyecto que durará 7 años pondrá una contraparte de 11.7 millones de lempiras.

El propósito específico del programa es de mejora la administración y productividad de los bosques comerciales de pino, la eficiencia de la conversión Industrial, el mercadeo de los productos de madera.

Será ejecutado por la secretaría de recursos naturales, la COHDEFOR y el sector privado del país.

Según los estudios que se han hecho y que precisamente fueron los que motivaron la firma del convenio, los recursos forestales son hondureños están disminuyendo aceleradamente, y de continuar la tendencia actual en menos de una generación los bosques del país no podrán sostener la industria forestal, dejando muchas personas sin empleo.

Lo que pretende con el convenio es concentrar el énfasis del sector público en la protección del Bosque, y de fomentar la inversión del sector privado en la producción, y comercialización de la madera.

Las cláusulas dicen que COHDEFOR "continuará privatizando sus industrias y disminuyendo su participación en la producción y comercialización de la madera para concentrarse en garantizar la conservación de recursos forestal".

El presidente José Azcona y el embajador de Estados Unidos Everets Briggs,
al momento de firmar el convenio por LPS. 40 millones para el desarrollo forestal.
(Foto de Luis Sosa).

"LA PRENSA" . 12 ENERO DE 1988

Editorial
LA INSPECCIÓN

De manera sorpresiva, el gobierno de Honduras ha experimentado un cambio de conducta, flexibilizando su posición inicial en cuanto a la verificación in situ que podría ser la Comisión Internacional de Verificación y Seguimiento, para comprobar que nuestro país ha cumplido con el desmantelamiento de las supuestas base militares al servicio de la contrarrevolución nicaragüense, así como también que ha dejado de ser lugar de refugio y de operaciones bélicas contra otros estados de Centroamericano, todo de acuerdo con el espíritu y la letra de la declaración de Guatemala.

El régimen hondureño venía haciendo cuestionado por la izquierda nacional aliada de los soviéticos y de sus aliados en lo trópico, los cubanos y sandinistas, al observar desde las raíces de problemas centroamericano una actitud severamente crítica y de solidaridad con la resistencia armada de Nicaragua al Buscar el derrocamiento de quienes se habían convertido en opresores de su país.

El establecimiento de los campamentos guerrilleros a lo largo de lugares estratégicos de nuestra frontera con Nicaragua fueron de tanta peligrosidad, que se volvió un gravísimo problema para los nacionales hondureños la creciente marejada de nicaragüenses, especialmente en el Oriente del país, causando malestar en nuestras poblaciones, Víctimas de una prepotencia de parte de los ciudadanos nicaragüenses que se enfrentan contra el sistema comunista implantando en la tierra que un día fuera de Sandino.

El caso es que nuestro gobierno, nuestro país, ha manifestado todos los miembros de la Comisión Internacional de Verificación y Seguimiento que pueden recorrer todo el territorio nacional e incursionar incluso en la sede de los batallones y demás unidades militares de las Fuerzas Armadas de Honduras, lo que implicaría una inspección en la base de Palmerola, "El Aguacate" y tantos otros sitios ya señalados por la prensa local como internacional.

Sea como haya sido la directriz para asumir esta posición, tenemos que reconocer que ha sido la mejor para un país sumamente comprometido en esto de la contra y que la prensa mundial, a diario, lo ha dejado plenamente establecido en sus versiones noticiosas y comentarios de fondo.

De persistir la teoría extraoficial de que Honduras se opondría una revisión de la CIVS en forma ilimitada y qué hubiera triunfado el criterio que la CIVS solamente llegará a los sitios señalados expresamente por el gobierno de Honduras, a estas alturas la prensa mundial estuviera descargando los peores conceptos en contra de esta nación, de ahí lo exitoso de la decisión que, Por otra parte, Le correspondía a nuestro gobierno por derecho propio, libre y soberano. Honduras no tiene nada que esconder, ni siquiera sus miserias ni todos los pecados capitales de sus funcionarios.

A nuestro país puede venir cualquier ciudadano que porte un pasaporte en regla y que no concite la animación de otros pueblos de género perjuicios a nuestra neutralidad ya proverbial ni nos envuelva en comercios ilícitos y criminales, cómo es el caso del narcotráfico y servir de puente o de portaaviones para agredir a otros estados. Con la decisión tomada por el ingeniero José Simón Azcona Hoyo de abrir las puertas de nuestro territorio para que los altos representantes de la Comisión de Verificación y Seguimiento hagan su trabajo, en pro de la paz en Centroamérica, nos hemos quitado de encima una de las peores condenas internacionales, por cuánto el evitar la verificación de lo pactado en la Declaración de Guatemala nos hubiese colocado como un país títere, sin soberanía, sin Independencia y sin libertad, sujeto dóciles de las grandes potencias comas sin voz y sin razón.

Con la posición asumida por el presidente de los hondureños, hemos recuperado la dignidad y la consideración internacional, al tiempo que se inicia al interior de nuestro gobierno y propiamente en el campo militar, una conducta menos rígida, más condescendiente a los intereses de la hondureñidad y en función de respeto que tiene la prensa en toda parte del mundo, a excepción Claro está, de los países comunistas que no permiten la existencia de una prensa independiente paralela del sistema al que se trate.

En ese sentido consideramos importante señalar que en la reunión de los directores del medio de comunicación como representante de la CIVS, en la cual se encontraba EL HERALDO, se anunció que los periodistas de Honduras no tenían acceso a los lugares en donde se producen operaciones militares, como tampoco ha tenido acceso a los campamentos de los contrarrevolucionarios nicaragüenses ni a la zona fronterizas, En dónde los contras impedían el libre de tránsito de los hondureños por nuestro propio territorio, todo lo que ha ocurrido con muchos compatriotas, entre ellos y solo para citar uno de tantos casos- el P.M. Santos irías Palma, Auditor Interno del IHCAFE hasta hace poco y a quién a los contra no le permitieron recorrer la zona cafetalera.

Dos periodistas se pusieron ante la CIVS que no tienen acceso a los sitios donde opera la contra por lo arriesgado que resulta. Algunos se pusieron también que en nuestro país no existe seguridad jurídica. Reconocieron los hombres de prensa que en Honduras existe la libertad de palabra la libertad de prensa.

Es oportuno señalar que los directores de medios de comunicación social, expresaron ante la CIVS que no era cierto lo manifestado por los representantes de los partidos políticos minoritarios, en cuanto a que ellos no tienen acceso a la radio, la prensa y a la televisión en nuestro país.

Es bien cierto que toda persona o institución política, puede recurrir abiertamente a cualesquiera de los medios de comunicación para publicar las opiniones oficiales de Tales instituciones partidaria y que, lo único diferencia que prevalece en cuanto a la frecuencia de usar los espacios informativos por parte de los partidos políticos minoritarios y mayoritarios, está en la relación directa con la disponibilidad económica de unos u otros.

Quiénes tienen más membresía y, por consiguiente, más altos ingresos económicos, tendrán también mejores espacios publicitario, más frecuentes y de mayor impacto en la opinión pública. No es el civil ni el militar al que restringe a los medios de comunicación para que los partidos políticos minoritarios no pueden hacer su propia propaganda política, ya que tales canales están abiertos como en efecto ocurre con las declaraciones diarias que formulan muchos de los dirigentes de las instituciones políticas minoritarias y que se acogen gratuitamente en las páginas informativas, así como a los espacios radiales y televisivos.

Reiteramos con orgullo, nuestra complacencia por la posición de nuestro gobierno, en lo que a esta materia compete.

"El HERALDO". 12 enero de 1988

AYER

ENTREGAN A PUERTO CORTES MAS DE 2 MILLONES DEL 4 POR CIENTO

PUERTO CORTÉS. -El presidente José Azcona Hoyo ordenó la entrega a la División Municipal de Desarrollo (DIMUNDE) de 2 millones 350 mil 400 lempiras, correspondientes al tercer trimestre del 4 por ciento de los impuestos aduanales aprobado por el Congreso Nacional para el desarrollo de este municipio.

La millonaria cifra puede depositada ayer aquí en el banco municipal autónomo a través de cheque entregado en casa presidencial al alcalde por ley de esta ciudad Puerto Guillermo Arriaga Beliste.

Tal porcentaje de las entradas aduanales fue considerado por DIMUNDE como una fuente respaldo económico para la continuación de las obras emprendidas en pro del desarrollo local y comunidades vecinas.

La entrega del dinero fue motivo de alegría para la comunidad porteña, Por cuánto se creía que el gobierno podrá apropiárselo y no dar cumplimiento al desembolso del 4 por ciento de las entradas aduanales.

En la foto el presidente José Azcona con el jefe de las fuerzas armadas Humberto Regalado Hernández; atrás, el alcalde Porteño Rómulo Montoya Amaya y Rigoberto Orellano, jefe de auditores de la Empresa Nacional Portuaria (ENP), durante la firma del 4 por ciento. (Foto Thomas).

"TIEMPO". 12 DE ENERO 1988

AZCONA NO QUIERE A COREA EN EL TNE

Tegucigalpa el presidente José Azcona se negó a firmar el nombramiento de René Corea Cortés como representante del Partido Liberal ante el Tribunal Nacional de Elecciones (TNE) por "sectarismo político", dijeron ayer políticos floristas. Según dijeron las mismas fuentes, se propondrá para el cargo al ex-Gerente del Servicio Nacional de Acueductos y Alcantarillado (SANAA), Tomás Lozano. El dirigente florista Luis Alberto Rubí dijo que el presidente Azcona "se negó rotundamente" a firmar el nombramiento de Corea Cortéz.

Dijo que esta actitud de Azcona refleja "no ha podido superar" la diferencias que hubo en la campaña electoral de 1985, y qué está " en una posición de revanchismo y persecución liberales"" Las heridas le siguen sangrando" dijo Rubí quién aseguró que Azcona pidió que ese nombre a cualquier persona en el organismo electoral excepto de Corea Cortéz. (GP)

"TIEMPO". 12 DE ENERO 1988

110

CONTRAS LISIADOS NO DEBERÍN ESTAR EN EL AGUACATE: AZCONA

El presidente José Azcona negó ayer haber recibido pautas del gobierno de los Estados Unidos para ejecutarlas en el próxima en la reunión Cumbre en San José Costa Rica y anunció su rechazo a la ampliación de los plazos para el cumplimiento del Plan de Paz.

"Vamos a Costa Rica para ver qué dicen los demás presidentes centroamericanos y a recibir el informe de la comisión internacional de verificación y seguimiento Estipulas II", dijo Azcona.

El presidente indicó, por otra parte, que "No cree que el informe que pueda presentar la CIVS sea malo para Honduras, porque si esto sucede sería injusto. Es cierto que hubo grupos que acusar al gobierno, para estos son muy poco representativo. Nos vamos a decir que aquí no hay abuso de autoridad. Esto sucede en todas las partes del mundo".

"Los sectores más representativos no creo que hayan dicho mayores cosas en contra del gobierno", expresó.

El mandatario se opuso a que los plazos sean ampliados porque "esto es estar jugando con las cosas. No estoy de acuerdo con esto. Si no se ha cumplido, no se ha cumplido", dijo secamente, coincidiendo con la posición del presidente del Comité Central Nacionalista, Rafael Leonardo Callejas.

Consultando si los altos funcionarios de Estados Unidos que recientemente visitaron Honduras le dieron lineamientos con su comportamiento en la reunión cumbre, Azcona comentó que "no hay pautas. Nunca se me ha dictado ni de parte de Estados Unidos ni de ningún país".

El presidente dijo que Honduras seguía firme con su disposición de mantener las puertas abiertas a las CIVS para que inspeccione bases militares.

" Ellos pueden ir a la base militares, Pero tiene que pedir permiso porque no van a ir a interrumpir allí. Honduras es un país abierto. Pueden ir a Palmerola. Lo que no pueden ir es a interrumpir" señaló.

Reiteró que en la base militar El Aguacate" lo que hay son mutilados (de la contra). Reconozco que no deberían estar allí sino en otro lugar. Pero cualquiera puede ir al aguacate y lo que pasó con el diputado Manuel Zelaya ya se solucionó", señalo en relación al ataque que fue objeto del parlamentario mientras avanzaba por la carretera con el director Regional de AFP, Petit Dominique.

El mandatario expresó que no discutirá con el presidente del CODEH, Ramón Custodio, su acusación de que se han ejecutado más de 300 personas. " lo que sí me gustaría es que me mandaran la lista de esas personas, Pues en la misma según se dice, se incluye a los presos amotinados en San Pedro Sula. Que se me presente la lista a mí", dijo el presidente finalmente.

"La Tribuna" 12 de enero 1988

COMPROMETIDO AZCONA A REDUCIREL DEFICIT

El presidente José Azcona anunció ayer el mantenimiento de medidas para reducir aún más el déficit fiscal este año a la vez que resaltó que la administración de los Estados Unidos ha reconocido el éxito de la política económica de su gobierno.

Asco una manifestó lo anterior Después de firmar un millonario convenio con la AID, qué dijo, lo hacía con "alegría porque va dirigido a darle vigencia a un recurso como lo es el bosque".

"Este es un gesto extraordinario del gobierno norteamericano y es un motivo más de agradecimiento, Pues con esto se implementará la venta de madera en pie que hace tiempo se hubiese hecho", dijo.

Azcona expresó que se espera que el aprovechamiento del bosque sea más eficiente hasta un 80 por ciento, tanto del árbol como en la industria de aserrío y qué Honduras es en vez de exportar madera en trozo debería hacerlo con valor agregado.

El presidente "agradeció" el anuncio de que los Estados Unidos en los próximos días autorizará un nuevo desembolso de 20 millones de dólares para fortalecer la balanza de pago.

"Agradezco porque van a dar ese saldo -expresó-, que vendrá a mejorar la estabilización económica y la balanza de pagos".

"Con esto el gobierno norteamericano está reconociendo el éxito que ha tenido las medidas económicas en el país. Es muy difícil para una nación democrática contener los gastos públicos Porque todos reclaman obras educación, salud, etcétera", indico.

"LA TRIBUNA" . 12 DE ENERO 1988

Porque Azcona no los oye

DIPUTADOS SE DECLARAN EN HUELGA DE HAMBRE FRENTE A LA CASA PRESIDENCIAL

TEGUCIGALPA. -Diputados nacionalistas se declaran en huelga de hambre, frente a la rotonda de casa presidencial, para que el presidente José Azcona, le dé importancia a la hambruna de la zona Sur.

Los diputados sureños Alfonso Enrique González y María Consuelo de Rodríguez, representante de los departamentos de Valle Choluteca respectivamente, se encuentra molesto por La indiferencia del mandatario ante los problemas de aquella región.

Señalaron los parlamentarios que el presidente Azcona tiene un "muro de Berlín", es un secretario privado William Hall Rivera, que no permite el acceso a los diputados nacionalistas.

Manifestó González que con ese "muro de Berlín" que ha colocado el mandatario, no les quedará otra alternativa que declararse en huelga de hambre frente a casa presidencial, a fin de que se le dé importancia a los problemas que aqueja a los sureños.

Manifestó el parlamentario que está cansado de intentar hablar con el gobernante, ya que las promesas no se cumplen a pesar de que ha manifestado en cierta oportunidad, que ayuda a esa zona.

Enfatizó que no se puede pasar de donde su secretario privado y eso es preocupante, ya que se trata de la vida de hondureños que viven en el sur y que su modo de vida es el cultivo de granos básicos, que no se dieron este año por la sequía que cada día se vuelve intolerable.

Señaló que "No podemos seguir en esas circunstancias porque queremos a nuestros paisanos, pero desafortunadamente a pesar de que con su voto llegó Azcona a la presidencia, los tiene en el olvido".

María Consuelo Rodríguez, diputado por Choluteca dijo que respalda la idea de González, y se declaró en huelga de hambre frente a Casa de Gobierno, como un acto de solidaridad con su compañero.

Manifestó Rodríguez que en Choluteca, además de la sequía, se ha presentado el fenómeno de robo de ganado en masa que afecta directamente a los pequeños ganaderos.

A criterio de Rodríguez, si no ejecuta el proyecto de riego la cuenca del Río Choluteca, no se resolverán los problemas de la Zona Sur del país, pero el mandatario no le da importancia a este proyecto.

"No queremos que nos regale, que no sea pan para hoy y hambre para mañana, sino que se creen fuente de trabajo y una salida a la construcción de la cuenca del Río Choluteca", declaró Rodríguez.

Afirmó que los sectores más afectados en su departamento son Orocuina, Apasilagua, y los alrededores de la ciudad de Choluteca, pero nada hace el gobernante, por buscar solución al conflicto, finalizó.

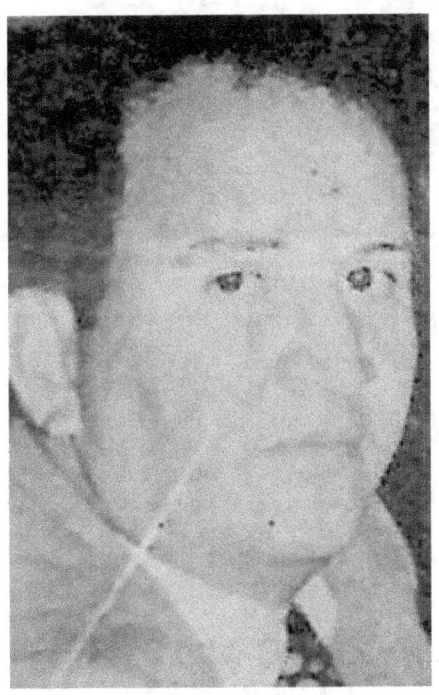

Alfonso Enrique González.

"LA PRENSA". 12 DE ENERO DE 1988

COMISION RECONCILIADORA PRESENTA INFORME

Los miembros de la Comisión Nacional de Reconciliación dialogan con el presidente Azcona, a quién entregaron ayer un informe detallado pero la voz realizada y de la entrevista sostenida con la Comisión Internacional de Verificación y Seguimiento, que recientemente visitó el país. A petición del mandatario la junta de reconciliadora continuará su tarea en base a los acuerdos suscritos en Guatemala. (Fotos Salinas inf. en la pág. 3)

"LA PRENSA". 13 DE ENERO DE 1988

Al entregar informe Final:

JUNTA RECONCILIADORA ADMITE QUE SU LABOR NO FUE COMPLETA

Por Ramón Murillo Cantoral/Redactor de EL HERALDO

La Comisión Nacional de Reconciliación (CNR) entregó ayer su informe final al presidente José Azcona Hoyo, y en que el mismo reconoce que su trabajo no fue completo debido al poco tiempo que tuvo para resolver los problemas que le fueron planteados.

El presidente de la comisión monseñor Héctor Enrique Santos, arzobispo de Tegucigalpa, dijo que entregaron al mandatario una relación de su trabajo y sus principales logros.

"Es un trabajo que hicimos de muy buena voluntad, porque pusimos todo nuestro esfuerzo en favor de la patria y del amor que le debemos tener", dijo el prelado.

Añadió que los miembros de la CNR "queremos ver siempre a nuestra Patria en paz, Concordia unidad y fraternidad".

Monseñor Santos señaló como el principal logro de la Comisión la aprobación, en el Congreso Nacional, del Decreto de Amnistía.

Sobre la posible ampliación de los plazos para el cumplimiento del acuerdo de paz regional, el arzobispo capital y lo concedió con el presidente Azcona en qué" dar más plazos equivale a seguir jugando con los compromisos.

114

Por su parte, el notable de la Comisión, Hernán Corrales Padilla, dijo que el presidente Azcona les agradeció el trabajo realizado, porque "él sabe que tenemos muchas ocupaciones y nos hemos dedicado al trabajo de la CNR con el único interés de servir a Honduras".

Otro miembro de la Comisión, el presidente de la Asociación Nacional de Campesinos de Honduras (ANACH), Luis Lagos, dijo que no se puede decir que el trabajo de la CNR sea completo porque apenas tuvo 69 días para cumplir su labor.

La CNR fue creada a los 81 días de la suscripción del Acuerdo de Paz "Esquipulas II" debido a que, inicialmente, el gobierno dijo que no era necesario que funcionara.

Ese razonamiento, defendido dentro y fuera del país con el canciller Carlos López Contreras, fue modificado por el presidente Azcona al integrar las CNR cuando ya lo había hecho lo restantes gobiernos del área.

Lago reveló que en el informe entregado al presidente Azcona le plantea diversos problemas sociales del país "a los que es necesario darles seguimiento".

Entre ellos, destaca la situación del impartimiento de la justicia, "la cual es desviada y no es aplicada como se debe".

"Además, ha habido abuso de autoridad en sectores alejados de las ciudades, aparte de problemas a nivel obrero y campesino", se quejó Lagos.

Añadió que la CNR necesita conocer más a fondo esos problemas sociales para ofrecerle recomendaciones concretas al presidente Azcona.

En relación a la denuncia sobre la presencia de la contra nicaragüense en Honduras, Lagos declaró que ningún sector ha llegado hasta la oficina de la CNR a plantear ese problema.

"Los campesinos sabemos que los contras existen en algún sector del país, pero ya no están tanto como en otros años y la presencia de ellos no perjudica mucho a los sectores campesinos como corría en el pasado", sostuvo el dirigente agrarista.

La Comisión Nacional de Reconciliación al entregar al presidente Azcona el informe de sus labores. La junta Admitió que su Labor no fue completa. (Foto de Andrés Sabillón)

"EL HERALDO" 13 DE ENERO DE 1988

115

DEPENDE DE AZCONA: RUMA

Tegucigalpa.- El ministro de gobernación, Romualdo Bueso Peñalba, informó ayer que del presidente de la República depende si el alcalde del penal sampedrano, Cristóbal Montero, es destituido o ratificado en el cargo, aunque a su criterio este funcionario debe ser separado en base a la investigación sobre él amotinamiento.

El titular de Gobernación señala ahora que esta decisión es potestad del presidente José Azcona Hoyo, tras manifestar que él ya envió al mandatario el informe en torno a este suceso.

"Lo que el presidente dictamine nosotros lo atacamos, si lo deja no tenemos nada que hacer y si no entonces estaríamos satisfechos porque esa es nuestra posición", indicó.

Considero que dejará Montero en el cargo podría originar un nuevo amotinamiento, al informar que el cuestionado funcionario actualmente está en vacaciones y en caso de no ser separado se tendrá que presentar sus labores el próximo 16 de enero. (FG)

"EL TIEMPO". 14 ENERO DE 1984

NO MAS PLAZOS PARA CUMPLIR ACUERDOS PIDE JUNTA NACIONAL DE RECONCILIACION

TEGUCIGALPA. El presidente José Azcona y el jefe de las fuerzas armadas, Humberto Regalado Hernández, conocieron ayer de parte del pleno de la Comisión Nacional de Reconciliación, el informe pormenorizando de cada una de las actividades emprendidas por el grupo, incluyendo su última reunión con el Comité de la Comisión Internacional de Verificación y Seguimiento.

El gobernante se mostró satisfecho con los logros alcanzados por la Junta Reconciliadora y como en los acuerdos de Esquipulas no se precisa una fecha, donde los comisionados deben concluir sus labores, el presidente determinó que sigan activando hasta que a ella presagios concretos de una paz definitiva y duradera en la región.

La comisión está integrada por monseñor Héctor Enrique Santos, vocero oficial y representante de la Iglesia Católica, y el excanciller César A. Batres, todos los partidos políticos de posición el designado Alfredo Fortín troza en su calidad representante del Ejecutivo y el notable y Hernán Corrales Padilla.

Todos, incluyendo el suplente Luis Lagos, se reunieron por espacio de dos horas con el mandatario y posteriormente brindaron una conferencia de prensa donde monseñor Santos explicó que el objetivo de su visita era para entregarle al presidente "una relación de los trabajos realizados desde que se constituyó la comisión hasta nuestros días".

"Este trabajo que nosotros hemos hecho es de muy buena voluntad, porque hemos puesto todo Nuestro esfuerzo, en vista de que se trata del amor que le tenemos a nuestra Patria, a lo cual queremos ver siempre en paz, concordia y unidad del pueblo hondureño", dijo el presidente de la CNR.

Agregó que uno los principales logros durante su gestión fue el decreto de amnistía, considerado uno de los proyectos "bastante completo", y a través de los cual numerosos hondureños en su mayoría campesinos, que recobraron su libertad.

El ciudadano notable, Corrales Padilla, dijo que el presidente Azcona, comenzó por agradecer a la comisión por el trabajo realizado hasta el momento y elogio su empeño en colaborar a pesar de las variadas ocupaciones de cada uno de ellos.

Azcona "escuchó atentamente el informe y luego comentamos de manera general, los distintos acápites que contienen documento", informó.

En el encuentro con el mandatario los miembros de la junta reconciliadora, también intercambiaron puntos de vista respecto a los distintos problemas que atraviesa el país.

Preguntado si el gobierno hondureño cumplió lo acordado en Guatemala, dijo que este aspecto fue ampliamente informado a los miembros de la CIVS, que presentarán al final un informe global a los presidentes en la Cumbre, que estos realicen el viernes próximo.

"Nosotros, como miembro de la Comisión Nacional de Reconciliación, estamos haciendo los esfuerzos internos para darle concreción a los mismos esfuerzos, que el gobierno quiere realizar en ese sentido", recalcó Corrales Padilla, para luego estimar que una paz de definitiva dependerá del grado de cumplimiento de los acuerdos, por parte de los presidentes.

REGALADO PROMETE INVESTIGAR.

Padilla expresó que, en una reciente reunión que tuvieron con el Jefe de las Fuerzas Armadas entregaron las inquietudes de los distintos sectores de la hondureñidad, y que el oficial les prometió hacer una revisión adecuada de los problemas y poner las respectivas correcciones.

Los miembros de la junta reconciliadora están de acuerdo con el presidente de la república en el sentido de que no se debe otorgar nuevos plazos de cumplimiento de los compromisos de Guatemala -agregó.

"Nosotros pensamos que si ya se dio un plazo en la primera reunión en Guatemala, con esto es suficiente... Prolongando o dando plazos así, van a entrar en una especie de juego y no se van a componer las cosas", declaro uno de los miembros de la comisión.

Los integrantes de la junta fueron también preguntados sobre las razones por las cuales no visitaron las bases militares, contestado que su función no era precisamente esa actividad.

"Lo que está contemplando es trasladar a las fuerzas armadas, y al Presidente de la república, las noticias y quejas que nos hacen llegar las organizaciones y las personas en particular", explicó Corrales Padilla.

"La Prensa". 13 enero de 1984

En San Pedro Sula

AZCONA ASISTIRA A INAUGURACION DE EDIFICO DE CÁMARA DE COMERCIO

SAN PEDRO SULA. -El presidente José Simón Azcona Hoyo, el jefe de las Fuerzas Armadas y otras autoridades civiles y militares asistirán a la inauguración de las nuevas instalaciones de la Cámara de Comercio e Industrias de Cortés, en ceremonia especial que se efectuará la noche del 22 de enero próximo.

Las nuevas instalaciones comprenden dos amplios módulos, construido con especificaciones de la arquitectura moderna a un costo de aproximadamente medio millón de lempiras, según informaron funcionarios de la organización empresarial en referencia.

Las nuevas instalaciones están dotadas de una serie de oficinas, tanto para el personal administrativo como para los tres gerentes y la presidencia de la Cámara de Comercio e Industrias de Cortés.

A los actos de inauguración asistirán los más de mil socios de la cámara de comercio de esta zona e invitados especiales y en lo mismo se dará a conocer el proyecto del Centro de Exposiciones (EXPOCENTRO), Qué es institución empresarial comenzará a construir en los

117

próximos meses en un predio de nueve manzanas, situado entre las colonias Las Brisas y el plantel del Molino Harinero Sula, en el sector Norte de la ciudad.

Estas son las nuevas Instalaciones de la Cámara de Comercio e Industrias de Cortes a inaugurarse el 22 de enero próximo. (Foto Morales)

"LA PRENSA". 13 ENERO DE 1984

LAITANO DEMANDA A GOBIERNO DE AZCONA

TEGUCIGALPA. - El director General de Transporte Marco Tulio Laitano ha demandado el estado por haber sido despedido en 1983 de un empleo que tenía como profesional técnico nombrado por acuerdo en la presidencia de la República.

Laitano, a pesar de ocupar un cargo público en el que devenga un jugoso salario, según dijo el Procurador General de la República Rubén Zepeda, interpuso demanda contra el gobierno de José Azcona.

El reclamo de Laitano es "bastante considerable" -señaló- para luego agregar que el juicio se encuentra en casación al haber tomado ese recurso el Director General de Transporte ante una sentencia en su contra de la Corte de Apelaciones.

El procurador del Estado dijo que "tenemos la fe y la esperanza de que el derecho va a prevalecer y los intereses del Estado van a ser salvaguardados por el más alto tribunal de justicia".

El funcionario dijo que el controversial director de transporte pretende obtener una millonaria suma por prestaciones, a pesar de que no tiene derecho a ellas.

"Fue despedido por causas presupuestarias, tenía un contrato de trabajo, no era un trabajador permanente y en todo caso, si hubiese sido permanente, su acción la hubiera presentado al Servicio Civil y no a la jurisdicción laboral ordinaria"., explico.

Zepeda dijo que el director general de transporte pretende que el estado le pague 200,000 lempiras en concepto de prestación de laborales.

118

El procurador estimó que la actitud de Laitano antes de demandar el Estado que es el mismo que le está pagando su jugoso salario de la DGT está, incurriendo un acto de ilegalidad para consigo mismo y los demás.

Dijo que el funcionario está reclamando salarios caídos a pesar de que únicamente dos o tres meses estuvo desempleado. (GP)

"TIEMPO". 14 ENERO DE 1984

CIVS RECOMIENDA AMPLIAR LOS PLAZOS

Por Arturo Gudiño/enviado especial de la AFP

PANAMA. -Ene. 13 (AFP). La Comisión Internacional de Verificación y Seguimiento (CIVS) de los Acuerdos de la Esquipulas II recomendó a los gobiernos centroamericanos proseguir las negociaciones internas para procurar la paz regional.

Durante la cita de Panamá, los miembros de la CIVS elaboraron el informe sobre el cumplimiento de los compromisos de paz que será analizado el próximo viernes en San José, por los cinco presidentes Centroamericanos.

Tras 18 horas de trabajo ininterrumpido un céntrico hotel de esta capital, los delegados de trece naciones latinoamericanas y de la Organización de Estados americanos (OEA) y la de Naciones Unidas(ONU), terminaron sus deliberaciones a las 06H30 locales de hoy.

Un escueto comunicado señalo que el Plan de Paz Centroamericano, a 150 días de su firma, no ha fracasado y que las negociaciones para terminar los conflictos deben proseguir.

Además, la CIVS manifestó que resultaría falso "declarar que no se han logrado avances como proclamar que la tarea ha concluido".

"En las primeras horas de la cita de la CIVS se presentaron posiciones encontradas, pero al final privó la voluntad de continuar los esfuerzos pacificadores", dijo a la AFP una fuente diplomática que participó en las discusiones.

De una comisión técnica que la semana anterior recorrió la región" los cancilleres, ron los avances y dificultades" y acatamiento de los compromisos de cese al fuego, democratización, no uso del territorio para agredir a las naciones vecinas a las guerrillas, contenidos en Esquipulas II.

"No podemos decir que la paz ha llegado a Centroamérica, pero sí que estemos alejando el espectro de una guerra generalizada y abriendo camino a la pacificación", declaró la Fuente, integrante del Grupo de Contadora.

De acuerdo a las recomendaciones de la CIVS, que fueron mantenidas en reserva, los presidentes de Centroamérica determinarán el próximo viernes el destino del Plan de Paz.

No obstante, trascendió que los cancilleres recomendarán a los mandatarios del área "extender" los plazos para la ejecución de los acuerdos que serán verificados "in situ" por la CIVS.

Inicialmente, el canciller salvadoreño Ricardo Acevedo habla declarado a la prensa su oposición a la ampliación de los plazos, porque aseguró que ellos solo permitirán a los sandinistas "consolidar un régimen marxista en Nicaragua".

Sin embargo, en el transcurso de las discusiones, Acevedo acepto la recomendación de sus colegas, cuyo curso definitivo lo fijarán los presidentes.

En la próxima cumbre del 15 de enero (mañana) será cuando los presidentes Vinicio Cerezo, Guatemala, Napoleón Duarte, El Salvador, José Azcona, Honduras, Daniel Ortega, Nicaragua Óscar Arias, Costa Rica, decidirán lo que sucederá ahora en adelante con el Plan de Paz Centroamericano.

El presidente Azcona dialoga con varios senadores estadounidenses encabezados por Christopher Dood, presidente del Sub-Comité de Relaciones Exteriores del senado.
(Fotos de Aquiles Andino)

"LA TRIBUNA". 14 DE ENERO DE 1988

Chistopher Dood
PLAN DE PAZ PODRÍA MORIR EN COSTA RICA

El influyente senador demócrata norteamericano, Christopher Dood, quién ayer dialogó por más de media hora con el presidente José Azcona, expresó que existen posibilidades muy fuertes de que el Plan de Paz muere en Costa Rica fracasa lo cuál sería una tragedia.

En respuesta a un interrogante, Dood dijo que "tengo la impresión de que el Plan Arias puede morir en Costa Rica. Hay posibilidades muy fuertes que podría morir. El plan puede fallecer este fin de semana, lo que sería una gran tragedia desde mi punto de vista".

Las primeras impresiones de Dood fueron las siguientes: "Azcona siempre fue agradable, muy franco y honesto con nosotros, por eso es muy bueno tener la oportunidad de hablar con el antes de la reunión cumbre".

"Vamos a ver lo que pasa. Nadie sabe esto, veremos cuando hablemos sobre el tema de Plan Arias lo que puede pasar el fin de semana, cuándo se reúnen los presidentes centroamericanos en San José", dijo Dood.

Azcona había reiterado su disposición de no acceder a más plazos para el cumplimiento del plan y Dood señaló secamente que hasta esto momento no se ven alternativas, pero quizás cuando se realice la reunión se pueda ver cosas que hagan posible extender el tiempo un poco, para ver si podemos conseguir el cumplimiento del plan".

Deberemos seguir buscando el camino de la paz pero si fracasa el Plan Arias, tengo temor de que vamos a ver más guerras en Centroamérica -advirtió.

Sobre las recientes acusaciones del vicecanciller de Nicaragua, Víctor Hugo Tinoco en el sentido de que Estados Unidos es el obstáculo para la paz, Dood comentó que "esta es la opinión de él, pero no solamente Estados Unidos es el obstáculo, hay obstáculos en Nicaragua. Ellos

120

pudieron hacer otras cosas y no lo han hecho. Hay problema dentro de Nicaragua y no solo en Estados Unidos".

Dood crítico fuertemente a la administración Reagan cuando dijo que "los Estados Unidos no han apoyado durante los últimos siete meses el plan Arias. Esto fue una mala noticia para ellos el 7 de agosto, fecha en que se suscribió el acuerdo Esquipulas II".

"Si ellos (la administración Reagan) hubieran apoyado el plan en Arias durante los últimos cinco o siete meses, la situación sería mucho mejor hoy", puntualizó.

Se le interrogo si creía que Azcona no tenía la suficiente fuerza moral para condenar al gobierno de Nicaragua y contestó que "evidentemente un presidente solo no tiene esa autoridad, pero en la Cumbre tendrá algún efecto; hay algunos que creen que ha habido cumplimiento y esto se va a discutir el fin de semana. Vamos a ver qué pasa".

"LA TRIBUNA" 14 DE ENERO DE 1988

SE QUIEREN REVOLVER EMPLEADOS PUBLICOS

TEGUCIGALPA. - Los empleados públicos enviarán al presidente José Azcona Hoyo un documento en el que darán a conocer las numerosas injusticias que se cometen en la dependencia gubernamentales y concederán un plazo prudencial para que se solventen, dijo ayer Obdulio Chávez, presidente de la Asociación Nacional de Empleados Públicos de Honduras (ANDEPH).

Si Azcona Hoyo no atiende las demandas planteadas amenazan con realizar paro progresivo hasta llegar a la paralización de toda la administración pública.

La resolución del Congreso Nacional tiende a congelar salarios y no efectuar nuevas negociaciones de los contratos colectivos, atenta contra los trabajadores ya que perjudica a los hondureños humildes que devengan sueldos miserables y no a los burócratas considerado como "técnicos" que prestan servicio calificados al Estado, sostuvo.

La mayor porción de trabajadores de las instituciones descentralizadas recibe un salario promedio de 500 lempiras hacia abajo, que no está acorde con el alto costo de la vida, sostuvo.

Esa política de austeridad son medidas arbitrarias que imponen los organismos internacionales debido al crecimiento de la deuda que mantiene nuestro país, concluyó el directivo. (RAM)

"TIEMPO". 15 DE ENERO DE 1988.

PLAN DE ARIAS PUEDE MORIR ESTE FIN DE SEMANA: DODD

TEGUCIGALPA. –El senador demócrata Christopher Dodd, presidente del subcomité de Relaciones Exteriores del Senado de los Estados Unidos, dijo ayer que "existe la gran posibilidad de que el Plan Arias puede morir este fin de semana", en la reunión que sostendrá en Costa Rica, los cinco presidentes centroamericanos.

Dodd se reunió ayer con el presidente José Azcona Hoyo durante más de una hora, en compañía de John McCain (Republicano de Arizona). Philip Gramm (Republicano de Texas) y Bárbara Mikulsi (Demócrata de Maryland).

El presidente Azcona le ratificó al senador Dodd que no está de acuerdo en que se amplían los plazos fijados para el cumplimiento del Acuerdo de Paz de Estipulas II, pero que será en la cumbre presidencial que se tomará la decisión de extender o no los plazos.

Christopher Dodd manifestó su temor de que el acuerdo de Esquipulas II fracase en la reunión que tendrá mañana los presidentes centroamericanos.

"Yo tengo miedo que, si perdemos esta oportunidad, de este plan centroamericano, ya no tendremos otras salidas y continuara la guerra con la ayuda para los contras por el congreso", expreso.

"Hasta ahora hemos tenido mucha fe en que los países centroamericanos pudieran seguir buscando el camino de la paz, pero si fracasó el plan este fin de semana y si no hay otra alternativa, tengo miedo que nos vamos a ver en guerra aquí en Centroamérica", agregó.

El destacado senador norteamericano indicó que no solo los Estados Unidos ha sido un obstáculo para lograr la paz en Centroamérica, sino también Nicaragua, pues ellos (los sandinistas) pueden hacer otra cosa y no lo han hecho, entonces también hay problemas dentro de Nicaragua, no solamente dentro del país mío".

No obstante, dijo que la administración Reagan no ha apoyado durante los últimos siete meses el Plan Arias, y la firma del acuerdo de Esquipulas II por los cinco presidentes centroamericanos fue una "mala noticia" para la administración Reagan.

Según Dodd, si la administración Reagan hubiera apoyado el Plan de Paz más fuerte durante los últimos siete o cinco meses, la situación sería mucho mejor hoy.

Preguntando si el presidente Azcona tiene la suficiente fuerza moral para condenar a Nicaragua el senador estadounidense expresó que ningún presidente solo podría tener esa autoridad, y que en todo caso sería el presidente de Costa Rica Oscar Arias Sánchez, como autor del Plan de Paz.

Un presidente solo no tiene esa autoridad, pero la reunión de presidentes tendrá un efecto y claro que hay algunas que creen que no ha habido cumplimiento de parte de Nicaragua y eso se va a discutir en fin de semana, recalcó.

Finalmente manifestó que el Plan Arias puede morir este fin de semana y sería una gran tragedia desde mi punto de vista personal, pero hay una gran posibilidad de que este plan Arias va a morir este fin de semana (TDG).

Dodd durante su reunión con el presidente Azcona

"TIEMPO". 14 ENERO DE 1988

122

CUMBRE DE PRESIDENTES ES LA ULTIMA ESPERANZA PARA CENTROAMERICA: DODD

El senador demócrata norteamericano Christopher Dodd, tras concluir ayer una entrevista con el presidente de Honduras, José Azcona hoyo, declaró que si fracasa la Cumbre de mandatarios a inaugurarse mañana en Costa Rica, lo que surgirá en el área "es la guerra".

El lunes anterior, Dodd inició una gira por Centroamérica en compañía de cuatro senadores más miembros de una comisión integradora por republicanos y demócratas nombradas por el congreso estadounidense, a fin de verificar el cumplimiento de los acuerdos suscritos el 7 de agosto anterior en Guatemala entre los presidentes del área para lograr paz en la región.

Acerca de la próxima reunión de los presidentes de Centroamérica con el propósito de lograr pacificar el mismo, el jefe de la bancada demócrata en el senado respondió: "de mi parte tengo miedo que si perdemos esta oportunidad ya no tendremos otra, solo continuar con la guerra y la ayuda a los contras por parte del congreso".

En el periplo por Honduras los visitantes se entrevistaron con el sector gubernamental dirigentes políticos de la oposición, autoridades eclesiásticas y dirigente de la contra nicaragüense, para conocer criterios relativos al lograr una salida a la crisis en esta convulsionada región.

PROLONGAR ACUERDOS

Al salir de la Casa Presidencial, Dodd declaró que "hasta ahora hemos tenido mucha fe en que los países Centroamericanos pudieran seguir buscando el camino de la paz, pero sí el plan fracasa este fin de semana temo que vamos a ver más guerra en Centro América".

La plática sostenida con el gobernante Azcona la consideró de "muy positiva", pues indicó que dialogaron sobre el cumplimiento de "Esquipulas II" patrocinado por el mandatario de Costa Rica Óscar Arias.

El representante estadounidense se mostró partidario por la prolongación del plan Arias al manifestar que en la reunión de mañana entre los presidentes del área "se pueden ver cosas que valgan extender el tiempo y ver si se logra el cumplimiento por parte de todos los países".

Algunos de los senadores que se reunieron ayer con Azcona.
En el centro aparece Chistopher Dodd. (Foto de Serrano)

"EL HERALDO". 14 DE ENERO DE 1988

123

El senador demócrata manifestó que no solo la administración norteamericana bajo la responsabilidad del presidente Ronald Reagan ha sido obstáculo para lograr la paz en Centro América, sino que también han influido los problemas de la región.

Como ejemplo, situó a Nicaragua donde sus gobernantes "pudieron haber hecho otra cosa y no lo han hecho; entonces hay problemas adentro de Nicaragua y no solamente en el país mío", dijo.

Reiteró que "sería una tragedia" que fracasara la Cumbre de presidente del área a iniciarse mañana en Costa Rica, porque lo que surgirá después es "más guerra de Centroamérica".

La comitiva senatorial norteamericana, encabezada por Dodd, viajó ayer a Costa Rica para proseguir similares pláticas con el mandatario de ese país. Antes lo hicieron con los gobernantes de Guatemala, Vinicio Cerezo, y Nicaragua, Daniel Ortega Saavedra.

En la reunión que sostuvieron con los "contras" no participó su máximo jefe, Adolfo calero, porque según versiones de la resistencia nicaragüense, este salió el lunes de Tegucigalpa hacia Miami.

AZCONA SE DECIDE REORIENTAR PROCESO AGRARIO: E. VERDIAL

SAN PEDRO SULA. -El gobierno del presidente José Azcona del Hoyo ha decidido reorientar el proceso de reforma agraria al convertirlo en un proceso técnico y no político como ha venido siendo ejecutado.

Dentro de ese nuevo esquema el Instituto Nacional Agrario levantará un censo agrario sobre los predios adjudicados a los campesinos y paralelamente un censo de población sobre los campesinos favorecidos por el proceso.

Así lo dio a conocer el licenciado Rafael y Emiliano Verdial Romero, representante de la Federación de Agricultores y Ganaderos de Honduras (FENAGH), ante el Consejo Nacional Agrario.

El objetivo de hacer un censo agrario es el de evitar que se siga invadiendo la propiedad privada rural y para que no se siga utilizando el campesino como un ente político para dirigentes y responsables, dijo Verdial.

También se busca identificar los predios en poder del sector reformado en estado improductivos para otorgarle esos predios a otros grupos campesinos que tengan el interés de incorporarse a la producción, añadió es representante de la FENAGH.

Aplicación de Tales medidas se convertirá a la reforma agraria hondureña en un proceso técnico, no político, ya que también se pretende capacitar al campesino con el apoyo de los ministerios de Educación, Salud, Comunicaciones y el Instituto de Formación Profesional (INFOP), siguió informando Verdial.

Dijo el entrevistado que algunos dirigentes de organizaciones campesinas no están de acuerdo con la reorientación que se le quiere hacer a la reforma agraria, lo cual es comprensible porque cuando el campesino está ya seguro que el predio que cultiva es suyo no permitirá que se le siga utilizando políticamente.

Con respecto a la situación del Bajo Aguan, en el departamento de Colón, en el que el gobierno ha invertido millones de lempiras, Rafael Emiliano Verdial, informó que los campesinos dedicados a la producción de aceite de palma tienen agudos problemas para la comercialización del producto, en vista de lo cual tienen grandes cantidades de aceite y almacenado.

En lo relacionado con el estado de la tendencia de la tierra Verdial dijo que más o menos un 50 por ciento de toda la tierra en poder de cooperativas para la reforma agraria están ociosas.

Representante de la Federación de Agricultores
y Ganaderos de Honduras (FENAGH), Rafael Verdial.

"TEMPO" 13 DE ENERO 1988

AZCONA ORDENA REINTEGRAR A BUROCATRAS DESPEDIDOS.

TEGUCIGALPA. - El presidente José Azcona giro órdenes a los funcionarios de las diversas dependencias para que se reintegren a los empleados que fueron despedidos injustificadamente, dijo ayer Obdulio Chávez, presidente de la Asociación Nacional de Empleados Públicos de Honduras (ANDEPH).

Considera que en varias dependencias gubernamentales existen intereses particulares que ocasionan la entrega del sobre blanco a los trabajadores, pero que "tomaremos medidas pertinentes para evitar que esas personas continúen haciendo de las suyas".

En los próximos días se reunirá con el titular de la Secretaría de Recursos Naturales, Rodrigo Castillo Aguilar para analizar y buscar solución a los 171 despidos que se efectuaron en PROMECA.

Dijo que los 112 empleados por contrato en su mayoría serán reintegrados en sus puestos pero que con los 43 que laboran por acuerdo Posiblemente no puedan ser favorecidos, aunque se hará lo imposible para ayudarles.

Afirmó que Azcona Hoyo les envió una carta en donde le rectifica su intención de no perjudicar la estabilidad laboral y de buscar los mecanismos necesarios para enfrentar la problemática del desempleo. (RAM).

"TEMPO". 13 DE ENERO 1988

125

DESPOLITIZAR AL PODER JUDICIAL EXIGE COMISIÓN DE RECONCILIACIÓN

***Jueces, maniobras entre partidos y elementos de FF.AA afectan armonía entre hondureños

La Comisión Nacional de Reconciliación, en un voluminoso informe que entregó ayer al presidente José Azcona, señaló que la armonía es afectada entre los hondureños por miembros del Poder Judicial, los Partidos Políticos y las Fuerzas Armadas.

Según la comisión, afectará la convivencia armónica entre los hondureños, en primer lugar, los "atentados contra la vida, la integridad física, la propiedad y, en general, los derechos de los ciudadanos, abusos que se producen generalmente en zonas aisladas del país y que son protagonizados por individuos de alta en las fuerzas armadas y generalmente de baja graduación, en perjuicio de ciudadanos que son víctimas de denuncias infundadas de parte de otras personas interesadas en hacerles mal".

En segundo lugar, señaló la "debilidad del sistema judicial hondureño que se deriva de incompetencia de muchos de los funcionarios que lo integran de deshonestidad de otros y de falta de autoridad para hacer valer sus decisiones, por la ausencia del debido respeto de parte de las autoridades de otro orden y particularmente de las autoridades militares".

En tercer lugar, cuestionó "la decisión de no practicar las elecciones municipales que debieron haber tenido lugar en noviembre de 1987 para reemplazar las corporaciones municipales en enero de 1982".

La comisión indicó que "el comandante (de las Fuerzas Armadas) admitió la posibilidad de que existieran casos como los que fueron denunciados y ofreció la colaboración para remediar, en lo que estuviera a su alcance, las consecuencias de estos actos, solicitando la información detallada de cada caso para ordenar las investigaciones pertinentes".

No obstante, "considera que el problema presenta caracteres de gravedad tal que hacen indispensable la ejemplificante munición de los culpables después de investigaciones totalmente imparciales llevadas a cabo con participación de elementos ajeno a las fuerzas armadas, para evitar que se repitan estos actos bochornosos".

Advierte que "es preciso adoptarme de idea de tipo preventivo y en general adelantar programas de entrenamiento de los integrantes de las Fuerzas Armadas en todos los niveles, para que tengan paulatinamente la oportunidad de prepararse mejor y puedan comprender que la mejor garantía para obtener el respeto y la colaboración del resto de la ciudadanía descansan el cumplimiento e irrestricto y honesto por parte de los militares de las disposiciones legales vigentes".

Con relación a la Corte Suprema de Justicia indica que "todos los integrantes de la sociedad hondureña debemos concientizarnos sobre la absoluta necesidad de contar con un poder judicial integrado por individuos no solamente académicamente bien preparados, sino moralmente intachables y políticamente independientes".

Asimismo, que "cuenten con el reconocimiento y respaldo de todos los sectores de la población y que ejerzan Su autoridad con el respeto de todos los demás funcionarios públicos de manera que constituyan una garantía total y absoluta de respeto a la ley".

El primer paso que se debe dar es "despolitizar totalmente al Poder Judicial y convertirlo en una organización independiente, autónoma bien remunerada, con estabilidad garantizada, como un medio indispensable para dar seguridad jurídica a la vida de todos los habitantes de Honduras".

La Comisión "considera que cualesquiera que hayan sido las causas (de la posposición de las elecciones municipales) y no obstante quienes hayan intervenido en ellas, lo cierto es que sea violado la ley utilizando maniobras y entendimientos entre partidos políticos y acciones u

126

omisiones de los mismos partidos y considera, asimismo, que ese es un precedente nefasto para Honduras", el cual condenó.

Advierte que la comisión "está consciente que los problemas tratados en este documento son solamente una parte mínima de lo que se aquejan al país en el ámbito interno, Qué son los que nos competen y nadie puede ignorar que el gran telón de fondo a la tragedia centroamericana lo constituyen el hambre, la ignorancia, la falta de salud, la escasa posibilidad de empleo y la deficiente administración de Justicia que padecen las grandes mayorías del istmo".

"El diálogo y la discusión oportunos podrán ahorrarnos la sangre las lágrimas que derraman nuestros vecinos", dice la comisión reiterando que el diálogo debe de ser "inmediato".

La comisión, integrada por Hernán Corrales Padilla, monseñor Héctor Enrique Santos, César A. Batres, Alfredo Fortín Inestroza, Olban Valladares y Luis Lagos, luego de entregar el documento al presidente Azcona sostuvo un diálogo abierto que duró más de hora y media.

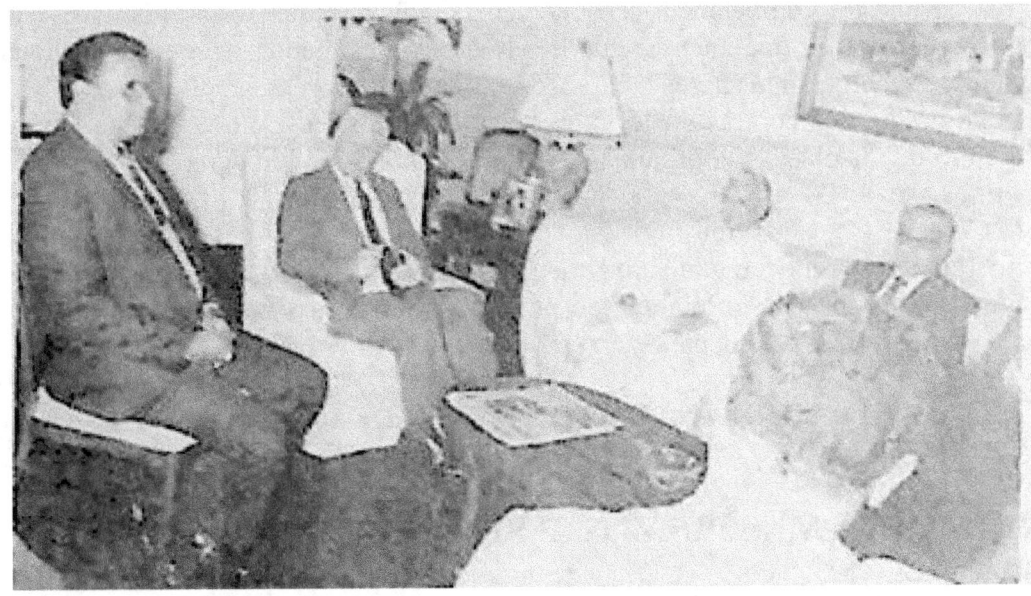

Los miembros de la comisión de Reconciliación Nacional hablan con el presidente José Azcona, luego de entregarle un voluminoso informe donde responsabilizan al Poder Judicial, a los partidos políticos y elementos de las Fuerzas Armadas de ser los responsables de la desunión entre los hondureños.

"LA TRIBUNA" 13 DE ENERO DE 1988

Monseñor Santos

COINCIDENCIA CON AZCONA NO AMPLIACION DE PLAZOS

El portavoz de la Comisión de Reconciliación Nacional, monseñor Héctor Enrique Santos, dijo que este organismo se solidariza con el presidente José Azcona en el sentido de que no deben ampliarse los plazos para el cumplimiento del acuerdo de paz Esquipulas II.

El prelado justificó la acusación contra los elementos de las fuerzas armadas, el Poder Judicial y los partidos políticos en el documento entregado a Azcona, afirmando que "este trabajo se hizo de buena voluntad y amor a la patria, porque lo que quieren es la paz y la concordancia entre los hondureños".

127

En cuanto a la disposición de Azcona, de oponerse a la ampliación de plazos, contestó que "nosotros no solidarizamos con esto junto el plazo dado en Guatemala es suficiente. No es dando plazo que se va a solucionar la crisis centroamericana. Estamos de acuerdo con Azcona porque la paz en Centroamérica no es un juego".

Mientras el notable Hernán Corrales Padilla, dijo por su parte que "las Fuerzas Armadas prometieron corrección" en la serie de actos en que han incurrido varios de sus miembros activos. "Hablamos con el general Regalado y hubo una formal promesa de examinar los problemas presentados", comentó.

Corrales Padilla expresó que "el éxito de una nueva reunión cumbre presidencial dependerá del grado de interés que pongan los mandatarios para el imperio de la paz en la región".

Ilustró que la Comisión no tenía contemplado en su plan de trabajo la inspección de bases militares, especialmente El Aguacate.

"Lo que sí es de nuestra competencia es poner en manos del jefe de las Fuerzas Armadas, general Humberto regalado, los documentos que llegan a nuestras manos. Son otras las instancias que realizan una investigación en las bases", expresó.

Aclaró que "no es que los contras no le interesen a la comisión. Lo que sucede es que esta acción no está dentro de los planes del organismo. Será el gobierno quién determinará cómo hacer para que se verifique eso".

Finalmente, César A. Batres informó que ellos no tienen la lista de las personas que recobraron su libertad a raíz del decreto de amnistía, sino que está en la Corte Suprema de Justicia.

Los comisionados dieron una conferencia de prensa, corta, por cierto, luego de entrevistarse por más de hora y media con el presidente Azcona.

"LA TRIBUNA". 13 DE ENERO DE 1988

AZCONA ACEPTA MAS PLAZOS SI SE ESTABLECEN SANCIONES

SAN JOSE, Costa Rica. (Por Danilo Antúnez, enviado especial), El presidente José Azcona abogo ayer porque se establezcan sanciones para los gobiernos que no cumplan los puntos del Acuerdo del Paz de Esquipulas II.

El mandatario hondureño ofreció una conferencia de prensa en el área del Aeropuerto Internacional Juan Santamaría, luego de ser recibido con todos los honores por su homólogo costarricense, Óscar Arias.

Acompaña al gobernante el comandante en jefe de las Fuerzas Armadas, general Humberto Regalado, el designado presidencial Alfredo Fortín y su secretario privado, William Hall Rivera. También llegó anoche el canciller, Carlos López Contreras y el secretario de prensa, Lisandro Quezada.

Azcona fue el primer mandatario en llegar a San José para participar en la tercera reunión de presidentes centroamericanos qué se inicia hoy en la ciudad de Alajuela, 30 km al norte de esta capital.

En la reunión de la Cumbre, los gobernantes revisarán los avances que hasta la fecha se han logrado en el cumplimiento del Acuerdo de Paz Estipulas II, firmado en Guatemala el 7 de agosto del año pasado.

PRESENCIA DE CONTRAS

Azcona reconoció oficialmente que los Rebeldes anti-sandinistas han utilizado zonas de la frontera hondureña para atacar Nicaragua, pero luego que esta no es una causa del conflicto de nicaragüense, sino que el efecto.

"En Honduras oficialmente no hay contrarrevolucionarios. Yo no conozco a nadie que tenga domicilio en Honduras a nivel de Róbelo, Pedro Joaquín Chamorro o Alfredo César, por lo tanto, no puedo pedirles que salgan del país", afirmó.

ABSOLUTA REPRESENTACIÓN

El gobernante hondureño aseveró que trae la representación del 94% de los hondureños afiliados en los dos partidos tradicionales quienes apoyan su posición respecto al conflicto centroamericano.

Dijo que antes de viajar a San José habló con los principales líderes del partido liberal y nacional. "Creo que ningún presidente en esta reunión va a tener detrás de un respaldo político como el que vengo ostentando".

Agregó que habló con Carlos Roberto Flores, Carlos Montoya y Rafael Leonardo Callejas, "Quiénes me dijeron que tengo el respaldo completo de ellos para hablar con suficiente fuerza en esta reunión de presidentes".

PRODUCCIÓN BANANERA

Azcona se molestó con un periodista costarricense, quién ligó el conflicto centroamericano con la producción bananera hondureña, señalando que si el gobierno de Honduras no cumplía con el acuerdo de paz existía el peligro de que Estados Unidos dejara de comprar bananos.

"Costa Rica exporta bananos, Guatemala exporta bananos a los grandes mercados del mundo y el principal es Estados Unidos, no guste o no nos guste y a mucha honra puedo decir que la producción de banano en Honduras subió el año anterior de 42 millones de cajas a 49 millones y Esperamos que en 1988 aumente a 60 millones de cajas", apuntó.

El mandatario en tono fuerte afirmó que quienes impulsan y apoyan las exportaciones de bananos son los sindicatos de la compañía bananeras que son lo más grande de Centroamérica.

"Esa retórica, subrayó, que a nosotros nos puede cerrar el mercado del banano en Estados Unidos por una decisión que tomemos aquí no tiene mayor importancia y lamento que se quiera afectar la dignidad de un país muy organizado con sindicatos y organizaciones sociales tan fuertes como pueden haber en Costa Rica o más fuertes", sentenció.

NUEVOS PLAZOS

El mandatario hondureño dijo que estaba dispuesto a que se establecieran nuevos plazos en el cumplimiento de los puntos del acuerdo de paz con la condición de que se establezcan sanciones para los gobiernos que no cumplan.

"Los Plazos se han vencido y el progreso no ha sido sustancial en la aplicación del proceso, a menos que haya acciones fuertes paralelas, coercitivas para que las cuestiones se cumplan, nosotros no estamos dispuestos a nuevos plazos", señalo.

Azcona no mencionó qué clase de acción y fuerte o sanciones deberían aplicarse al gobierno que no cumplan con el acuerdo, pero indicó que las mismas se podrían discutir en el seno de la reunión de presidentes.

No obstante, el gobernante hondureño aclaró que no veía a Costa Rica con "posiciones irreductibles".

Entiendo que cada presidente debe dar su aporte para lograr la paz en Centroamérica, lo que no queremos Es que esto se diluya y no se puede verificar.

INFORME DE LA CIVS

Respecto al informe de la comisión internacional de verificación y seguimiento (CIVS), dijo que no estaba de acuerdo en algunos aspectos, en lo que respecta a Honduras.

"La CIVS hace tabla raza de un país que como Honduras hay completa libertad de prensa, se respetan todas las libertades, se dio un decreto de amnistía amplia. No es posible que se nos tomen en iguales condiciones que otros países donde no ha habido una amnistía general", se quejó.

Finalmente, Azcona propuso que se le pongan acciones coercitivas o sea o sanciones a los gobiernos que no cumplan con el plan de paz al vencerse los plazos "porque de lo contrario no va a resultar nada positivo de esto".

SAN JOSE. -El presidente José Azcona aparece con su homólogo de Costa Rica, Oscar Arias durante la conferencia de prensa ofrecida tras su arribo a esta capital.
(Lasser foto de Aquiles Andino. La tribuna)

"LA TRIBUNA" 15 DE ENERO DE 1988

NO HAY EXCUSAS: ARIAS

SAN JOSE, Ene.14 (AFP). - El presidente de Costa Rica Óscar Arias, advirtió hoy que los mandatarios centroamericanos deberán explicar en la Cumbre de este viernes las razones por las cuales no cumplieron con el Plan de Paz Esquipulas II, pero comentó que "no hay ninguna excusa" por no haberlo incumplido.

En conferencia de prensa previa la Cumbre que reunirá mañana en esta capital a los cinco presidentes centroamericanos, Arias acusó a los demás gobiernos del área de "no haber tenido la voluntad política para cumplir con el plan firmado por ellos hace 150 días en Guatemala, pese a que han tenido suficiente tiempo para hacerlo".

"Yo no acepto como válida la excusa de que por la guerra no se haya levantado el estado de emergencia... Mientras haya guerra no se puede, por ejemplo, realizar elecciones libres", subrayó Arias, en alusión a la carta que este miércoles envió el presidente de Nicaragua Daniel Ortega.

Mañana debemos hablar con franqueza para ver cuáles han sido los principales obstáculos de los que firmamos hace cinco meses. Será la oportunidad para ser francos y decir las razones de los mandatarios para no cumplir", dijo.

130

Agregó que "han transcurrido 150 días desde que firmamos Esquipulas II, suficiente tiempo para actuar si hubiera habido voluntad", denunció Arias.

"La Tribuna". 15 de enero de 1988

GAUGGEL QUIERE EL BANMA

José Eduardo Gauggel, del movimiento Montoyista, pretende la presidencia del Banco Municipal Autónomo (BANMA), qué quedará vacante como consecuencia de la renuncia de los nacionalistas a sus altos cargos en el poder ejecutivo.

Inicialmente se informó que en el cargo podría ser propuesto Leonardo Godoy, pero no se concretó.

Ahora, Gauggel pretende la presidencia del BANMA y está realizando gestiones para que no coloquen en el puesto mientras, en el CDI otro cargo que quedará vacante ha sido nombrado Edilberto Guifarro Pineda, también del Movimiento Montoyista.

"LA TRIBUNA" 15 DE ENERO DE 1988

DIPUTADOS A URSS Y CHINA ROJA

El embajador de la Unión Soviética en Costa Rica, Vadin L. Rosalov, anunció que, por invitación expresa del Presídium Soviet Supremo, diputados hondureños visitarán a su país y viceversa, "para darle un poco de seriedad a las relaciones".

En entrevista exclusiva a los enviados especiales de HRN a San José, Rosalov preciso que el pasado mes de diciembre envió una nota a la embajada de Honduras en Costa Rica mediante la cual invita aquí en noviembre de este año una delegación del Congreso Nacional visite la URSS Igualmente, parlamentarios soviéticos visitarán Honduras.

Destaco que se trata de una apertura para iniciar algunos contactos con parlamentarios de ambos países, agregando que posteriormente se podrán establecer algunos intercambios culturales a través de grupos artísticos.

TAMBIÉN A CHINA ROJA

Además de la Unión Soviética, también China Comunista invitó a parlamentarios hondureños, informó el diputado democristiano Alfredo Landaverde, quién fue comisionado al igual que el nacionalista Nicolás Cruz Torres para que en diciembre viajen a México a arreglar los detalles del viaje.

La invitación de la República Popular de China fue formulada a través del anda verde, cuándo visitó ese país en junio de 1987.

Landaverde precisó que días diputados viajarán a la URSS y 15 a China Comunista, aunque dijo que desconoce si serán misiones diferentes.

"LA TRIBUNA" 15 DE ENERO DE 1988

AZCONA Y REGALADO VIAJARON A COSTA RICA

TEGUCIGALPA. -El presidente José Azcona Hoyo viajó ayer en la tarde a San José Costa Rica, junto al comandante en jefe de las Fuerzas Armadas general Humberto Regalado Hernández, para participar en la reunión de mandatario Centroamericanos que se llevará a cabo hoy en este país

Azcona se hace acompañar también por el designado presidencial Alfredo Fortín en Inéstroza; el secretario privado presidencial. William Hall Rivera.

(En la foto el Comandante en jefe de las Fuerzas
Armadas general Humberto Regalado Hernández)

"TIEMPO". 15 DE ENERO 1988

COMISIÓN DE DIPUTADOS ACOMPAÑA AL PRESIDENTE

TEGUCIGALPA. - Una comisión de diputados del Congreso Nacional acompañó en calidad de observadores el presidente José Azcona a la Cumbre de mandatario centroamericanos en Costa Rica, en la que se evaluará el grado de cumplimiento del acuerdo de paz de Guatemala.

La delegación de parlamentario designada por el presidente de la cámara, Carlos Montoya viajó en un vuelo comercial ayer a las 5:30 de la tarde a la capital Josefina.

La comitiva la integran únicamente parlamentarios de los partidos Liberal y Nacional.

La misma La Firma José Fernández Guzmán, Oscar melara, Luis Alberto Rubí, Roberto Ramón Castillo y Roberto Martínez Lozano.

Por otro lado, el diputado Alfredo Landaverde confirmó que es una misión de parlamentario viajar en mayo próximo a China popular atendiendo una invitación de régimen comunista de esa nación asiática.

Dijo que también en noviembre viajará otra delegación a la unión de República soviética socialistas (URSS), en respuesta a una invitación de Moscú.

Landaverde dijo que estos contactos serán posibles por iniciativa del presidente del Congreso Nacional, Carlos Montoya que "se abre al este". (GP).

"TIEMPO" . 15 DE ENERO 1988

RESULTADO DE LA CUMBRE INFLUIRÁ EN EL DIÁLOGO COR EUROPA

BONN BRUSELAS, (DPA). -La Comunidad Europea (CCE), reafirmó hoy en Bruselas apoya el proceso de paz en América Central y considera de Gran importancia para el diálogo político con esa región, que se produzcan resultados positivos en la reunión presidencial Cumbre, que comenzará mañana en San José de Costa Rica.

El Ministerio extranjero de alemán accidental, país que ejerce la presidencia (rotativa) del Consejo (ministros) de la CEE, Durante este semestre, entregó también en Bonn, el teatro del comunicado en el que expresa que "los dos se han seguido con gran atención y saludado los esfuerzos de paz de los estados centroamericanos, para implementar el acuerdo Esquipulas II".

Los cancilleres de la CEE, América Central y grupo de contadora (Colombia copa México y Venezuela), se reunirán los próximos 29 de febrero y 1 de marzo en Hamburgo, en el marco de la conferencia San José IV, para dialogar sobre cuestiones políticos y económicas internacionales.

Posteriormente, la comunidad europea sostendrá un nuevo diálogo político, con el grupo de Río de Janeiro, que integran Contadora y su Grupo de Apoyo (Argentina, Brasil, Perú y Uruguay), y que continuará al realizarlo, el año pasado, el margen de la asamblea general de las Naciones Unidas, según trascendió hoy en Bonn.

Los doce países miembros de la CEE "reiteradamente han apelado en los últimos meses a todas las partes afectadas, directa o indirectamente cómo cumplir con la letra y el espíritu del acuerdo (Esquipulas II), y a contribuir con los esfuerzos de la región (centroamericana) por alcanzar la paz, la democracia y el desarrollo económico", agregó el comunicado.

"A pesar de que ha habido progresos en algunas áreas, los doce comprueban que no han podido Ser cumplidas aún como tres condiciones esenciales para una paz estable y duradera en centroamericana", continúa más adelante.

San José(AP). -El Presidente de Costa Rica, Óscar Arias, durante una conferencia de prensa, hoy aquí en la cual se refirió a la actual situación Centroamericana. Líderes Centroamericanos comienzan allegar hoy para reunirse el viernes, y analizar los progresos de trabajo Esquipulas II.

"LA PRENSA". 15 DE ENERO 1988

REBELDES ACEPTAN EN INCLUIR EN DIALOGO A COORDINADORA

MANAGUA, 14 ENE (ACAN-EFE). -La resistencia armada antisandinista aceptó ayer incluir a la posición cívica interna en un eventual diálogo directo con los representantes del gobierno nicaragüense, según lo afirma un comunicado de la jefatura de los "contras".

La declaración, leída telefónicamente a las agencias de noticias, informa que el directorio da la resistencia envía una carta al presidente de la Coordinadora Democrática Nicaragüense (CDN), Carlos Huembes, aceptando "de inmediato" la iniciativa de la posición desarmada.

El pasado domingo, durante una marcha opositora conmemorativa del décimo aniversario del asesinato del periodista Pedro Joaquín Chamorro cardenal, la CDN reclamó que un diálogo directo de la resistencia con el gobierno nicaragüense, ellos debían ser tomados en cuenta.

Hasta ahora, el gobierno de Managua no ha aceptado un diálogo directo con la jefatura de los "contras", cuyo representante es únicamente accedieron a comunicaciones indirectas que se han celebrado en República Dominicana con la mediación del cardenal Miguel Obando.

Con el fin de hablar sobre ese diálogo directo de la posición alzada en armas y a cívica con los sandinistas, qué serían para" alcanzar una paz en libertad" la resistencia propone a la CDN la celebración en Costa Rica de una reunión en una fecha próxima no precisa.

"LA PRENSA" 15 DE ENERO 1988

Madrigal Nieto

"SE NECESITA MUCHO CORAJE"

SAN JOSE,14 ENE (ACAN-EFE). - Los presidentes de Centroamérica se reúnen mañana en Costa Rica para evitar que el plan de Esquipulas se transforme en un proceso sin fin, que al final llevaría el fracaso y a la guerra como única vía para resolver la crisis de la región.

Así lo enfocan observadores políticos en San José, que ven la "cumbre" presidencial enfrentada a un panorama "empedrado de dificultades" que era muy difícil lograr soluciones que satisfagan a todos los actores del conflicto.

El canciller costarricense, Rodrigo Madrigal Nieto, confesó a su regreso de la reunión de la Comisión Internacional de Verificación y Seguimiento (CIVS), en Panamá, que sea avanzado en cuanto a franqueza y fluidez de comunicación entre las partes, pero que lograr el consenso entre las partes continúa siendo "muy difícil".

Madrigal afirmó que los mandatarios " necesitarán mucha interesa para evitar que el plan culmine en una farsa, o culmine en un proceso sin fin", y confesó que el pacto Esquipulas II, aprobado por los gobernantes el 7 de agosto de 1987 en Guatemala, "no se ha cumplido o a cabalidad".

"LA PRENSA". 15 DE ENERO 1988

AYUDA A "CONTRAS" SI FALLA ACUERDO DE PAZ

WASHINGTON, 14 ENE (EFE). – El exgobernador demócrata estadounidense Charles Robb propuso ayer al Congreso que apruebe más ayuda para los "contras" si no se produce cambios destacables en Nicaragua tras las conversaciones de Paz en Centroamérica.

Aunque Robb Señalo en rueda de prensa que, si los centroamericanos concediesen una "última oportunidad" a los sandinistas tras la reunión del próximo viernes en San José Costa Rica, EEUU tendría que apoyar esa propuesta y congelar temporalmente la entrega de fondos a los "contras".

Según Robb, también habría que recordar las afirmaciones del desertor sandinista ex-mayor Roger Miranda y la crisis en Panamá, señalando que "tenemos que tener una inestabilidad general en la zona".

Sin embargo, el exgobernador norteamericano destacó que la política de Estados Unidos debe mantener su objetivo de apoyo a la democracia en el área, para la que "no hay solo soluciones militares", y revisar sus programas de asistencia a la zona.

En este sentido, propuso que cuando el congreso debata el próximo 3 de febrero la aprobación de ayuda para la guerrilla nicaragüense se consideran también fondos para el desarrollo político y económico en Centroamérica que se entregarían si los sandinistas y "contras" acuerdo en un acto al fuego y una amnistía general.

"LA PRENSA". 15 DE ENERO 1988

MANAGUA QUIERE GARANTÍAS

NUEVA YORK, 14 ENE (EFE). - El presidente de Nicaragua, Daniel Ortega, expone hoy en el Nueva York Times que estaría dispuesto a reducir su ejército y a sacar los asesores militares extranjeros y Estados Unidos da garantía de que no atentará contra su país.

En un comentario publicado en página de coloración del diario neoyorquino, Ortega señala que si Nicaragua recibe suficiente garantía de Estados Unidos sobre su seguridad y dentro del contexto de un acuerdo regional, su país estaría dispuesto a adoptar cuatro medidas:

1-Establecer límites al ejército y al armamento nicaragüense, con una prohibición mutua sobre todas las armas ofensivas.

2-Prohibición de asesores militares extranjeros, así como del estacionamiento de tropas extranjeras en la región.

3-Prohibición de bases extranjeras militares en territorio nicaragüense.

4-Prevención activa del uso del territorio nicaragüense para amenazar o subvertir cualquier país en la región, tal como se acordó en Guatemala.

Observa el presidente nicaragüense que la administración Reagan ha demostrado reiteradamente una falta total de respuesta a las iniciativas de Managua para encontrar una solución negociada a las diferencias entre los dos países.

"LA PRENSA" 15 DE ENERO 1988

135

Comisión de verificación
NO HAY AVANCES SUFICIENTES PARA LA PAZ

CIUDAD DE PANAMÁ, 13 enero (DPA). - Los cancilleres de la Comisión Internacional de Verificación y Seguimiento de los acuerdos de Esquipulas II, reunidos ayer y hoy en la ciudad de Panamá, concluyeron sus deliberaciones sin llegar a un acuerdo y declararon que no hay avance suficiente en Centroamérica, para proclamar que la tarea de la pacificación esté terminada.

En una declaración final los cancilleres señalaron que se han logrado avances, aunque subrayaron que son insuficientes.

Los ministros del exterior presentarán un informe a La Cumbre centroamericana el viernes próximo en San José Costa Rica de la comisión, que es la semana pasada analizó los cinco países centroamericanos el proceso de pacificación regional.

Las principales divergencias se registraron, según informó un asistente de DPA, entre el canciller salvadoreño, Ricardo Acevedo y los ministros del exterior del grupo de Contadora (México, Panamá, Venezuela y Colombia). Según indicó la Fuente.

El Salvador acusó a Nicaragua de no cumplir con los compromisos de Esquipulas II y seguir alentando a la guerrilla esa salvadoreña, acusación que fue rechazada por el ministro de exterior nicaragüense, Miguel D´Escoto.

A la reunión no asistieron los cancilleres del grupo de apoyo de Brasil como Uruguay y Argentina, ni los secretarios generales de la ONU y la OEA.

Hasta esta madrugada los ministros discutieron el informe al que varios cancilleres centroamericanos al que calificaron de parcial con respecto a sus países. La discusión sobre respecto a los Derechos Humanos llegó a algunas consideraciones manifestar, incluso, que el informe de la comisión "Ad-Hoc", estaba influido por el grupo de contadora, lo que provocó reacciones opuestas de los cancilleres de esos países.

Tras un receso a las dos de la madrugada se decidió continuar con la reunión qué finalizó a las 5 de la mañana, de inmediato varios cancilleres Centroamericanos salieron hacia el aeropuerto para regresar a sus países, ya que deberán informar hoy a sus respectivos presidentes.

"LA PRENSA" 14 DE ENERO DE 1988

En nueva cumbre
PRESIDENTES DEL AREA CONOCERAN MAÑANA PROGRESOS DEL PLAN DE PAZ

San José, (AP). -La reunión de los cinco presidentes de Centroamérica se iniciará mañana al mediodía y concluirá el tercer con el informe oficial sobre los progresos alcanzados hasta ahora él hace esfuerzo por conseguir la paz en la región, se informó oficialmente

Nicaragua se anticipó a decir que el principal obstáculo para la paz en Centroamérica es "la posición intransigente de los Estados Unidos de atacar de muchas maneras" a ese país.

La reunión cumbre centroamericana tendrá lugar en el Instituto Centroamericano de Administración de Empresas, ubicado en Alajuela, a 24 km de esta capital.

La Casa de Gobierno informó ayer a la prensa que la reunión se iniciará con la interpretación de los cinco himnos nacionales, las palabras de bienvenida del presidente Oscar Arias y la respuesta a nombre de los visitantes del presidente de Guatemala, Vinicio Cerezo.

136

Luego comenzara la sesión privada en la que los presidentes conocerán el informe elaborado en Panamá por la Comisión Internacional de Verificación y Seguimiento de los acuerdos Esquipulas II sobre los procesos de plan de para la región.

Los resultados de la reunión se darán a conocer en la noche, en conferencia de prensa que ofrecerán los mandatarios.

El presidente Arias recibió ayer el vicecanciller de Nicaragua, José León Talavera, que forma parte de una avanzada nicaragüense para preparar detalles del arribo del presidente Daniel Ortega el viernes por la mañana.

El segundo presidente en llegar será el de Honduras, José Azcona Hoyo, a las 9:15 horas.

Una hora después lo hará el de Salvador, José Napoleón Duarte, y luego el de Guatemala, Vinicio Cerezo, media hora antes del comienzo de la reunión.

La embajadora Claudia Chamorro que ha acompañado a Talavera, dijo los periodistas a la salida de la reunión que es "muy positiva2 para el proceso de pacificación la decisión del presidente Arias de condicionar la permanencia en el país de los contras nicaragüenses y el abandono al apoyo de la actividad de bélicas.

"EL HERALDO" . JUEVES 14 DE ENERO DE 1988

BUSBY VOLVIO A REUNIRSE CON PRESIDENTE AZCONA H.

TEGUCIGALPA. - El enviado especial de los Estados Unidos para Centroamérica, Morris Busby, se reunió ayer nuevamente con el presidente José azcona Hoyo, presumiblemente para exponer los criterios de la Administración Reagan sobre la reunión que sostendrá mañana los cinco presidentes centroamericanos en Costa Rica.

Morris Busby llegó a casa presidencial acompañado por el embajador de los Estados Unidos, Everett Briggs, y al final de la entrevista con Azcona se negó a dar declaración a los periodistas como han sido su costumbre la mayoría de las veces que has visitado Honduras.

La reunión de Busby se produjo 4 horas después de la entrevista que sostuvo el senador de demócrata Christopher Dodd con el presidente Azcona. (TDG)

"TIEMPO". 14 DE ENERO DE 1988

EDITORIAL
DIÁLOGO NACIONAL

El pasado martes 12 del mes en curso, la Comisión Nacional de Reconciliación se reunió con el Señor Presidente de la República, ingeniero José Simón Azcona Hoyo, para entregarle el informe final de la labor ejecutada.

Monseñor Héctor Enrique Santos, presidente de la citada Comisión, manifestó que ellos querían "ver siempre nuestra Patria en paz, Concordia, unidad y fraternidad".

La reunión con el mandatario hondureño, sirvió para dejar evidenciado el pensamiento de la Comisión, sobre alguno de los problemas capitales que tiene Honduras, especialmente aquellos que imposibilitan una armónica convivencia y un entendimiento patriótico entre todos los sectores políticos, religiosos, sociales y económicos.

Afectan directamente el espíritu conciliador de los hondureños, dijo el presidente de la Comisión de Reconciliación Nacional, los "atentados contra la vida, la integridad física, la propiedad y, en general, los derechos de los ciudadanos, abusos que se producen generalmente en zonas aisladas del país y que son protagonizados por individuos de alta en las fuerzas armadas y generalmente de baja graduación, en perjuicio de ciudadana que son víctimas de denuncias infundadas de parte de otras personas interesadas en hacer el mal".

Los miembros de la comisión citada expresaron que después de haberse reunido con muchas organizaciones constituidas a nivel nacional, llegaron a la conclusión que hay en el país "circunstancias que, de no corregirse, imposibilitaría la armonía que debe existir en todos los sectores de la sociedad hondureña con las consecuencias que quisiéramos evitar".

Ninguno de los componentes de la CRN, quiso señalar algunos detalles de esas "circunstancias" que deberán corregirse, si es que deseamos que en Honduras prevalezca la paz, la garantía hacia el ciudadano, la libre circulación, la libertad de cultos, la libre empresa, la libre política y el respeto a la soberanía de los hondureños.

Cómo es del conocido de nuestros lectores, la Comisión de Reconciliación Nacional se integró el 2 de noviembre de 1987, después de que se había organizado en los restantes países del área, y en la que se encuentra monseñor Héctor Enrique Santos, que la preside; Hernán Corrales Padilla; el dirigente campesino Luis Lagos, presidente de la ANACH, Alfredo Fortín Inéstroza y César Batres.

La emisión del decreto de amnistía es uno de los logros de la CRN, así como también el haber dejado escrito en ese informe que la primera división que debería tomar las diligencias de las maquinarias políticas en este país sería la de "despolitizar totalmente el poder judicial y convertirle en una organización independiente, autónoma, bien remunerada, con estabilidad garantizada como un medio indispensable para dar seguridad jurídica a la vida de todos los habitantes de Honduras".

Creen los miembros de la Comisión de Reconciliación Nacional que la suspensión de las elecciones municipales, es un foco de discordia y una afrenta a los derechos conquistados por el pueblo hondureño, plasmada en la ley Electoral y de las organizaciones políticas.

Aun cuando no tenemos todavía el texto íntegro del informe entregado por la Comisión de Reconciliación Nacional al Señor Presidente de la República, consideramos que ha sido terminante en su juicios y ha recogido realmente alguna de las inquietudes que preocupan al pueblo Hondureño, no obstante que los temas del pasado en el informe, al decidir de la Comisión "son solamente una parte mínima de los que aquejan al país en el ámbito interno que son los que componen y que nadie puede ignorar que el gran telón de fondo común a la tragedia centroamericana lo constituye en el hambre, la ignorancia, la falta de salud, las tasa posibilidad de empleo y la deficiencia administrativa de Justicia que padecen los grandes mayorías del istmo".

Consideramos que la Comisión de Reconciliación Nacional cumplió los 69 días de trabajo, una labor magnífica que no hace más que reafirmar lo que han denunciado los medios de comunicación social, como reflejo diario de una observación detenida de todo lo que ocurre en los límites geográficos de la patria.

El enorme problema de nosotros hondureños es que todas las comisiones se formaron a lo largo de estos últimos años, se han creado ante la expectativa general, ante el anhelo profundamente sentido de toda la hondureñidad de que esté o el otro informe genere la acción profiláctica de las autoridades gubernamentales.

La realidad, por supuesto, muy diferente. Las personas que llegan a formar parte de tales comisiones trabajan arduamente; la busquen en los cajones de papeles confidenciales de muchas instituciones puestas bajo su óptica patriótica, describen sus impresiones muestran la prueba de los delitos cometidos, de los trámites mañosos ejercitados para burlar la justicia y la buena fe de los gobernantes, para que al final el informe y todo el tiempo entregado a la investigación se pierda en el más absoluto silencio.

138

Los periódicos, generalmente, son los que explotan mediante la noticia y los comentarios de rigor, todas las incidencias de cada uno de la investigación que se han hecho para consumo popular, sin que ninguno de ellas haya generado una acción de reivindicación nacional.

Ojalá que el gobernante de este país, se detengan en el análisis del informe presentado por la comisión de Reconciliación nacional, a fin de poner en práctica alguna de la saludables recomendaciones que hacen, con la mejor intención, el funcionario tiene que saber que este pueblo ya está cansado de tanto esperar que nuestro mandatarios procedan como a través de los canales correspondientes a corregir los entuertos de algunos malos hondureños que creen el nombramiento en los cargos públicos y en las instituciones descentralizadas del estado, es una patente de corso para hacerse rico en un abrir y cerrar de ojos goma sabedores de que en este país un escándalo no dura tres días en los medios de comunicación.

Esperamos que el equipo de gobierno salga de esa modorra en qué ha vivido desde hace casi dos años, para que den testimonio de buena fe, de patriotismo y entrega moral.

"EL HERALDO" 14 DE ENERO DE 1988

AMENAZAN DE MUERTE A ARIAS

SAN JOSE, 14 DE ENRO (DPA). -El presidente de Costa Rica y Premio Nobel de la Paz, Oscar Arias, confirmó hoy que ha recibido Amenazas de muerte. El mandatario explico que "han sido dos las amenazas recibidas, una de un grupo extranjero y otra personal". Arias omitió profundizar sobre estas amenazas, pero admitió que "se ha recibido en los últimos días". Por aparte se informó que agentes de la Dirección de Seguridad (DIS), están trabajando en una investigación exhaustiva sobre estas amenazas al mandatario costarricense.

Comisión de verificación

PLAN Y CALENDARIO PUEDEN SUMARSE A LOS ACUERDOS

PANAMA, 14 ENE (ACAN-EFE). -El procedimiento para alcanzar la paz firme y duradera en Centroamérica, también llamado Esquipulas II, podría complementarse con un plan de ejecución y un calendario de cumplimiento de compromisos, según el documento elaborado en Panamá por la Comisión Internacional de Verificación y Seguimiento.

Según el texto redactado por los cancilleres centroamericanos, grupo de Contadora, apoyo y representante de la ONU y OEA, que fue parcialmente filtrado hoy a la prensa, "el trazado de un plan cronológicamente ordenado" para ejecutar los acuerdos, podría negociarse en la "cumbre" presidencial del viernes como en San José.

Para los miembros de la Comisión Internacional de Verificación y Seguimiento (CIVS), el cumplimiento simultáneo de los acuerdos es un problema de fondo y urgente que aún no está resuelto, y que ha de articularse Más allá del marco general previsto por los acuerdos de Esquipulas II, para poder tener realización concreta.

Al suscribirse que los compromisos se cumpliesen paralelamente, dice el documento, se zanjaron diferencias Aparentemente y reconciliables sobre la procedencia entre la pacificación y la democratización, pero en este principio de simultaneidad aún radica uno de los problemas estructurales de la aplicación del acuerdo.

Sobre el compromiso de "impulsar un auténtico proceso democrático y pluralista", el informe afirma que es difícil de lograr en los apenas cinco meses pasado desde la firma de los acuerdos, en una región caracterizada por una historia turbulenta.

No obstante, reconoce la estabilidad y amplió desarrollo de las instituciones democráticas en Costa Rica, y que, en Nicaragua, pese al hostigamiento bélico que sufre el país se ha dado pasos concretos para poner en marcha de un proceso democrático.

También cita que en esta última nación se denunció la necesidad de diferenciar malas instituciones estatales de las partidarias, y el establecimiento de garantías más amplias para ejercer los derechos civiles y políticos.

La CIVS dice estar convencida de la necesidad de persistir y profundizar en los esfuerzos de reconciliación nacional, sobre todo en los países en que hay profundas divisiones en la sociedad, en cuyas Comisiones Nacionales (CNR) debe estar representado los partidos políticos o grupos cercanos a los Rebeldes armados, como es el caso de Nicaragua y lo fue en El Salvador.

El texto hace constar que en Nicaragua está ahora suspendido por el retiro de los partidos de oposición, y en El Salvador la oposición considera que se dio prioridad al diálogo una oposición armada.

Pero, en Honduras y Costa Rica, el diálogo se da gracias a una irrestricta libertad de expresión, según el gobierno en el primer caso y la posición en el segundo, dice la CIVS.

Respecto a la amnistía, afirma que el Salvador, Guatemala, Honduras y Nicaragua han emitido decretos, pero es prematuro emitir un juicio definitivo sobre su efectividad, Ya que su propósito Es abrir espacios políticos para que los grupos opositores coman sobre todos los alzados en armas, se reintegren a la vida democrática.

Matiza la CIVS que en El Salvador ha beneficiado los presos políticos, pero solo concedió un plazo de 15 días los alzados en armas para cogerse a ella y que, en Nicaragua, aunque la amnistía a los rebeldes sigue vigente, su entrada en vigor para los encarcelados se ha suspendido.

Finalmente, el texto afirma que, aunque el cometido global de los acuerdos de estipula todos, esto es, alcanzar la paz, no se haya alcanzado a un, el procedimiento de Guatemala no pierde validez, pero resulta imperativo mantener una permanente voluntad política en la búsqueda de fórmulas para superar los obstáculos.

El programa de acciones de los acuerdos de Esquipulas forma parte de un proceso, por lo que, a los 150 días de su firma, serían tan contrario a la verdad declarar que no se ha logrado avances, Cómo proclamar su éxito como más expresa el informe de los cancilleres.

"LA PRENSA" 15 ENERO DE 1988

Confirma Cerezo
GUATEMALA PEDIRA OTRA CUMBRE

GUATEMALA, 14 ENE. (ACAN-EFE). El presidente de Guatemala, Vinicio Cerezo, informó hoy que, en la Cumbre de Mandatarios Centroamericanos a celebrarse mañana en Costa Rica, "Se harán esfuerzos para que no se rompa el acuerdo Esquipulas II".

El gobernante democristiano dijo "Guatemala hará alguna propuesta en la Cumbre de Esquipulas II", pero advirtió que no podía revelarlas, porque "se pueden despertar susceptibilidades".

Sin embargo, reafirmó lo declarado recientemente por su canciller, Alfonso Cabrera, en el sentido de que "se propondrá una nueva cumbre de presidentes, para que no se rompa la posibilidad de paz contempladas en el Tratado de Guatemala".

Dijo que las propuestas que Guatemala presentará le dará a conocer en Costa Rica para que sean incluidas en la agenda que contempla la discusión del informe de la Comisión Internacional de Verificación y Seguimiento (CIVS).

"LA PRENSA". 15 ENERO DE 1988

DUARTE LLEVARÁ DOCUMENTO DE OPSICION NICARAGÜENSE

SAN SALVADOR, 14 ENE. (ACAN-EFE). -El presidente José Napoleón Duarte llevará a la Cumbre de gobernantes centroamericanos un documento de la Coordinadora Democrática Nicaragüense (CDN), qué plantean en cumplimiento de los acuerdos de Esquipulas II, por parte de Nicaragua, se informó hoy aquí.

Dulio Baltodano, vicepresidente de la CDN, afirmó hoy que personalmente Duarte entregará el documento a sus colegas, que se reúnen mañana en San José, para evaluar la situación del área después de 150 días de suscribir en Guatemala el plan de paz.

Baltodano, que hoy viajará a Costa Rica para reunirse con la dirección de la "contra", explicó que el documento fue avalado por 14 partidos opositores al gobernante Frente Sandinista de Liberación Nacional (FSLN).

"LA PRENSA". 15 ENERO DE 1988

HOY SE INSTALA LA CUMBRE: AZCONA ACEPTA MAS PLAZOS SI HAY MAS SANCIONES

San José. El presidente de Honduras, José Azcona, fue recibido ayer con todos los honores por su homólogo de Costa Rica, Óscar Arias Sánchez. El mandatorio fue el primero en arribar a esta capital para participar en la cumbre presidencial que evaluará los avances del Plan de Paz. (Lasserfoto de Aquiles Andino /LA TRIBUNA).

"LA TRIBUNA". 15 DE ENERO DE 1988

141

CUMPLIMIENTO TOTAL E INEXCUSABLE REITERAN PRESIDENTES DEL ÁREA

San José, 17(AP) Este es el texto completo de la declaración conjunta firmada por cinco presidentes centroamericanos y en esta capital:

"Los presidentes han recibido las conclusiones del informe de la Comisión Internacional de Verificación y Seguimiento, preparado de acuerdo al numeral 11 de Esquipulas II, con reservas señaladas por algunos de ellos.

"Los presidentes reconocen el esfuerzo para coadyuvar a cumplimiento de los acuerdos de Esquipulas II.

"Los presidentes encomiendan a la comisión ejecutiva para que al recibirse el informe general lo examine haciendo las recomendaciones pertinentes.

"Los presidentes ratifican el valor histórico y la importancia del acuerdo de Esquipulas II, cuya Concepción y Espíritu y reconocen y reiteran como vitales para el logro de la democratización y pacificación de la región.

"Por no estar satisfecho enteramente el cumplimiento de los compromisos de Esquipulas II, que comprometen así a satisfacer obligaciones incondicionales y unilaterales que obligan a los gobiernos a un cumplimiento total e inexcusable.

"Dentro de estas se encuentran el diálogo, las conversaciones para la concertación del cese de fuego, la amnistía general y, sobre todo, la democratización, que necesariamente incluye el levantamiento de estado de sección, la libertad de pensamiento total, el pluralismo político y el no funcionamiento de tribunales especiales.

"Los compromisos enunciados que no se han cumplido por los gobiernos, deberán ser cumplidos inmediatamente en forma pública y evidente.

"El cumplimiento de los acuerdos del documento Esquipulas II comprende compromisos cuya observancia con los gobiernos es objeto de un imprescindible verificación específica, particularmente el de ayuda a los grupos irregulares, el no uso del territorio para apoyar a los mismos, y la libertad efectiva de los procesos electorales qué deberán ser verificados por la Comisión Nacional de Reconciliación, dándole especial importancia a la elección del parlamento centroamericano, todos como un elemento indispensable para lograr la paz establece y duradera de la región.

"La comisión Ejecutiva integrada por los ministros de relaciones exteriores de los estados Centroamericanos, tendrá la función principal de verificación, control y seguimiento de todos los compromisos contenidos en el procedimiento de Guatemala y en la presente declaración. Para ello gestionará la cooperación de Estados regionales o extra regionales, u organismos de reconocida imparcialidad y capacidad técnica, que han manifestado su deseo de colaborar en el proceso de paz de Centroamérica.

"Igualmente, el cumplimiento de Esquipulas II implica el seguimiento de obligaciones que comprenden una estrategia ya establecida, como es el de regulación de armamentismo, y los acuerdos de seguridad del desarme.

"Expresamos nuestro reconocimiento a la comunidad internacional por el apoyo político y financiero que ha comprometido para impulsar proyectos regionales, orientados a alcanzar el desarrollo económico y social de Centroamérica, Como objetivo directamente ligado con la tarea de lograr, preservar y consolidar la paz, ya que siendo económicas y sociales las causas primigenias de este conflicto, no es posible alcanzar la paz sin desarrollo.

"Los presidentes, conscientes de su responsabilidad histórica frente a los pueblos, reafirma la voluntad de cumplimiento en la forma expresada, qué Esteban irrenunciable e inalterable,

142

prometiendo cumplir lo pendiente en forma inmediata sin reticencia ni soslayo, consciente de que será sus pueblos y la comunidad internacional quienes juzgarán el cumplimiento de las obligaciones contraídas de buena fe.

"Suscribimos a la presente declaración, agradeciendo al pueblo de Costa Rica y a su presidente, doctor Óscar Arias Sánchez, la hospitalidad que nos permitió el marco adecuado para la celebración de esta reunión".

El presidente Oscar Arias, da a conocer el documento "Esquipulas III"
que fue firmado después por los mandatarios centroamericanos.

"LA PRENSA". 18 DE ENERO DE 1988

AZCONA INAUGURARÁ NUEVAS INSTALACIONES DE LA CCIC

SAN PEDRO SULA.- El presidente de la república, José Azcona Hoyo, ha sido invitado por la Cámara de Comercio e Industria de Cortés(CCIC), para presidir los actos de inauguración de las nuevas instalaciones de esa agrupación de empresarios que tendrá lugar el 22 del presente el anuncio fue hecho el jueves aquí por la funcionario de la CCIC luego de indicar a los periodistas que en 1987 se contribuyó a crear más fuentes de trabajo y fortalecer la economía sampedrana en particular y del país en general.

El presidente de la cámara, Felipe Argüello Carazo, invitó a los informadores a realizar un recorrido por las instalaciones del nuevo edificio.

Los empresarios sampedranos aprovecharán la presencia del gobernante el próximo 22 de enero para plantearle una serie de inquietudes y sugerencias con respecto al desarrollo industrial del departamento de Cortés, tendente a emplear a más de 60,000 personas económicamente activas qué han invadido las ciudades procedentes del campo y que no tiene trabajo.

Al parecer el jefe ejecutivo ya confirmó su presencia para la fecha indicada con va cumpliendo de esta manera sus promesas hechas el año pasado en el sentido que cuando haya inauguraciones en San Pedro Sula que contribuyan al desarrollo de la zona y del país hará acto de presencia.

"EL HERALDO" 18 DE ENERO DE 1988

PRESIDENTES ECHAN FUERA A LA CIVS Y AL GRUPO DE CONTADORA Y DE APOYO

Los presidentes han recibido las conclusiones del informe de la comisión internacional de verificación y seguimiento, preparados de acuerdo al número 11 de Esquipulas II, con reserva señaladas por algunos de ellos.

Los presidentes reconocen el esfuerzo y el ingente trabajo de la comisión, a la que agradece su dedicación y esfuerzo para coadyuvar al cumplimiento de los acuerdos de Esquipulas II, los presidentes encomiendan a la comisión ejecutiva para que a recibirse el informe general lo examine haciendo las recomendaciones pertinentes.

Los presidentes ratifican el valor histórico y la importancia del acuerdo de Esquipulas II, cuya Concepción y Espíritu reconocen y reintentan como vitales para el logro de la democratización y la pacificación de la región.

Por no estar satisfechos enteramente del cumplimiento de los compromisos de Esquipulas II, se comprometen a satisfacer obligaciones incondicionales y unilaterales que obligan a los gobiernos a un cumplimiento total e inexcusable.

Dentro de esta se encuentra el diálogo, las conversaciones para la concertación del cese al fuego, la amnistía general, y, sobre todo, la democratización que necesariamente incluye el levantamiento del estado de sección, la libertad de prensa total, el pluralismo político, y él no funcionamiento de los tribunales especiales.

Los compromisos enunciados que no se han cumplido por los gobiernos deberán ser cumplidos inmediatamente en forma pública y evidente.

El cumplimiento de los acuerdos del documento de Esquipulas II comprende compromisos cuya observancia por los gobiernos es objeto de una imprescindible verificación específica, particularmente el cese de la ayuda a los grupos irregulares, el no uso del territorio para apoyar a los mismos, y la liberación efectiva de los procesos electorales que deberán ser verificados por la Comisión Nacional de Reconciliación, dándole especial importancia a la elección del parlamento centroamericano, todo como un elemento indispensable para lograr la paz estable y duradera en la región.

La comisión ejecutiva integrada por los ministros de relaciones exteriores de los Estados Centroamericanos tendrá la función de verificación, control y seguimiento de todos los compromisos contenidos En el procedimiento de Guatemala y en la presente declaración.

Para ello, gestionará la cooperación de estado regionales o está regionales u organismos de reconocida imparcialidad y capacidad técnica, y han manifestado su deseo de colaborar en el proceso de paz de Centroamérica junto al cumplimiento de Esquipulas II, que implica el seguimiento de obligaciones que comprenden una estrategia ya establecida, como es la de La regulación del armamentismo y los acuerdos de seguridad y desarme.

Expresamos nuestro reconocimiento a la comunidad de internacional sobre el apoyo político y financiero que han comprometido para impulsar proyectos regionales, orientados a alcanzar el desarrollo económico y social de Centroamérica, como objetivo directamente ligado con la tarea de lograr, preservar y consolidar la paz, ya que siendo económicas y sociales las causas primigenias de este conflicto, lo es posible alcanzar la paz y desarrollo.

Los presidentes, conscientes de su responsabilidad histórica frente a sus pueblos, reafirman su voluntad y cumplimiento en la forma expresada, que estiman irrenunciable e inalterable, prometiendo cumplir lo pendiente en forma inmediata sin pendiente en forma inmediata, sin rectificencia ni soslayos, conscientes que serán sus pueblos y la comunidad internacional quienes juzgarán ella presidentes consciente de su responsabilidad histórica frente a sus pueblos como reafirma su voluntad y cumplimiento en la forma expresada, que estiman irrenunciable e inalterable, prometiendo cumplir lo pendiente en forma inmediata sin pendiente en forma inmediata, sin rectificencia ni soslayos, conscientes que serán sus pueblos y la comunidad internacional quienes juzgarán el cumplimiento de las obligaciones contratadas de buena fe.

Suscribimos la presente declaración Agradeciendo al pueblo de Costa Rica y a su presidente doctor Oscar Arias Sánchez coman la hospitalidad brindada y nos permitió el marco adecuado para la celebración de esta reunión.

Óscar Arias Sánchez presidente de la república de Costa Rica
Vinicio Cerezo Arévalo presidente de la república de Guatemala
Daniel Ortega Saavedra presidente de la república de Nicaragua
José Napoleón Duarte presidente de la República del Salvador
José Azcona Hoyo Presidente de la república de Honduras.

San José, Costa Rica, 16 de enero de 1988

Presidentes de Centroamérica

"EL TIEMPO". 18 ENERO DEL 1988

DECLARACIÓN DE ORTEGA

1. El gobierno de Nicaragua aplicará a partir de esta fecha la ley que suspende el Estado de emergencia, en todo el país.

2. El gobierno de Nicaragua convocará de inmediato a plática directa con los grupos alzados en armas para la concertación del cese al fuego en el marco de los acuerdos de Esquipulas II.

El gobierno de conformidad con lo solicitado en la última reunión en Santo Domingo por dichos grupos, ha decidido incluir a nicaragüenses como parte del equipo que llevará adelante las pláticas de concertación con la mediación de cardenal Obando.

3. El gobierno de Nicaragua está dispuesto a aplicar la ley de la amnistía No.33 actualmente diferida a la CIVS, en el momento en que se logra la concertación efectiva del cese del fuego y la incorporación de los grupos alzados en armas a la vida cívica.

Igualmente, en el caso que no se concierte el cese del fuego, está dispuesto a liberar a dichos individuos si el gobierno de los Estados Unidos o cualquier otro gobierno no centroamericano, decide acogerlos en su territorio los que podrán retornar a Nicaragua cuando cese la guerra.

4. Nicaragua celebrará las elecciones para el Parlamento Centroamericano en los plazos previstos e igualmente llevará a cabo las elecciones municipales tal y como lo establezca la Constitución de la República.

San José, 16 de enero.

"TIEMPO". 18 ENERO DEL 1988

Los presidentes José Azcona y Óscar Arias Sánchez escuchan los Himnos Nacionales a la llegada del dignatario hondureño al aeropuerto Internacional de Santamaría de San José. El Ingeniero Azcona fue el primer mandatario en arribar a la capital josefina para participar en la cumbre centroamericana que se celebra hoy. Poco después arribo José Napoleón Duarte, quien expreso que desenmascarará a quien no ha cumplidos los acuerdos firmados en Guatemala. - (Foto Sosa).

"LA PRENSA "15 DE ENERO DE 1988

Presidente Azcona:
AL MENOS QUE HAYA ACCIONES COERCITIVAS NO ESTAMOS DISPUESTOS A NUEVOS PLAZOS

San José, Costa Rica. (María Orbelina de Paz, enviada especial).- El presidente de Honduras, José Azcona Hoyo, expresó que al menos que hay acciones fuertes, paralelas, coercitivas, para que se cumplan, no estamos dispuestos a nuevos plazos.

Aunque prefirió no profundizar en las medidas que se podrían aplicar a sus colegas.

El mandatario hondureño arribó el aeropuerto Juan Santamaría de esta ciudad a las 3:30 de la tarde de ayer, acompañado del jefe de las Fuerzas Armadas con más general Humberto Regalado Hernández; el designado presidencial es Pedro Fortín, el secretario privado William Hall Rivera, el coronel Wilfredo Sánchez entre otros.

La delegación fue recibida por el mandatario Óscar Arias Sánchez.

Con colorida la ceremonia oficial del gobernante ofreció una conferencia de prensa en la que fue categórico al manifestar "no vengo con posiciones irreductibles, yo entiendo que cada presidente tiene que dar su aporte, lo que no queremos es que quede en forma diluida el acuerdo de paz".

Ratificó que su gobierno ha cumplido un poco más del 95% de lo contemplado en el documento como ha firmado el 7 de agosto pasado, contrario a lo que sucede en otros países en donde han tomado medidas superfluas.

"Yo vengo en la disposición de exigir la democratización interna de los países", manifestó, para luego decir que él cuenta con el respaldo de 94% de los hondureños y que prueba de ello es que antes de viajar a este país se reunió con los líderes de los partidos mayoritarios (Nacional y Liberal), quienes le rectificaron su apoyo para hablar con suficiente fuerza a esta reunión de presidentes.

AZCONA INCONFORME

Enseguida, el mandatario hondureño expresó inconformidad en algunos aspectos con informe rendido por la Comisión Internacional de Verificación y Seguimiento.

"No es posible que se nos juzgue en iguales condiciones que a otros países, en dónde si existen problemas internos, donde no ha habido amnistía general. Yo creo que debemos ponerle un poquito la sustancia al plan; acciones coercitivas si los nuevos plazos resultan infructuosos, porque de lo contrario no va a resultar nada positivo".

El ingeniero Azcona es abordado por los periodistas al descender del Avión que lo llevo a San José.

147

"Vengo a desenmascarar a quien no haya cumplido los acuerdos", expresó en conferencia de prensa el presidente José Napoleón Duarte, quien es acompañado del mandatario costarricense (Foto Sosa).

Acompañado del mandatario costarricense el presidente Azcona abandona la pista del aeropuerto josefino, (Foto Sosa).

"LA PRENSA" 15 DE ENERO DE 1988

MANIFESTACIÓN CONTRA ORTEGA

San José, Costa Rica. (Por María Orbelina de Paz). - Una manifestación en forma pacífica está programada para este mediodía, a realizarse en la avenida Central de esta capital, coincidiendo con la instalación de la Cumbre de presidentes Centroamericanos.

Dicha protesta lo promueve el movimiento Costa Rica Libre que lo integran instituciones democráticas del país como demostración de repudio a la presencia del presidente de Nicaragua Daniel Ortega, que llega a las 10:20 de la mañana de hoy a la capital joselina.

Los preparativos de esta manifestación se realizan desde ya se anunció la llegada del comandante sandinista quién con el resto su homólogo del área y valorar los avances del Acuerdo de Paz de Esquipulas II, así los avances y retrocesos que pudiera haber en el mismo.

Cabe destacar que antes este anuncio la policía costarricense se encuentra concentrada, a la expectativa para intervenir ante cualquier situación de tranquilidad y desorden que pudiera darse hoy.

"La Prensa". 15 de enero de 1988

Por Unanimidad

AZCONA NOMBRADO PRESIDENTE HONORARIO DE EXPICA 88

TEGUCIGALPA. - Las organizaciones de ganaderos del área centroamericana a través de sus representantes en carácter de delegados del Comité Permanente de la Exposición Pecuaria del Istmo Centroamericano (EXPICA) determinarán por unanimidad nombrar al presidente constitucional de la República ingeniero José Simón Azcona Hoyo, como presidente honorario de este importante cónclave internacional que se desarrollará en la ciudad de San Pedro Sula.

Álvaro Noel Mercado, presidente del Comité Permanente de EXPICA 88, manifestó que constituía un alto honor para el gremio ganadero nacional y para el país la designación de nuestro mandatario como presidente honorario de la exposición internacional que se llevará a cabo del 16 al 24 de abril en San Pedro Sula.

Mercado también indicó que la exposición centroamericana reunida en esta ocasión con considerable número de expositores no solo del área centroamericana sino también del Norte y Suramérica "lo que imprimirá una dinámica diferente".

Por su parte, el secretario EXPICA de Armando Erazo, expresó que se estaba recibiendo el apoyo del gobierno central a través de la secretaría de Recursos Naturales y su titular profesor Rodrigo Castillo, "Por consiguiente, es propicio esta oportunidad para agradecer al gobierno del presidente Azcona el respaldo brindado hasta ahora".

Finalmente, Erazo aseguró "que el comité permanente de EXPICA estaba redoblando esfuerzos para brindar a propios y extraños un evento extraordinario Y colocar a nuestro país en un lugar especial dentro del campo agropecuario internacional".

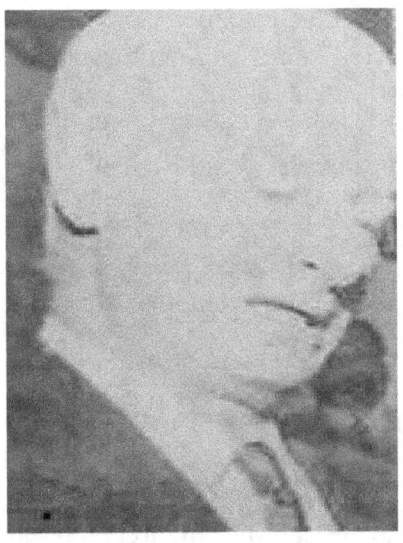

"TIEMPO". 15 DE ENERO DE 1988

UNC AMENAZA CON TOMARSE LA ROTONDA DE CASA PRESIDENCIAL

TEGUCIGALPA. - Los trabajadores amenazan con tomarse la rotonda de casa presidencial si las autoridades gubernamentales no reactivan la comisión encargada para promover la capacitación técnica de los campesinos, informó ayer Lucas Aguilera, secretario de conflictos de la unión Nacional de campesinos (UNC).

La comisión para la formación y la capacitación campesina en Honduras (COFOCACH) se creó en 1981, mediante decreto número 311 - 81, durante la administración del General Policarpo para García.

La COFOCACH nunca se activó y en la actualidad los dirigentes sindicales exigen una audiencia con el presidente, José Azcona Hoyo, para exponerle el problema porque de lo contrario advierten que realizarán medidas de presión a partir del 21 de enero.

Dijo que desde hace tiempo piden a las diversas autoridades que se reactive la comisión pero que solamente ha respondido con La indiferencia, actitud que no están dispuestos a continuar soportando. (RAM).

"TIEMPO". 15 DE ENERO DE 1988

EDITORIAL
¿Y DESPUÉS DEL FRACASO?

Los presidentes Centroamericanos firmaron su cita en Costa Rica, convencido en que el plan de paz ha fracasado y en medio de este fracaso hay una leve esperanza. La esperanza en la declaración del presidente Daniel Ortega Saavedra, contraída a revelar su disposición de cumplir en forma inmediata con los acuerdos suscritos por los presidentes en Guatemala el 7 de agosto de 1987.

El señor Ortega se comprometió a establecer plática con la resistencia armada nicaragüense con el fin de concertar un cese al fuego. Las pláticas, cara a cara, como fueron pedidas reiteradamente por los contras, se instalarían en forma inmediata en San José de Costa Rica. Además, dijo que convocaría, en sus fechas, a elecciones para el parlamento centroamericano y para renovar democráticamente los gobiernos de las municipalidades en su país.

Afirmó que declararía una amnistía general inmediatamente después de la concertación del cese al juego con la resistencia armada nicaragüense y desde luego, ejecutaría en forma inmediata coman por oficio ejecutivo, la suspensión del estado de emergencia que controla la vida de la nación y de los ciudadanos.

¿Cuánto tiempo tiene el señor Ortega para cumplir con todos estos compromisos? Oficialmente no hay fijación de términos, como en verdad debió haber sido lo correcto. Los sandinistas no cumplieron en los 150 días estipulado por los acuerdos de Guatemala, todo eso compromisos que ahora el señor Ortega reitera en San José, está dispuesto a cumplir.

Muchos creen que lo que busca el régimen sandinista por intermedio de esta declaración del presidente Ortega, es por cobrar ganar tiempo para que el congreso de los Estados Unidos se abstenga de aprobar nuevos fondos a la resistencia armada y eliminará sus más fieros y temidos enemigos.

El presidente Ronald Reagan tiene fijada su comparecencia ante el seno de las dos cámaras legislativas el 26 del presente mes y día después de esta comparecencia, en donde rendirá su informe sobre el estado de la nación norteamericana, presentará la solicitud de frescos financieros para las operaciones armadas de los contras.

El presidente Ortega es obvio que busca derrotar en el congreso de los Estados Unidos las iniciativas de su inflexible opositor al presidente Reagan. Y para ello está resuelto Buscar el instrumento eficaz para triunfar, hasta el grado de iniciar negociaciones con los sus odiados enemigos, la contrarrevolución, en un cara a cara. Algo imposible de soñar siquiera aún después de la firma de los acuerdos el 7 de agosto de 1987.

Las reuniones en Santo Domingo entre los sandinistas y sus opositores armados, con la mediación del cardenal Miguel Obando y Bravo, fracasaron precisamente por la negatividad de régimen marxista de Nicaragua deben negociar frente a frente tal como lo era solicitado insistentemente por la resistencia Armada.

El propio día en que el presidente Ortega anunciaba la suspensión del estado de emergencia en Nicaragua, los cuerpos de seguridad inteligencian de régimen de mano del comandante Tomás Borge, ministro de gobernación, expedía resoluciones de detención contra una docena de dirigentes civiles de la posición desarmada. Hasta este momento seis dirigentes y líderes y líderes en Nicaragua han sido detenidos pero la observación política y el funcionamiento de los comités de vigilancia de la Revolución, penetran la intimidad de los hogares de los sospechosos o de la oposición desarmada.

Estas detenciones obedecen al temor de los sandinistas de enfrentar una alianza de todos los movimientos civiles y militares de la posición nicaragüense. Según informes internacionales, la resistencia Armada (Contras) y la Oposición Cívica Nacional (CDN), llegaron a acuerdos mutuos en Guatemala, el fin de semana anterior, en las cuales se destaca, prioritariamente, la invitación de ambos grupos para que, junto a una delegación de régimen sandinista, se procediera el establecimiento de conversaciones tripartitas con el fin de llegar a la democratización del país.

Hemos de recordar que el diálogo nacional, acordado en Guatemala, fracasó en Nicaragua y que 14 partidos de la posición civil emitieron un pronunciamiento el 10 de los corrientes en Managua, reclamando las conversaciones inmediatas para cumplir con Los acuerdos de paz centroamericano. En ambos casos el régimen sandinista se mantiene en silencio.

El presidente Azcona Hoyo guardó silencio al término de la cita. Un silencio que nos parece a nosotros muy expresivo. El presidente de los hondureños, junto a otros gobernantes del área, demandaba la ampliación de los plazos para cumplir con el presupuesto de Guatemala pero esta vez sometido a sanciones internacionales si algún estado se negaba a cumplir los puntos.

El presidente salvadoreño José Napoleón Duarte pidió en cumplimiento inmediato de los acuerdos en forma global y terminante, dirigiéndose, a su colega Daniel Ortega, y le urgió suspender la ayuda y refugio que él (Ortega), le brinda los guerrilleros salvadoreños, y además lo invitó a promulgar una completa libertad de prensa en Nicaragua.

¿Que pasará ahora, después del fracaso del plan de paz firmado en Guatemala? Sin lugar a dudas que la planificación centroamericana, depende de la democratización política en Nicaragua. La guerra o la paz continúa en mano de quienes siempre las han tenido, los hombres de Frente Sandinista Para la Libertad Nacional (FSLN) y de quiénes lo gobiernan autoritariamente desde Cuba.

Dios ha de iluminar las Mentes de estos hombres para que ningún centroamericano muera por los juegos de una guerra ideológica y convencido de las bondades de la paz, la hagamos imperar con justicia, ampliamente y que sea una paz productiva en bienes positivo para que todas las cinco naciones del istmo y para todos los hombres de estas naciones.

"EL HERALDO". 18 DE ENERO DE 1988

AZCONA OFRECERÁ HOY CONFERENCIA DE PRENSA

El presidente José Azcona Hoyo probablemente dará hoy una conferencia de prensa para exponer su criterio sobre el comunicado conjunto que firmó con los demás mandatarios Centroamericanos el pasado fin de semana en San José, Costa Rica.

Azcona, que retorna al país el sábado, fue el único presidente centroamericano que se negó a dar una conferencia de prensa en Costa Rica, lo que resultó inexplicable para la prensa internacional.

La prensa internacional acusó al presidente Azcona y el mandatario de El Salvador, José Napoleón Duarte, de oponerse a lograr un nuevo acuerdo en Costa Rica, por lo que las expectativas eran de que el acuerdo de paz de Esquipulas II fracasaría en esa reunión. (TDG).

AZCONA FUE EL ÚNICO QUE NO DIO DECLARACIONES

San José, Costa Rica (por Ramón Murillo Cantoral).- El presidente José Azcona Hoyo fue el único que no ofreció declaraciones a los medios de comunicación tras la firma de los acuerdos de paz que ratifican la decisión de los presidentes centroamericanos de cumplir con "Esquipulas II".

Azcona dio la impresión de que estaba disgustado porque sus colegas del área no habían aprobado su decisión de exigir plazos y sanciones para los gobiernos que no ejecutaran los convenios suscritos en Guatemala.

A su arribo a San José, Azcona dijo que su posición sería exigir la democratización interna de Nicaragua, pero a la hora de las verdaderas esa postura no caló en el ámbito de sus colegas del Salvador, Guatemala y Costa Rica.

Para colmo de males, el asesinato en San Pedro Sula del promotor de los derechos humanos, Miguel Ángel Pavón, cayó como "balde de agua fría" en los esfuerzos hondureños de lograr cierta credibilidad en favor de la paz regional.

La supuesta postura conservadora del mandatario hondureño fue señalada por un rotativo local a propósito de la posición que ocuparon los presidentes en la inauguración y clausura del foro regional.

Según el periódico, Azcona se ubica en la ultraderecha, Duarte en la derecha, Arias en el centro izquierda y Ortega en la izquierda, cómo posaron los mandatarios para la prensa mundial.

La única referencia que se hizo sobre Honduras es la comparecencia pública de los mandatarios fue un comentario del presidente Arias al responder a una pregunta relacionada con la obligación de que el gobierno hondureño saque a los contras de su territorio.

"La declaración firmada en San José nos obliga a todos y no está dedicada a nadie en particular, ni le Estamos cargando la mano a nadie", dijo Arias al indicar que, si todos los presidentes se comprometieron a cumplir, Azcona debe ir pensando en expulsar a los Rebeldes del suelo hondureño.

En definitiva, los papeles protagónicos de la Cumbre presidencial centroamericana Fueron desempeñados por los presidentes Ortega. Duarte y Arias.

Parte de los invitados especiales del gobierno hondureño en San José. Entre ellos se aprecia al Jefe de las Fuerzas Armadas, al Ingeniero Edgardo Sevilla, embajador en aquel país, delegados del Congreso Nacional (Telefoto Andrés Sabillón /Enviado Especial).

"EL HERALDO" 18 DE ENERO DE 1988

SUPERÓ EL PROCESO DE PAZ LA PRUEBA MAS DIFICIL

El Proceso de Pacificación y Reconciliación de América Central, en base el instrumento Esquipulas II, ha salido avante de la prueba más difícil, o sea el acoso al que se ha estado sometido por la administración Reagan y su empecinamiento en hacerlo fracasar.

En la reunión de presidente de América Central efectuada en San José de Costa Rica el 15/16 de este mes, se puso en evidencia al final de la jornada que los gobernantes Centroamericanos, en la hora de la verdad, no pueden hacer otra cosa que responder a la voluntad de los pueblos que los eligieron, por muy poderosas que sean las fuerzas -y los compromisos con esas fuerzas -de los empujen a actuar en términos de lesa patria.

Lo anterior se constata en el protagonismo de los presidentes salvadoreño, ingeniero Napoleón Duarte, en su planeada concertación para confrontarse con el presidente de Nicaragua, el comandante Daniel Ortega Saavedra, que estuvo a punto de hundir el cónclave y, en consecuencia, desatar la generación de la guerra en Centroamérica.

Podrá decirse que sin esa presión el gobierno sandinista no habría cedido a dialogar directamente con la "contra" ni aplicar de inmediato la ley de amnistía general aprobada por la legislatura nicaragüense, Y esto es verdad. Pero el propósito de la actitud de asumida no pareció ser ese, sino el de acabar con el proceso de una vez por todas.

Lo vemos en el cuestionamiento casi visceral al informe de la Comisión de Verificación y Seguimiento (CIVS) sobre el cumplimiento de los gobiernos del acuerdo de Guatemala. De la realidad es que ha habido fallas no solo de Nicaragua, sino de Honduras y El Salvador. El gobierno de Honduras, por ejemplo, ha seguido dando apoyo logístico y base de agresión a la "contra" y ese es un factor fundamental para el logro o no del cese del fuego.

Señalamos lo anterior sin ánimo de satán y ser gobiernos ni gobernantes, sino con el propósito de racionalizar -a través de la crítica- las posibilidades de esa oportunidad que, afortunadamente

153

coman han obtenido la paz para el desarrollo de América Central en Esquipulas III, lo cual regocija y abre Esperanza a los hondureños y a los centroamericanos.

Para que esta salida del cerco reganiano tenga los frutos justos y necesarios, no solamente es indispensable la buena fe y la plena observancia de los compromisos hechos por Nicaragua en Esquipulas III, también es indispensable la buena fe y la seriedad y honestidad de los demás gobiernos, principalmente los de Honduras y El Salvador.

Así entenderemos el comunicado conjunto de los presidentes Centroamericanos al término de la reunión, en que reiteran su compromiso para implementar "el diálogo, las conversaciones para la concertación de cese al fuego, la amnistía general y, sobre todo, el levantamiento del estado de excepción, la libertad de precio total, el pluralismo político y él no funcionamiento de tribunales especiales".

"Los compromisos enunciados que no han sido cumplidos por los gobiernos deberán ser cumplidos inmediatamente en forma pública y evidente", han dicho los presidentes centroamericanos.

Muy bien. Estos compromisos son primordialmente parte de lo que el gobierno sandinista tiene que hacer. Pero están íntimamente entrelazados con lo que el gobierno de Honduras tiene que cumplir, verbigracia el no permitir -sin recurrir a los sofismas retóricos ni encubrimientos prácticos- el uso del territorio nacional para suministros a la "contra", comunicaciones, alojamiento, actividades políticas y ataques bélicos.

Estamos consciente de la fragilidad de la tregua, por así decirlo. Para las terribles fuerzas que conspiran contra Esquipulas II, lo he conseguido en favor de América Central en Esquipulas III es un importante revés, pero no una derroca definitiva. Se moverán- si es que no lo hacen ya- para rehacerse y proseguir con el propósito belicista, Pues estamos frente a fanáticos obnubilados por la soberbia y el interés de supervivencia política.

Si miramos la cuestión en su conjunto, el peso de las responsabilidades está ahora mucho más marcado; por un lado, Nicaragua y, por el otro el gobierno de los Estados Unidos con sus acólitos de Honduras y El Salvador juntos.

Hablamos de gobiernos, no de pueblos. El pueblo norteamericano está a favor de la paz en América Central. Lo aprueban sus representantes en el congreso de los Estados Unidos que, casi unánimente apoyan y han apoyado Esquipulas II, pico de influencia también ha sido decisiva para que este último logro de Esquipulas III, con el incansable y muy notable trabajo del senador Christopher Dodd, demócrata, presidente de la Comisión para América Latina del Senado de los Estados Unidos y del presidente de la Cámara de Representantes de los Estados Unidos, el señor Jim Wright, también demócrata, qué personifica la voluntad del Poder Legislativo Norteamericano.

Igualmente sienten y exigen los pueblos centroamericanos. El de Honduras apoya un 75 por ciento el plan de paz para Centroamérica y solo un cinco por ciento lo rechaza, mientras el 20 por ciento restante no se me responder o adoptar posición al respecto, de acuerdo con una reciente encuesta realizada por la escuela de periodismo de la Universidad Nacional Autónoma de Honduras, hecha con extrema rigurosidad técnica y científica.

Frente a esa voluntad de las naciones que están los gobiernos puntos es lo que a nosotros como a los hondureños coman concierne, confiamos en que el presidente Azcona será consecuente con esta realidad, en lo que lógicamente tiene todo nuestro apoyo en el cumplimiento de su deber.

"TIEMPO" 18 DE ENERO DE 1988

154

BRIGGS, REGALADO Y AZCONA CULPABLES, ACUSA EL CODEH

TEGUCIGALPA. – A la Embajada de Estados Unidos, fuerzas armadas y el presidente José Azcona, responsabilizó el Comité para la Defensa de los Derechos Humanos en Honduras (CODEH) por la muerte de Miguel Ángel Pavón y Moisés Landaverde, a través de su vicepresidente, Aníbal Puerto.

"Nosotros responsabilizamos, a riesgo de mi vida, al embajador de Estados Unidos, Everett Briggs; el jefe de las fuerzas armadas, general Humberto Regalado Hernández; y el presidente José Azcona", preciso.

"Los que manejaron la metralleta son pobres diablos que cumplieron órdenes", enfatizó.

Tiempo le preguntó al licenciado Puerto qué tenía que ver la Embajada de Estados Unidos, y su respuesta fue: "Estados Unidos, ellos son los que están dirigiendo la guerra de baja intensidad".

Luego mencionó el testimonio de Florencio Caballero en la Corte Interamericana de Derechos Humanos, en octubre, cuándo afirmó haber recibido un curso, con otros 25 hondureños, un lugar de Estados Unidos que no puedo identificar porque ingresó a territorio norteamericano sin pasar por aduana alguna.

Puerto expresó que las autoridades intentan infundir temor en las actividades del CODEH, especialmente en el presidente Ramón Custodio, para que se cierre la oficina del Comité de Derechos Humanos y se vayan del país.

Sin embargo, aseguró esto no va a ocurrir, "Aunque nuestra única arma es la palabra" y aseveró que "tarde o temprano se habrá de saber la verdad sobre los ejecutores de doble crimen".

Óscar Aníbal Puerto ofreció la reacción oficial del CODEH sobre la muerte de Pavón y Landaverde en una conferencia de prensa, donde había varios periodistas extranjeros juntos.

Puerto insinuó nuevamente que las mismas autoridades del orden mataron la semana pasada a José Isaías Vilorio, agente de la Dirección Nacional de Investigación (DNI) citado por la Corte Interamericana de Derechos Humanos, para responder a las acusaciones de que participó la captura de personas desaparecida.

"Vilorio debería estar vivo, ¿cómo es posible que una persona como él anduviera sin protección?, Eso se me hace muy raro, aunque no podemos acusar a las fuerzas armadas", expresó.

Aníbal Puerto recordó denuncias hecha por el CODEH en el sentido que hubo una reunión en la sede del primer Batallón entre oficiales salvadoreños y hondureños para matar al doctor Custodio.

Expresó que "Honduras no debió haber entrado en esa situación, Porque si se hubiera castigado a los responsables de los 131 desaparecidos" no se habría acudido a la Corte Interamericana.

El vicepresidente del CODEH dijo que personalmente "siempre tuve la convicción que el Estado de Honduras va a salir condenado en el juicio, y ahora por la muerte del profesor Pavón mi convicción aumenta".

"Hay mucha indignación entre los jueces de la corte", aseveró el licenciado Puerto.

Dijo que el doctor Custodio habla presentando denuncias sobre amenazas de muerte ante la comisión interinstitucional, y recibiendo una respuesta del abogado Arnaldo Hernández, que el jefe de las Fuerzas Armadas le ofrecía todas las garantías.

"No entiendo cómo el fiscal de la Corte Suprema se convirtió en ese momento como vocero del jefe de las Fuerzas Armadas. Pedimos a la Comisión Interinstitucional que nada le cuesta al jefe de las Fuerzas Armadas dar la garantía de una conferencia de prensa", señaló.

Junto a Puerto estuvo Marcial Euceda, quien también es directivo del CODEH, quien expresó también, con relación a la muerte de los activistas de Derechos Humanos, que "viene de los cuerpos de seguridad del Estado, definitivamente".

Advirtió que el ejército debe rectificar "en esta política de exterminio".

155

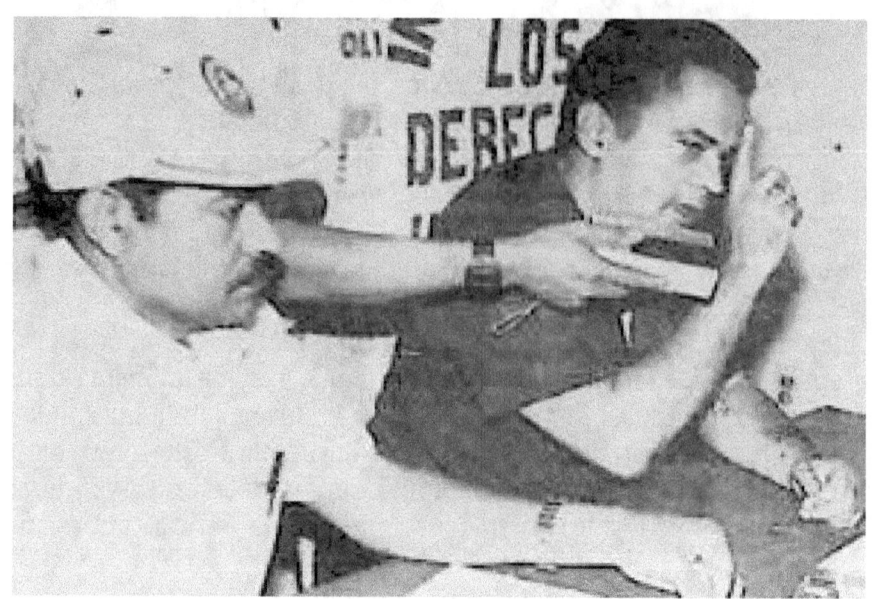

Marcial Euceda y Aníbal Puerto, del CODEH

"EL TIEMPO" 16 ENERO 1988

OBRERISMO EXIGIRÁ UNA INVESTIGACIÓN A AZCONA

Dirigentes sindicales anunciaron ayer que exigirán al presidente José Azcona y a las fuerzas armadas que investiguen y aclaren al pueblo hondureño El asesinato de los dos compatriotas que perecieron el jueves en San Pedro Sula acribillados a balazos por elementos desconocidos, porque si no proceden de inmediato a dar con los culpables podría generarse una convulsión social.

Los profesores Miguel Ángel Pavón y Moisés Landaverde, el primero presidente del Comité de Derechos Humanos en el departamento de Cortés y el segundo, un reconocido dirigente Magisterial, fueron asesinados por dos hombres desconocidos que se transportaban en una motocicleta.

El Secretario de Conflicto de la Unión Nacional de Campesinos (UNS), Lucas Aguilera Pineda, dijo que la violencia ha vuelto a renacer en Honduras, ya que grupos interregionales están interesados localizar los procesos de paz en el área y desestabilizar la incipiente democracia hondureña.

Agregó que los campesinos están en zozobra porque nuestro país se violenta los derechos humanos y prueba de ello es el asesinato del que fueron objeto estos maestros, pero los militares tienen en sus manos la explicación del caso, pues si no lo hacen, como ha ocurrido en otras ocasiones, quizás se debe a la incapacidad o al grado de responsabilidad.

Aguilera Pineda manifestó que el pueblo hondureño ya no confía en los líderes políticos porque no discuten los problemas nacionales como ser el hambre, la represión, el desempleo y otras situaciones que podrían generar en un caos si las autoridades continúan mostrando indiferencia.

Los directivos de la Central Nacional de Trabajadores del Campo (CNTC), expresaron que las víctimas eran personas que lucharon por la paz y la justicia en el país y que por ser hombres de grandes ideas los asesinaron sus enemigos que se sintieron incapaces de combatir con esas mismas armas. Agregó que ambos crímenes obedecieron a razones políticas.

156

El presidente de la Confederación de Trabajadores de Honduras (CTH), Mariano de Jesús González, expresó que lo sucedido es un "acto de irrespeto a la vida porque nadie está en la obligación de privar la existencia de otro ser humano. Esto hace necesario que las fuerzas armadas investiguen y aclaren ante la opinión pública todo lo ocurrido".

Honduras posee un gobierno democrático, por eso está en la obligación de revelar a los hondureños quiénes son los responsables del asesinato, para no perjudicar más la la imagen y la dignidad de Honduras, señaló.

Rodolfo Ferrufino, presidente de la Federación Central de Sindicato de Trabajadores Libres de Honduras (FECESITLIH), consideró que los dos maestros no tenían que morir de esa manera porque solamente se limitaban a luchar por la paz y la tranquilidad de la nación, señalando además que esa no es la forma correcta de solucionar cualquier divergencia.

Los dirigentes obreros dijeron que este hecho barbarie no es propio de individuos civilizados, e indicó que Miguel Ángel Pavón y Moisés Landa verde fueron prominentes profesionales que lucharon para implantar la justicia enmarcada dentro de la constitucionalidad y de los valores humanos, por tanto, las autoridades competentes tienen que aplicar la ley a los responsables.

Los sindicalistas coincidieron en que ahora las fuerzas armadas deben de rendir uniforme objetivo sobre la responsabilidad de quiénes participaron en este lamentable suceso, lo mismo que denunciar y castigar a los culpables de las decenas de desaparecidos que existen en nuestro país, a fin de evitar que el caos se inicie en Honduras al igual que en países hermanos en donde le respeto a sus derechos ha ocasionado grandes conflictos. (RAM).

"TIEMPO". 16 ENERO 1988

PROLONGAN CITAS HASTA HOY

LA GARITA, (Costa Rica) ENE.(ACAN-EFE). - Tras 6 horas de encerrona en las instalaciones del INCAE, los cinco protagonistas de la Cumbre presidencial Esquipulas III, fijaron para hoy, a las 10 horas, la clausura de la reunión.

La información llegó a la prensa a través de diplomáticos que habían sido invitados la ceremonia final, este sábado, y luego lo confirmó un portavoz oficial.

Nada se sabe del estado de las negociaciones, porque la seguridad alrededor de los mandatarios es absoluta y nadie puede acercarse a ellos.

Sin embargo, miembro de los grupos de apoyo de los presidentes José Azcona (HONDURAS) y Daniel Ortega (Nicaragua) dijeron por separado a ACAN-EFE qué las discusiones y negociaciones han sido "firmes pero cordiales" entre ambos mandatarios.

En esa forma desautorizaron rumores que corrieron como pólvora ayer por la tarde en la capital y en los corrillos del encuentro, sobre un presunto enfrentamiento verbal "muy fuerte" entre los dos Jefes de Estado José Simón Azcona de Honduras y José Napoleón Duarte de El Salvador.

El vice canciller costarricense, Carlos Rivera Bianchini, ratificó que se han dado las divergencias normales en un proceso, "pero nunca a un nivel que provoque rompimiento de las conversaciones".

Por el contrario -agregó- hay un gran optimismo en la cumbre y a eso obedece el hecho de que se iba a acordar ampliar de debates, para tener tiempo de llegar a acuerdos positivos.

Rivera no descartó la posibilidad de que se fije un nuevo calendario para el cumplimiento de todos los acuerdos, pero señaló que tampoco se puede correr el riesgo de que un tiempo demasiado largo llegue a liquidar el proceso de paz.

Entre otras muchas especulaciones se habló durante más de una hora sobre la posible colocación de una bomba en la sede diplomática de HONDURAS en la capital costarricense, pero luego se informó oficialmente que el rumor era falso.

Lisandro Quezada, portavoz del gobernante de Honduras, declaro a ACAN-EFE que el presidente Azcona "ha participado en la Cumbre con la mejor disposición de negociar hasta alcanzar un acuerdo real".

Azcona comprende -agregó su representante- que en política no puede existir posiciones inflexibles, por lo cual ha estado favoreciendo todas las conversaciones y negociaciones entre las partes involucradas en la reunión.

Un agente recorre con un perro amaestrado el lugar de la cita, como muestra de las estrictas medidas de seguridad que se han establecido (Teléfono Andrés Sabillón/Enviado Especial.)

"EL HERALDO". 16 ENERO 1988

CONTRAS NO ACATARÁN PLAN DE PAZ SI SE AMPLIAN LOS PLAZOS

Miami, (Florida, Estados Unidos). ENE.(EFE). - La "contra" nicaragüense no acatará el plan de paz del presidente costarricense, Óscar Arias, si los gobernantes centroamericanos que se reúnen en San José deciden ampliar sus plazos, declaró en Miami uno de los líderes antisandinistas.

"No vamos a dar más tiempo a los sandinistas y evitar que el congreso (norteamericano) apruebe nuevos fondos (para los contras)", declaró Pedro Joaquín Chamorro, tras anunciar su decisión de abandonar Costa Rica y "aislarse" en Estados Unidos.

Chamorro fue el segundo líder "contra" en responder al ultimátum de Arias, que pidió el pasado martes a los tres jefes anti sandinistas residentes en Costa Rica a abandonar la guerra o salir de su país. Alfredo César, otro de los dirigentes de la "resistencia nicaragüense" (RN) que residía en Costa Rica, anunció que abandonaba el país, mientras se mantenía la incógnita sobre la decisión de Alfonso Rovelo.

Pedro Joaquín Chamorro afirmó, en una rueda de prensa, que la salida de Costa Rica de los jefes "contras" otorgaba "mayor autoridad moral" Arias para denunciar a Nicaragua por la falta de cumplimiento de los acuerdos de Esquipulas.

Añadió que Nicaragua "todavía está a tiempo" de cumplir con los acuerdos antes de que finalice la Cumbre de San José, y que la ampliación de los plazos significaría la "muerte" de Esquipulas II.

"EL HERALDO". 16 ENERO 1988

AZCONA Y REGALADO CONSIDERAN NECESARIO ENCUENTRO NACIONAL

***Organismos de seguridad saben quiénes tratan de socavar la paz interna, dice jefe FF.AA.*

El presidente José Azcona y el jefe de las fuerzas armadas, general Humberto Regalado Hernández han analizado la necesidad de un encuentro nacional a fin de poder identificar los problemas y priorizarlos para encontrarle solución.

Lo anterior lo reveló el propio general Regalado Hernández, quien consideró que "estos son problemas a los cuales, con el curso y la buena voluntad de todos los hondureños podemos encontrarle soluciones".

Regalado manifestó al pueblo hondureño "ha llegado ya al momento de las grandes definiciones y el mismo pueblo es quién debe señalar a aquellas personas que andan queriendo intranquilizar a Honduras y que no nos dejen solos pues la responsabilidad de mantener la tranquilidad en el país es de todos los hondureños".

El jefe de las fuerzas armadas dijo que los problemas nacionales deben ser resueltos por los propios hondureños.

En tal sentido, el encuentro nacional será con el propósito de poder problemas nacionales, priorizarlos y a una sola voluntad nacional pudiera afrontar cada quien lo que le corresponde como para encontrarle solución".

Analizando la violenta muerte del diputado Pinuista Miguel Ángel Pavón y el catedrático Moisés Landaverde, confirmó que "lógicamente estos son actos que nos dan vergüenza y más vergüenza nos dan las acusaciones que hacen alguna gente que no quieren la tranquilidad de Honduras".

Regalado Hernández dijo que los organismos de seguridad del gobierno tienen información sobre quiénes son los que están tratando de socavar la paz interna del país y "por eso debemos augurar esfuerzos los hondureños para mantener el estatus en el cual hemos podido vivir en paz y tranquilidad".

"LA TRIBUNA". 19 DE ENERO DE 1988

Podría ser en El Salvador
PRESIDENTES A NUEVA CUMBRE EN FEBRERO

Guatemala, 18 de enero. (ACAN-EFE). - El ministro guatemalteco de la defensa, general Héctor Alejandro Gramajo, declaro Hoy 15 de febrero se celebrará una reunión de presidente de Centroamérica "posiblemente" en El Salvador.

El alto jefe militar, que acompañó al presidente Vinicio Cerezo a la "Cumbre" de gobernantes de la región el pasado fin de semana en Costa Rica, dijo que la petición para una nueva reunión fue formulada por el presidente de Nicaragua, Daniel Ortega.

Agregó que "no se puede precisar una fecha, pero muy bien podría ser el 7 u 8 de febrero próximo", y tendría la finalidad de constatar "los avances en el cumplimiento de los compromisos adquiridos hasta el momento por los mandatarios del área".

Los presidentes Vinicio Cerezo (Guatemala), Napoleón Duarte (El Salvador), José Azcona (Honduras), Daniel Ortega (Nicaragua) y Óscar Arias (Costa Rica), firmaron en la "Cumbre Esquipulas II", en esta capital, el acuerdo llamado "procedimiento para establecer la paz firme".

Los presidentes de Centroamérica se reunirán en menos de un mes, posiblemente, El Salvador, De Izquierda a derecha, José Azcona (H), Napoleón Duarte (ES), Oscar Arias (CR), Vinicio Cerezo (G) y Daniel Ortega (N). (Foto de Aquiles Andino)

"LA TRIBUNA". 19 DE ENERO DE 1988

"FF.AA." ESPERAN LAS ÓRDENES DEL PRESIDENTE PARA EL PLAN DE PAZ

El jefe de las fuerzas armadas, general Humberto Regalado Hernández, dijo que la institución castrense "está a la espera de las órdenes del presidente Azcona, en la calidad de comandante general, para cumplir en lo que corresponde a los acuerdos de Esquipulas II".

Analizando el problema de los contras nicaragüenses, aseguró que "nosotros no los estamos ayudando", desvirtuando así algunas denuncias de la prensa internacional.

"El único que podría parar esa ayuda, -dijo-, el único que puede hacer que el pueblo viva en tranquilidad y armonía, es precisamente, el gobierno de Nicaragua, puesto que la contrarrevolución ha sido producto de una causa determinada. Si esa causa desaparece, el efecto también".

De tal manera, añadió que todo depende de la buena voluntad del gobierno de Nicaragua, el que estos nicaragüenses -porque son nicaragüenses los que han estado conformando esa resistencia en el norte de Nicaragua-, puedan reintegrarse".

Regalado Hernández sostiene que, "definitivamente la paz de Centroamérica depende del gobierno de Nicaragua y si ellos cumplen con los compromisos del acuerdo de Paz Esquipulas II, esa Paz podría ser una realidad".

También manifestó que el hecho de que en la reunión no se haya fijado plazas específicas "indica que los acuerdos deben cumplirse de inmediato y que hay buena voluntad de parte de los mandatarios para hacerlo".

En tal sentido reconoció "la preocupación por la paz de los presidentes de Centroamérica que al final de la reunión en San José han agarrado el control y la responsabilidad de mantener la paz en el área".

En su visita a Costa Rica, acompañando el presidente José Azcona, el general Regalado Hernández también se reunió con los homólogos de Guatemala y El Salvador, generales Héctor Alejandro Gracejo y Eugenio Vides Casanova.

Manifestó que "esas reuniones fueron para discutir asuntos de seguridad y sobre todo para un diálogo más amplio de actuaciones conjuntas contra el narcotráfico internacional que se liga a la subversión en nuestros países, representando una nueva amenaza".

Humberto Regalado Hernández.
"La Tribuna". 19 de enero de 1988

161

Acusa el CODEH:

EE.UU. DETRÁS DE MUERTES DE LANDAVERDE Y PAVÓN

***Señala también al presidente Azcona y al general Regalado*

El Comité para la Defensa de los Derechos Humanos en Honduras (CODEH) responsabilizó al embajador norteamericano en Tegucigalpa, Everett Brigss, al jefe de las fuerzas Armadas, general Humberto Regalado, y al presidente José Azcona del asesinato del presidente del CODEH en Cortes, Miguel Ángel Pavón y su compañero Moisés Landaverde.

"Aún a riesgo de mi vida yo aseguro que el responsable de la muerte de Pavón y Landaverde son el embajador de los Estados Unidos en Tegucigalpa, el jefe de las fuerzas armadas de Honduras y el presidente de la república", afirmó en conferencia de prensa el vicepresidente del CODEH, Óscar Aníbal Puerto, quién se hizo acompañar del miembro del organismo, Marcial Caballero.

Puerto, quién calificó a Pavón como "el hombre más puro de los últimos años, solamente comparable como Morazán y Cabañas", dijo que el crimen perpetrado en San Pedro Sula es definitivamente "incalificable".

"No se extraña que la acción no se haya concretado contra Ramón Custodio (presidente del CODEH)", dijo.

"Pavón nos informó haber recibido amenazas de muerte, él estaba consciente del peligro que corría, pero era un hombre que prefería no hablar de sí mismo", dijo Puerto

"Las declaraciones que hizo Florencio Caballero ante la Corte Interamericana de los Derechos Humanos indican claramente que la embajada norteamericana está metida en esto, que ellos montaron el esquema, porque Caballero viajó a los Estados Unidos para recibir entrenamiento y entró ilegalmente, al grado que nunca supo dónde fue la práctica", según Puerto.

"¿Quiénes más pueden ser los responsables sino el batallón 316? Usaron armas nacionales y alto tecnicismo. Hoy los ojos del mundo están puestos sobre Honduras, pero no por la culpa del CODEH", dijo finalmente.

Óscar Aníbal Puerto

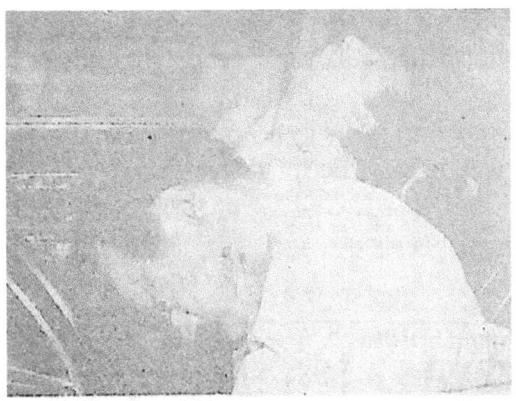

Miguel Pavón (primer plano) y el profesor Moisés Landaverde, en
En el automóvil del primero, en el que fueron victimados la noche
del jueves en la Colonia Florencia, de San Pedro Sula. (Foto de Raúl Villalta).

"LA TRIBUNA" 16 DE ENERO DE 1988

NADA SABE LA POLICÍA

La Segunda Región de la Fuerza de Seguridad Pública (FSP) se limitó ayer a externar su preocupación por la muerte violenta de Miguel Ángel Pavón y Moisés Landaverde, pues dijo desconocer quién o quiénes pudieron ser sus victimarios.

El Vocero de la FSP, Sargento Edgardo Zerón Larios,dijo que se ordenó una rigurosa investigación que permita a la brevedad el establecimiento del crimen.

Indicó, por otra parte, que a nivel nacional también se montaron operativos desde ayer, ya que se tiene conocimiento que está operando un escuadrón que utiliza como medio de locomoción poderosa motocicletas.

La FSP sampedrana ni siquiera emitió un comunicado escrito, limitándose a referirse al suceso en forma escueta a través del oficial de relaciones públicas.

"LA TRIBUNA". 16 DE ENERO DE 1988

RESPONSABLE TAMBIÉN CANCILLER Y PROCURADOR, SEGÚN CUSTODIO

El presidente del comité para la Defensa de los Derechos Humanos en Honduras (CODEH), Ramón Custodio López, acusó ayer en San Pedro Sula que los responsables de la muerte de Miguel Ángel Pavón y Moisés Landaverde son las Fuerzas Armadas y el mismo Gobierno de la República.

Según Custodio, se creyó que, a Pavón, que fue testigo en la Corte Interamericana de Derechos Humanos, se le respetaría su vida, al igual que al catedrático Moisés Landaverde, dada su condición de dirigente magisterial a nivel nacional, "pero los hechos han venido a demostrar lo contrario".

"Porque sus ideas continuarán, porque la presencia de Pavón y Landaverde no morirá nos vamos a retroceder nos vamos a abandonar la gesta que ellos iniciaron", apuntó.

163

Culpables son también, según Custodio, el ministro de relaciones exteriores Carlos López, y el procurador general de la República Rubén Darío Zepeda, "Quienes han estado hablando de una supuesta conspiración izquierdista en nuestro país".

Finalmente señaló que "Pavón y Landaverde no pudieron ser asesinado por actos particulares, sino por su lucha incalculable por la defensa de los derechos del pueblo".

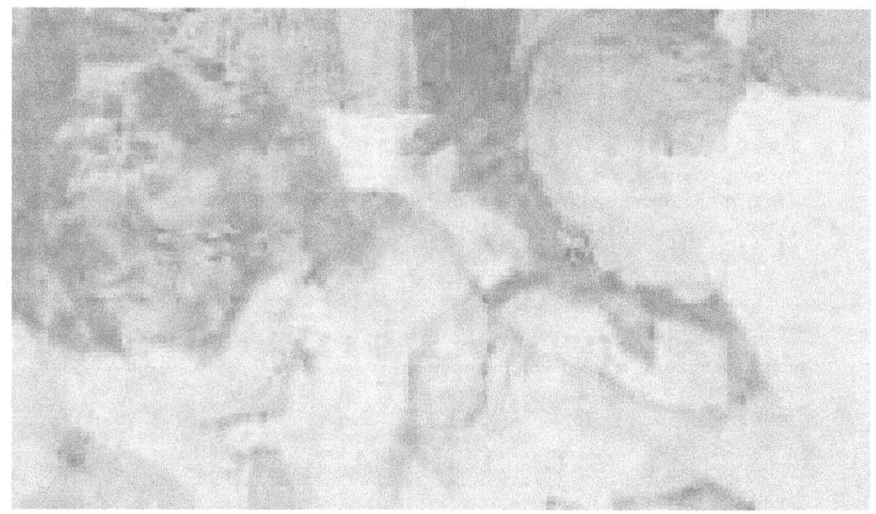

El presidente del CODEH, Ramón Custodio, presenta sus condolencias a la madre del diputado Miguel Ángel Pavón, ayer en San Pedro Sula momentos antes del sepelio de la víctima. (Foto de Raúl Villalta).

"LA TRIBUNA". 16 DE ENERO DE 1988

EMBAJADA AMERICANA CONDENA ASESINATO

Comunicado

El gobierno de los Estados Unidos condena enérgicamente el trágico acto de violencia sin sentido que según la vida de Miguel A. Pavón y Moisés Landaverde en San Pedro Sula el 14 de enero.

Confiamos En qué se llevará al cabo de una investigación total e Imparcial de los hechos para que caiga el peso de la justicia sobre los culpables de este crimen.

Al mismo tiempo rechazamos sin temor a equivocarnos la ridículas y atroces acusaciones de que Estados Unidos tuvo algo que ver con el asesinato de estos dos distinguidos y respetables hondureños. Tal como lo han afirmado alguno de una manera irresponsable y cínica. Rechazamos cualquier intento de aprovechar esta tragedia para fines políticos.

"LA TRIBUNA". 16 DE ENERO DE 1988

C. MONTOYA: LOS MATÓ LA DERECHA

El presidente del Congreso Nacional, Carlos Orbin Montoya, responsabilizó a la derecha hondureña de las muertes de Miguel Ángel Pavón y el catedrático Moisés Landaverde, al tiempo que reveló que constituirá la comisión de cumplimiento constitucional para que exija el esclarecimiento del crimen.

Montoya indicó que "nosotros vamos a exigir una investigación seria a fin de dar con los asesinos y adjudicarles el castigo que merecen, por eso vamos a brindar todo nuestro apoyo para que estas investigaciones tengan resultados".

Dijo que "lamentamos la muerte del diputado Pavón porque lo consideramos un hombre bueno, honrado, dedicado al servicio de la patria, al igual que el profesor Landaverde... ambos amigos personales nuestros".

Montoya, condenó esas muertes "porque es un acto de barbarie, es innecesario y antes de que se inicie una escala de esta naturaleza debe la fuerza de seguridad entregar a los culpables".

Montoya consideró que Honduras no está entrando en una etapa de descomposición social "Sino en un periodo de revanchismos y de crímenes inútiles que debemos parar cuanto antes".

"LA TRIBUNA". 16 DE ENERO DE 1988

Según Comandante de la FSP:
CUSTODIO PADECE DE ESTEREOTIPO, POR CADA COSA ACUSA A LAS FF.AA.

El comandante de la policía no cree que haya relación entre las muertes de la gente Isaías Vilorio y la de Miguel Ángel Pavón y Moisés Landaverde, ya que los nexos que pudiese haber, no se ven de inmediato, pues nadie se ha reivindicado los crímenes cometidos la noche del jueves contra los dos maestros.

El coronel Aquiles Riera dijo que no hay información específica sobre este último suceso, "ya que sus autores se fugaron en una motocicleta y recién se comenzaron las investigaciones".

Reconoció que no sabe qué está sucediendo, pues la cercanía coincidente entre ambos crímenes les hace preguntar si hay un propósito definido que debe alcanzarse en la próxima reunión de la Corte Interamericana de Derechos Humanos o la actual cita del gobernante en Costa Rica.

En cuanto a sí la muerte de Pavón y Landaverde pudiese tener alguna relación con las amenazas a Ramón Custodio, el comandante de policía afirmó que "el presidente del CODEH parece que tiene estereotipo porque cada cosa que sucede es culpa las a las FF.AA".

Cuándo murió Vilorio, dijo que fueron las Fuerzas Armadas, y al día siguiente fue desmentido por los "Cinchoneros".

"Las FF.AA. -continuó- nada tenemos que ganar con la muerte de un destacado ciudadano (Landaverde) que no tenía problemas con la policía por asuntos de delincuencia o de seguridad, pues mantenía excelente relación con la policía de la segunda región", remarcó.

"LA TRIBUNA". 16 DE ENERO DE 1988

165

AZCONA NO HABLÓ DESPUÉS DE LA CUMBRE Y SU SILENCIO SE CALIFICÓ COMO DISGUSTO

Por Danilo Antúnez, enviado especial de La Tribuna.

Alajuela, Costa Rica. Las esperanzas para que Centroamérica alcance una paz estable y duradera renacieron nuevamente con la firma de un compromiso para cumplir en forma inmediata y sin condiciones los Acuerdos de Esquipulas II, por parte de los presidentes de la región.

Durante 48 horas, los cinco gobernantes se reunieron en la sede del Instituto Centroamericano de Administración de Empresas (INCAE), ubicado hay mediaciones de la ciudad de Alajuela, 35 km al norte de San José.

Los mandatarios concluyeron su tercera reunión Cumbre el pasado sábado a las 3:00 de la tarde donde suscribiendo un nuevo compromiso para poner en práctica todos los puntos que contempla el acuerdo de paz firmado en Guatemala el 7 de agosto del año anterior.

SORPRENDE NICARAGUA

Al finalizar la ceremonia de la firma del nuevo compromiso denominado "declaración de San José", los presidentes a excepción de José Azcona, brindaron sus opiniones de ruedas de prensa por separado, sobre las nuevas perspectivas de paz para la región.

El mandatario sandinista, Daniel Ortega, sorprendió al dar a conocer una declaración en la cual modifica la posición que venía manteniendo de su gobierno con relación al conflicto centroamericano y la contra financiada por Estados Unidos.

Ortega anunció la suspensión del estado de emergencia, la iniciación de pláticas directas con los rebeldes antisandinistas, la aplicación de una nueva Ley de Amnistía que permitiría la excarcelación de los ex guardias somocistas y la celebración de elecciones municipales y para el Parlamento Centroamericano.

Sin embargo, el gobernante nicaragüense condicionó la libertad de los ex guardias somocistas a la concentración de un alto al fuego con los contras y a que Estados Unidos o algún país extra-regional decida acogerlos en su territorio, con la promesa de que retornarán a Nicaragua una vez que finalice la guerra civil.

PRIMERAS CRITICAS

El anuncio del comandante Ortega recibió las primeras críticas dos minutos después de finalizar su conferencia de prensa, cuando el presidente de El Salvador, José Napoleón Duarte, sostuvo que el ofrecimiento de Ortega no era suficiente.

En su rueda de prensa, Duarte afirmó que la propuesta de Ortega para liberar los ex guardias somocistas "sencillamente se llama exilio y eso no está comprendido en el Acuerdo de Paz Esquipulas II que todos estamos comprometidos a cumplir".

Sin embargo, el gobernante salvadoreño reconoció que Ortega ha dado los primeros pasos para cumplir con el acuerdo de paz y eso demuestra que "poco a poco va cambiando de posición y que el futuro podrá cambiar mucho más".

PIDEN RESPETO A ESTADOS UNIDOS

Por su parte, el presidente de Guatemala, Vinicio Cerezo, pidió al gobierno de Estados Unidos que lea los acuerdos de Esquipulas II y que lo respete.

Empero, los mandatarios centroamericanos no formularon un llamado directo a la administración Reagan para que se abstenga de seguir ayudando económica y logísticamente a los contras nicaragüenses.

CLIMA DISTINTO

Entre tanto, el gobernante costarricense, anfitrión de la Cumbre, Óscar Arias Sánchez, expresó su satisfacción por los resultados de la cita, la cual comenzó bajo un clima de incertidumbre.

"Una vez más Centroamérica le demuestra el mundo que el diálogo nunca falla si hay voluntad", expresó al finalizar la reunión.

El gobernante destacó que a pesar de que los obstáculos que se presentaron durante la Cumbre de presidentes "el clima que a partir de ahora se vive en Centroamérica es distinto".

SILENCIO DE AZCONA

Los periodistas costarricenses y de muchos países del mundo, no pudieron recoger las impresiones del mandatario hondureño, José Azcona, sobre los resultados de la Cumbre.

En algunos medios locales se interpretó el silencio del gobernante hondureño como un disgusto porque en el nuevo compromiso no se incluyeron sanciones para que ellos mandatarios que no cumplan el Acuerdo de Paz, tal como él propugnaba.

Al escribir la declaración, Azcona se comprometió a expulsar los contra de territorio hondureño y a no permitir que la administración Reagan utilice el país para entregarles asistencia humanitaria o militar.

La forma cómo dará cumplimiento a este punto era la pregunta clave qué le deseaban hacer los periodistas, pero el mandatario hondureño no dio declaraciones.

NUEVAS CITAS

Oficialmente no se establecieron fechas para una nueva cita entre los gobernantes Centroamericanos, pero el presidente de Costa Rica dijo que en los próximos meses habrá nuevas reuniones, aunque no se dieron mayores detalles.

Aspecto general de la cumbre presidencial desarrollado el viernes y sábado anteriores en Costa Rica y concluyo exitosamente el sábado anterior. (Foto de Aquiles Andino/ La tribuna).

"LA TRIBUNA" 18 DE ENERO DE 1988

167

AZCONA SE NEGÓ A HABLAR CóMO SACARÁ LOS CONTRA

San José, Ene.16(AFP). - El presidente de Honduras, José Azcona, reusó hoy comparecer ante varios centenares de periodistas que esperan conocer los pasos quedará el gobierno de Tegucigalpa para cumplir con la totalidad de los acuerdos del plan de paz Esquipulas II, ratificado por la Cumbre de mandatario de la región.

A diferencia de sus homólogos de Guatemala, El Salvador, Nicaragua y Costa Rica, que brindaron amplias declaraciones a la prensa, Azcona abandonó en silencio la sede del Instituto Centroamericano de Administración de Empresas (INCAE), 30 kms al norte de San José, donde se realizó la reunión. Los periodistas esperan conocer los pasos que dará el gobierno hondureño para expulsar a varios miles de contras nicaragüenses, que en los últimos años instalaron campamentos, centro de abastecimiento y hospitales en este territorio, según diversas fuentes.

Nota: el presidente hondureño retornó ayer al mediodía Tegucigalpa.

"LA TRIBUNA" 18 DE ENERO DE 1988

AZCONA, RESPONSABLE DE LA RATIFICACIÓN DE MONTERO

La permanencia de Cristóbal Montero como alcalde del presidio de San Pedro Sula, es una decisión del presidente de la república, aseguró el ministro de gobernación, Romualdo Hueso Peñalba.

Señaló que como titular de esa dependencia propuso el cambio de Montero al presidente " pero si él, a su juicio, consideró que no debe ser removido, nosotros no tenemos más que aceptar lo que él dice", señaló.

Consultando si esa era una decisión estrictamente presidencial, contestó que por supuesto, ya que todos los acuerdos van firmados por el presidente y si a su juicio no desea firmar un acuerdo, nadie lo puede obligar, señaló hueso Peñalba.

Desconoce si la decisión Del mandatario lo tomó después qué leyó el informe correspondiente que le fuera enviado por gobernación sobre los hechos acontecidos en el presidio sampedrano, investigado por una comisión ad hoc.

Sobre la situación en aquel presidio, señaló que una vez que se sacaron del mismo uno delincuentes que habían mandado de la penitenciaría inconsultamente, la tranquilidad volvió al penal y ahora se trabaja bien.

"La Tribuna". 18 de enero de 1988

EXHAUSTIVA INVESTIGACION ORDENA EL PRESIDENTE AZCONA

Tegucigalpa. -El gobierno condenó el sábado anterior el asesinato de los profesores Miguel Ángel Pavón, presidente Regional del CODEH, y Moisés Landaverde, presidente regional del COPEMH, en San Pedro Sula, y ha ordenado una investigación "exhaustiva" para castigar a los responsables de este crimen.

La secretaría de prensa de la presidencia de la República publicó un comunicado en San José, Costa Rica, luego de concluir la reunión de presidentes Centroamericanos, en la cual el gobierno expresa "su más enérgica condena por el repudiable asesinato".

"El gobierno de la república ha ordenado una investigación exhaustiva de este hecho delictivo y brutal de modo que se determine quiénes son los responsables del crimen y caiga sobre ellos todo el peso de la ley", dice el comunicado.

Asimismo, señala que el gobierno ha ordenado a las autoridades correspondientes brindar la protección necesaria a las personas que han declarado o están llamadas a declarar ante la Corte Interamericana de Derechos Humanos (CIDH), a fin de dar efectividad a las medidas provisionales que han decretado dicho tribunal.

El presidente José Azcona Hoyo y el jefe de las Fuerzas Armadas, general Humberto Regalado Hernández, "han expresado su indignación y consternación por estos asesinatos. La violencia en cualquiera de sus formas es extraña a la idiosincrasia del pueblo y gobierno de Honduras, por lo que además de condenar e investigar tal deleznable acción, el gobierno solicita la colaboración de la ciudadanía por encontrar a los culpables", concluye el comunicado. (TDG)

"TIEMPO" 18 DE ENERO DE 1988

DECLARACIÓN DE SAN JOSE
CUMPLIMIENTO TOTAL E INEXCUSABLE DE LOS ACUERDOS DE "ESQUIPULAS II"

Declaración conjunta de los presidentes de Centroamérica.

Los presidentes han recibido las conclusiones del informe de la Comisión Internacional de Verificación y Seguimiento, preparado de acuerdo al numeral 11 de Esquipulas II, con reserva señaladas por alguno de ellos.

Los presidentes reconocen el esfuerzo y el ingente trabajo de la comisión, a la que agradece su dedicación y esfuerzo para ayudar al cumplimiento de los acuerdos de Esquipulas II.

Los presidentes encomiendan a la Comisión Ejecutiva para que al recibirse el informe general lo examinen haciendo las recomendaciones pertinentes. Los presidentes ratifican el valor histórico y la importancia del acuerdo de Esquipulas II, cuya Concepción y Espíritu hoy reconocen y reiteran como vitales para el logro de la democratización y la pacificación de la región.

Por no estar satisfecho enteramente el cumplimiento de los compromisos de Esquipulas II, Se comprometen a satisfacer obligaciones incondicionales y unilaterales que obligan a los gobiernos a un cumplimiento total e inexcusable. Dentro de estas se encuentran el diálogo, las conversaciones para la concertación del cese al fuego, la amnistía general y, sobre todo, la democratización que necesariamente incluye el levantamiento del estado de excepción, la libertad de prensa total, el pluralismo político y él no funcionamiento de tribunales especiales.

Los compromisos enunciados que no se han cumplido por los gobiernos deberán ser cumplidos inmediatamente en forma pública y evidente. El cumplimiento de los acuerdos de documento de Esquipulas II, comprende compromisos cuya observancia por los gobiernos es objeto de una imprescindible verificación específica, particularmente el cese de la ayuda los grupos irregulares, el no uso del territorio Para apoyar a los mismos, y la libertad efectiva de los procesos electorales que deberán ser verificados por la Comisión de Reconciliación, dándole especial importancia a la elección de parlamento centroamericano, todos "como un elemento indispensable para lograr la paz estable y duradera en la región".

La Comisión Ejecutiva integrada por los ministros de Relaciones Exteriores de los Estados Centroamericanos, tendrá la función principal de verificación, control y seguimiento de todos los compromisos contenidos en el procedimiento de Guatemala y en la presente declaración.

Para ello gestionará la cooperación de estado regionales o extra regionales, u organismos de reconocida imparcialidad y capacidad técnica, que han manifestado su deseo de colaborar en el proceso de paz de Centroamérica.

Igualmente, el cumplimiento de Esquipulas II implica el seguimiento de obligaciones qué comprenden una estrategia ya establecida como es el de la regulación del armamentismo, y los acuerdos de seguridad y desarme.

Expresamos nuestro reconocimiento a la comunidad internacional por el apoyo político y financiero que ha comprometido para impulsar proyectos regionales, orientados a alcanzar el desarrollo económico social de Centroamérica, como objetivo directamente ligado con la tarea de lograr, preservar y consolidar la paz, ya que siendo económicas y sociales las causas primigenias de este conflicto, no es posible alcanzar la paz sin desarrollo.

Los presidentes, conscientes de su responsabilidad histórica frente a sus pueblos, reafirman su voluntad de cumplimiento en la forma expresada, que estiman y renunciable e inalterable, prometiendo cumplir lo pendiente en forma inmediata sin reticencias ni soslayo, conscientes de que serán sus pueblos y la comunidad internacional Quiénes juzgarán el cumplimiento de las obligaciones contraídas de buena fe.

Suscribimos la presente declaración, agradeciendo al pueblo de Costa Rica y a su representante, el doctor Óscar Arias Sánchez, la hospitalidad brindada que nos permitió el marco adecuado para la celebración de esta reunión.

Óscar Arias Sánchez/Presidente de Costa Rica
José Napoleón Duarte/Presidente de El Salvador
Vinicio Cerezo Arévalo/Presidente de Guatemala
José Azcona Hoyo/Presidente de Honduras
Daniel Ortega Saavedra/Presidente de Nicaragua

SAN JOSE. - Momentos en que los cinco presidentes centroamericanos suscriben la declaración en la cual ratifican el cumplimiento total de los acuerdos Esquipulas II. (Fotografía de Aquiles Andino LA TRIBUNA)

"LA TRIBUNA". 18 DE ENERO DE 1988

170

TODO TERMINÓ

El clima prevaleciente como antesala a la reunión de mandatario Centroamericanos a celebrarse en Costa Rica, no era uno muy alentador.

El propio Premio Nobel de la Paz expresó, previo al encuentro, que "no existía la voluntad política" qué había prevalecido cuando suscribieron el acuerdo de Esquipulas.

Los medios de comunicación reprodujeron declaraciones de los órganos oficiales del sandinismo expresando que había todo un propósito de la administración Reagan, encaminado a hacer fracasar la cumbre.

Por su parte, una serie de delegaciones de senadores y congresistas gringos, que se han convertido en expertos en cuestiones centroamericanas con el solo venir uno, dos o tres días a tomarnos el pulso, también auguraban fracaso. Un tal senador Dodd estuvo aquí muy interesado en esbozar el punto de vista sandinista y también manifestó su pesimismo sobre el resultado que produciría la cita en Costa Rica.

Los presidentes de El Salvador y de Honduras mostraron posiciones concluyentes en el sentido de no permitirla extensión de los plazos sino en exigir el inmediato cumplimiento de Esquipulas. Y al presidente de Guatemala lo que más le entusiasmaba era que no lo fueran a abortar su muchachito, el famoso Parlamento Centroamericano.

Todavía, a eso de las 12 del mediodía, hora tope para llegar a un acuerdo, la expectativa que se respiraba era del ultratumba. "No sale humo blanco", comentaban los periodistas que cubrieron el evento.

Y de un momento a otro, como rompiendo con todo lo pronosticado, se produce un comunicado de los cinco mandatarios.

Las opiniones sobre lo acontecido fueron diversas. Unos expresaron que Azcona y Duarte se pusieron a dar más más plazos y aquí terminó este asunto para obligar a Ortega a que se cediera sus posiciones.

Otros, los del otro lado, cuentan que Ortega llevaba un "as" bajo la manga y qué lo soltó cuando todo anunciaba derrumbe.

En realidad, las dos posiciones diametrales, se pueden sintetizar en lo siguiente: a los sandinistas lo que les interesa es descabezar la contrarrevolución. Saben que está pendiente un voto en los Estados Unidos, -en la cámara de diputados- orientado a cesar la ayuda a los "contras" o en continuar alimentándolos.

Así que la posición de los sandinistas es clara. Ellos ceden. "Está bien, vamos a cumplir con todo eso que ustedes quieren -dar amnistía, platicar con la "contra", suspender el Estado de Emergencia- pero con la condición que no le den ni un centavo más a la contrarrevolución".

La posición del otro lado es un tanto distinta. Estos alegan que primero cumplan los sandinistas y que la "contra" se deje como una especie de válvula de seguridad y de factor de presión para asegurar este cumplimiento.

Los acuerdos de Costa Rica no son muy claros en definir estos extremos. Lo único que se percibe es que se exige cumplimiento inmediato de todos los compromisos. Los sandinistas van a platicar con la "contra".

No había terminado Ortega de manifestar que cumpliría con los acuerdos y que suspenderían el estado de emergencia cuando estaban metiendo en la "chirona" a unos dirigentes de la oposición. Lo que resulta extraño que por aquí se diga una cosa y que por allá suceda otra. Pero los primeros días de febrero se espera una decisión en el Congreso de los Estados Unidos sobre el tema ese de siempre: "la ayuda de la contra".

171

Ya que se sabe cuáles son las posiciones. En cuanto a la Cumbre, nos alegra que les haya salido el tiro por la culata a los pesimistas y congratulaciones a Azcona por sus posiciones serias y firmes que lograron ejecución "inmediata" de todos los compromisos.

En teoría, pues, ya hay paz y todo terminó; en la práctica, esperemos a ver qué sucederá.

"LA TRIBUNA" 20 DE ENERO DE 1988

DESALOJO INMEDIATO PIDE AZCONA A HUELGUISTAS DE DEL SITRAIMPREMA

Tegucigalpa. -El problema laboral en el Instituto de Previsión de Magisterio (IMPREMA) continua sin solución al no llegar a ningún acuerdo concreto anoche el presidente Azcona Hoyo, con los dirigentes del sindicato ni con el mismo ministro del Trabajo, Adalberto Discua Rodríguez con quién se reunió por espacio de tres horas.

Mientras el secretario de Estado recibió instrucción del gobernante para que pida a los huelguistas el desalojo inmediato de las instalaciones, como condición para el reinicio de las negociaciones, se supo en la sede del ejecutivo que Azcona Hoyo convocó para hoy en horas de la mañana a los dirigentes magisteriales para escuchar su punto de vista sobre el problema.

El ministro de Trabajo dijo a la prensa que si no hay un acuerdo preliminar se trasladará a un "tribunal de arbitraje".

Sin embargo, observó, que se hará lo posible por efectuar antes una "revisión convenida de la cláusula en disputa", aspecto que para el ministerio es de todo punto de vista legal.

El Sindicato de trabajadores de IMPREMA, (SITRAIMPREMA) mantiene tomada las instalaciones desde la semana anterior, en protesta por la supuesta violación de la cláusula 48, del contrato colectivo vigente firmado el 21 de julio del año anterior, y qué precisa aumentos salariales que superan los 600 mil lempiras, distribuidos en 3 años y medio para beneficiar a 138 empleados.

En horas de la mañana, el mandatario se reunió con la presidenta del sindicato Aurora Elena Zelaya quién llegó en compañía de Mariano de Jesús González, Francisco Guerrero y Neptalí García, dirigente de la confederación de trabajadores de Honduras (CTH).

Tras señalar que el presidente Azcona "quiere solucionar el problema mediante la vía pacífica", Discua Rodríguez admitió que "la cláusula existe como norma jurídica", pero lo que sucede es que ambas partes la interpretan de diferentes maneras".

"LA PRENSA" 19 DE ENERO DE 1998

AZCONA CONOCERA HOY PRIVATIZACIÓN DE LAS EMPRESAS DE LA COHDEFOR

Con el propósito de conocer los problemas que enfrenta la corporación forestal industrial de Olancho (CORFINO) y lo relativo a la privatización de algunas empresas de la corporación hondureña desarrollo forestal (COHDEFOR), el presidente José Azcona Hoyo sostendrá este día una importante reunión con el Consejo Directivo de esa entidad.

El encuentro entre las máximas autoridades de COHDEFOR Está programado para las 4 de la tarde de hoy, y a la cita se espera la presencia del presidente de la Junta Directiva de esa institución, Rodrigo Castillo Aguilar, y la de su gerente, José Segovia Inestroza.

Asimismo, a la reunión han sido convocados los restantes organismos gubernamentales que forman parte del gobierno de esa institución forestal, pues los temas a tratar son varios incluidas las campañas contra incendios y contra la tala indiscriminada de los bosques en ciertos sectores del país.

El gerente de COHDEFOR ha sostenido enfrentamientos verbales cuál gerente de CORFINO Pablo Romero, debido a que el primero señaló en su oportunidad que esta última empresa debería privatizarse, pues solo pérdida le reporta al fisco nacional. Esta situación será analizada hoy por el mandatario y los restantes directivos de COHDEFOR, a efecto de encontrar una salida positiva a la crisis, para los intereses del Estado no salgan perjudicados. Previo a la reunión se tiene programado un recorrido de Azcona hoy por las instalaciones de esta institución, situada al norte de esta capital, para la cual se ha exhortado a todos los empleados para que permanezcan en el local después de la jornada de hoy, el fin que el presidente pueda conocer la forma en que se desenvuelve este organismo.

Cortés
AZCONA INAGURARÁ SEDE DE LA CAMARA DE COMERCIO

El presidente José Azcona asistirá a la inauguración de las nuevas instalaciones de la Cámara de Comercio e Industrias de Cortés, prevista para el viernes próximo, a las 8 de la mañana, de San Pedro Sula.

El edificio remozado totalmente en su primera fase con un valor estimado de un millón de lempiras, es financiado por la Agencia Internacional para el Desarrollo (AID) y fondos propios de la institución.

La nueva sede del CCIC consta de oficina para la recién creada bolsa de valores, sala de recepción es y seminarios, oficinas administrativas y de sistemas de computación.

Felipe Argüello Coraza, presidente de la CCIC, dijo que luego iniciarán los trabajos de la segunda etapa, que convertirán las instalaciones en un verdadero complejo en el que los comerciantes e industriales obtendrán información como asistencia y asesoramiento profesional.

"LA TRIBUNA" 19 DE ENERO DE 1988